社区延伸

——老旧小区改造统筹商业设施更新的配套方法、运营模式以及实施方案研究

廖青虎◎著

图书在版编目(CIP)数据

社区延伸——老旧小区改造统筹商业设施更新的配套方法、运营模式以及实施方案研究 / 廖青虎著. -- 天津: 天津大学出版社, 2022.8
ISBN 978-7-5618-7295-6

Ⅰ. ①社… Ⅱ. ①廖… Ⅲ. ①社区－商业－基础设施建设－研究－中国 Ⅳ. ①F299.24

中国版本图书馆CIP数据核字(2022)第151554号

SHEQU YANSHEN——LAOJIU XIAOQU GAIZAO TONGCHOU SHANGYE SHESHI GENGXIN DE PEITAO FANGFA，YUNYING MOSHI YIJI SHISHI FANG' AN YANJIU

出版发行 天津大学出版社
地　　址 天津市卫津路92号天津大学内(邮编:300072)
电　　话 发行部:022-27403647
网　　址 www.tjupress.com.cn
印　　刷 北京盛通商印快线网络科技有限公司
经　　销 全国各地新华书店
开　　本 710mm×1010mm　1/16
印　　张 12.5
字　　数 220千
版　　次 2022年8月第1版
印　　次 2022年8月第1次
定　　价 32.00元

前　言

截至2022年年初，我国城镇人口达到9.1亿，城镇化率接近65%。城镇化率的提高推动了城市社区基础设施的快速建设，排水、供暖、停车场、便民商业网点等基础设施不断完善，城市居民生活的幸福指数不断提升。根据国际城镇化经验，城镇化率达到60%之后，城镇化进程会变慢并进入后城镇化时代，后城镇化的核心任务变为城市基础设施的更新，以延伸城市社区的功能。2018年，我国城镇化率达到60%，标志着我国进入后城镇化时代，城市社区基础设施的更新换代也逐步提上日程。排水、供暖、停车场等基础设施老化，养老、托幼、便民商业网点设施等的缺失，导致城市老旧小区环境恶化，消防通道不足，消防登高面不够，土地、建筑物使用功能明显不符合经济发展要求等问题频现。对城市老旧小区商业设施进行调整、整合和更新，提供创新制度并引入金融支持，使老旧小区的功能得以改善和提高，实现社区的延伸，从而实现城市的永续利用，已成为现阶段亟待解决的问题。

本书以社区延伸为题，以大量的实地调研、国内典型案例分析为基础，界定城市老旧小区、社区商业设施的概念等，分析城市老旧小区商业设施配套的原则及其相关理论，探索我国老旧小区改造统筹商业设施更新的配套方法、运营模式以及实施方案，为后城镇化时代我国城市社区延伸提供案例支撑、经验借鉴以及理论基础。

本书的研究具有如下特点。

其一，坚持实践者与研究者统一的视角，实现实践与理论的交织。

笔者在本书的写作过程中始终坚持以“实践者—研究者”的视角进入我国老旧小区改造配套商业设施的历史与现实中。笔者的研究旨在打破理论研究者与社会实践脱节的僵局，以实现“学院派”与“实践派”的互动，将二者的优势集于一身。这种研究视角是现阶段我国社会科学研究的新格局与知识生产的新方式。笔者通过走访调研天津、北京、太原、湘潭等地，对各地老旧小区配套商业设施的现状、方法、模式等经验进行总结，对社区延伸的现状与经验进行总结，将理论研究上的“想大问题”与各地实践的“做小事情”结合，坚持“历史在场者”的研究，强调我国各地老旧小区改造配套商业设施运营中的“个人经验、切身经历、真情实感介入”。这样，“实践者—研究者”的统一，加上笔者调研国内各地的经验探索，构成了本书研究的鲜明特色。

其二，突破既定模式，立足基层需求。

当下关于中国城镇化的研究，多在现代化的话语框架内展开论述，在既定的研究模式下，城镇化的相关研究都是坚持城市中心主义，探索城市的现代化道路、城市经济、城市生态等一切宏大叙事框架下的“城市本体优先发展”思路，甚少有从城市基层民众的角度，基于城市居民需求反推城镇化的研究。本书突破城市中心主义研究的既定模式，立足城市老旧小区居民的现实需求，研究老旧小区改造统筹商业设施更新，这是笔者对我国城镇化研究“重心转移”的一次探索。

其三，打破了“二元对立”的思维与研究模式。

我国城镇化推进过程中一个典型的特点就是“试点思维”和“先行先试”模式：给予典型城市的城镇化以政策、税收等方面的支持，鼓励其大胆探索城镇化道路，而后总结成功经验，并推广到全国各地。“试点思维”和“先行先试”模式在我国城镇化过程中取得了丰硕的成果，但也存在“二元对立”的问题：各地方城市在学习“试点经验”中或全盘肯定或全盘否定。本书在研究中，客观看待典型案例在老旧小区改造统筹商业设施更新中的成功经验，绝不忽视不同城市在社区延伸中各利益个体之间的缠绕关系与个体张力，指出各典型案例存在的问题或有待改进之处，为后续研究提供一个“二元统一”的研究思维。

其四，“全球化”与“在地化”的双重自觉。

本书在研究社区延伸的过程中，坚持“全球化”视角，以国外城市形态学理论、社区商业理论为指导展开研究。同时，本书也自觉坚持“在地化”的立场，在总结我国各地城市老旧小区更新配套商业设施典型经验时，坚持从当地实际出发，指出其背景的复杂、实践经验的可取之处，并将各地典型经验提炼且纳入“世界性光谱与全球化视野”，在全球化视野下讲好社区延伸的中国故事。

在笔者看来，社区延伸这个话题，只是后城镇化时代中国城市更新研究的一个新开始。通过研究社区延伸，实现老旧小区的永续利用，可以解决中国城市问题、创造伟大的实践经验、创新中国特色城市治理理论。

目录

导论　何为社区延伸……1

第 1 章　提出问题……2

1.1　研究背景……2

1.1.1　城市更新……2

1.1.2　党和政府高度重视老旧小区改造……2

1.1.3　社区场景再造……3

1.1.4　社区商业发展进入快车道……4

1.2　老旧小区改造统筹商业设施发展的意义……6

1.3　相关研究现状……8

1.3.1　社区商业发展的相关研究……8

1.3.2　社区商业设施的相关研究……9

1.3.3　多层次、多类型的研究角度……10

1.3.4　多学科交叉的研究方法……11

1.3.5　研究述评与启示……12

1.4　老旧小区改造统筹商业设施更新中遇到的难题……12

1.5　指导思想……14

第 2 章　概念界定与相关理论分析……17

2.1　概念界定……17

2.1.1　老旧小区的概念界定……17

2.1.2　社区商业的概念界定……19

2.1.3　社区商业设施的概念及其业态分类……20

2.1.4　社区商业设施的空间布局及其规模……21

2.2　社区商业设施配套的原则……24

2.3　社区商业设施配套的要求……25

2.3.1　社区商业设施的步行可达性要求……26

2.3.2　社区商业设施配套的功能要求……27

2.4　相关理论……28

2.4.1 社会治理现代化理论 …… 29
2.4.2 城市形态学理论 …… 32
2.4.3 社区商业发展理论 …… 33
2.4.4 个性化消费理论 …… 36
2.5 小结 …… 37
第 3 章 我国老旧小区配套商业设施的现状与未来趋势 …… 38
3.1 我国社区配套商业设施的发展历程 …… 38
3.1.1 社区商业设施网点布局阶段 …… 38
3.1.2 商业地产开发阶段 …… 38
3.1.3 合理配套阶段 …… 40
3.2 老旧小区配套商业设施的现状及其存在的问题 …… 42
3.3 老旧小区社区商业设施的发展趋势 …… 43
3.4 新时代社区商业设施配套的有利条件 …… 45
3.5 小结 …… 48
第 4 章 老旧小区改造统筹商业设施更新的配套方法 …… 49
4.1 社区商业设施需求的调研 …… 49
4.1.1 样本选择 …… 49
4.1.2 不同类型老旧小区的商业设施配套定位 …… 51
4.2 3 种配套方法的概述 …… 55
4.2.1 打包操作法 …… 56
4.2.2 多元渠道融资法 …… 56
4.2.3 PPP 融资法 …… 57
4.3 打包操作法的典型案例 …… 58
4.3.1 广州市文冲城中村改造项目 …… 58
4.3.2 重庆龙湖源著天街社区改造——打造新型社区购物中心 …… 60
4.3.3 深圳市南山区大冲城中村改造项目 …… 60
4.4 多元渠道融资法的典型案例 …… 61
4.4.1 福建省关于老旧小区改造的资金支持政策 …… 61
4.4.2 贵阳市玉田坝区老旧小区改造方案 …… 62
4.4.3 河南新乡市老旧小区改造方案 …… 63
4.4.4 南宁市老旧小区改造的“中央补助 + 平台公司”融资方法 …… 64
4.4.5 山东淄博市城镇老旧小区改造的资金保障 …… 65
4.4.6 太原市小店区老旧小区改造的资金保障 …… 66

4.4.7 湖南湘潭市老旧小区改造的多元渠道融资方法……66
4.4.8 浙江缙云县老城片区老旧小区综合改造项目的融资……67
4.5 PPP 融资法的典型案例……68
4.5.1 北京朝阳劲松北社区的 PPP 模式……68
4.5.2 筑福集团的 PPP 模式……69
4.6 小结……69
第 5 章 老旧小区配套商业设施的运营模式研究……70
5.1 社区商业的功能及其运营成功要素……70
5.1.1 社区商业功能的分析……70
5.1.2 社区商业运营成功的关键因素……71
5.2 新形势下老旧小区社区商业发展的变化……72
5.2.1 消费者需求变化倒逼社区商业模式升级……72
5.2.2 社区连锁商店开始转型发展……73
5.2.3 社区商业经营者的数字化能力迅速提升……74
5.2.4 社区商业环境卫生的重要性日益凸显……74
5.3 数字经济背景下老旧小区配套商业设施的关键措施……74
5.4 老旧小区配套商业设施的传统改造实践与思考……77
5.4.1 基础性改造需求……77
5.4.2 适老性改造需求……78
5.4.3 健康社区构建需求……79
5.4.4 邻里交往需求……79
5.4.5 通过多方参与定制多样化的改造需求……80
5.4.6 通过微改造实现社区有机更新……80
5.4.7 通过生活圈构建激活老旧小区……81
5.5 老旧小区嵌入式配套商业设施的运营模式……81
5.5.1 基于基础性改造需求的资源型嵌入策略……81
5.5.2 超越行政化治理倾向的功能型嵌入策略……82
5.5.3 寻求社区内源性发展的融合型嵌入策略……84
5.6 典型案例……86
5.6.1 太原市小店区老旧小区的资源型嵌入模式……86
5.6.2 太原市黎氏阁社区的功能型嵌入模式……88
5.6.3 天津老旧小区配套商业设施的混合型嵌入模式……91
5.6.4 烟台市芝罘区老旧小区配套商业设施的混合型嵌入模式……95

5.7 提高老旧小区更新商业设施运营模式的对策 ……97
5.8 小结 ……99
第 6 章 老旧小区配套商业设施的实施方案 ……100
6.1 老旧小区配套商业设施实施方案制定的必要性分析 ……100
6.1.1 实施方案的内容……100
6.1.2 必要性分析……100
6.2 老旧小区改造统筹商业设施配套的“两步法”实施方案及其案例 ……102
6.2.1 安庆市城镇老旧小区改造的“全方位”实施方案 ……102
6.2.2 湖南湘潭市老旧小区改造的实施方案……103
6.2.3 南宁市老旧小区的“先自治，后改造”实施方案 ……105
6.3 老旧小区统筹商业设施配套的“三步法”实施方案及其案例 ……107
6.3.1 山东泰安市城镇老旧小区改造方案……107
6.3.2 山东淄博市老旧小区改造的“分门别类”实施方案 ……111
6.3.3 北京市劲松北社区的“劲松模式” ……114
6.3.4 岳阳市老旧小区改造项目分类及改造费用分摊表……116
6.3.5 浙江老旧小区改造……119
6.4 老旧小区商业设施配套建设的对策建议 ……122
6.4.1 总体指导建议……122
6.4.2 实施方案的完善对策……123
6.5 小结 ……125
第 7 章 老旧小区改造项目招标采购的评标办法创新 ……126
7.1 指标体系的构建 ……126
7.1.1 指标体系构建原则……126
7.1.2 指标体系构建的步骤……127
7.1.3 评价指标的初选……128
7.1.4 问卷设计……130
7.1.5 信度与效度检验……131
7.2 老旧小区改造统筹商业设施项目招标采购评标方法创新 ……136
7.2.1 传统招标采购的评标方法及其弊端……136
7.2.2 数据包络分析法及其在招标采购评标应用中的弊端……136
7.2.3 考虑虚拟决策单元的超效率 DEA 模型创新 ……138
7.3 实证分析 ……140
7.3.1 案例概况……140

7.3.2 数据搜集…… 141
7.3.3 实证分析结果…… 143
7.3.4 灵敏度检验…… 144
7.4 完善老旧小区统筹商业设施更新项目招标采购的对策与建议 …… 148
7.4.1 构建完善的老旧小区改造统筹商业设施项目招标采购评标制度… 148
7.4.2 推进可视化老旧小区改造统筹商业设施项目招标采购评标信息系统的研发…… 149
7.4.3 健全老旧小区改造项目招投标的法律法规体系…… 150
7.5 小结 …… 150
第 8 章 研究结论与展望 …… 152
8.1 研究结论 …… 152
8.2 研究展望 …… 153
参考文献 …… 154
附录 …… 158

导论　何为社区延伸

“人们来到城市是为了生活，人们居住在城市是为了生活得更好。”亚里士多德的“金句”，放在城市建设高速发展、大规模城市更新项目拔地而起的当今时代，具有更加现实的意义。

社区延伸，是城市更新的重要举措，是近来非常时髦的建筑词汇之一。2022年年初，我国常住人口城镇化率接近65%，一方面，城市老旧小区的建筑和设施逐渐自然老化，需要通过改造调整增强安全性；另一方面，一些老旧小区原来的功能布局、建筑设施、空间环境也不再适应城市居民的生活需求，民众的获得感、幸福感与安全感需要提升。社区延伸的概念应运而生，它是一种对城市社区中已经不适应现代化城市社会生活的地区进行必要的、有计划的改建的活动。社区延伸不等同于房地产开发模式，而是一个更全面、更宽泛的概念，其目的是在保持现有城市形态的前提下，拓展社区功能、延伸社区空间。与拆除重建、综合整治等不同，社区延伸的有机更新思路更新颖，社区延伸不只是物质更新，更重要的是社区商业、人们生活方式、社区功能的更新以及社区内在活力的激发。

2015年以来，我国城市老旧小区改造积累了一些经验，在实践中出现了不少优秀案例，这些优秀的实践案例，很多都是从社区居民最关心的衣食住行入手，在老旧小区改造中统筹配套商业设施建设，采用社区“微更新”的方式，综合运用城市形态学与社会治理理论，在保持城市肌理的基础上，对已有城市社区空间进行小范围、小规模的局部延伸和再挖掘，从而达到社区空间活化与地方振兴的目的。

第1章　提出问题

1.1　研究背景

1.1.1　城市更新

改革开放以来，我国的城镇化水平得到了很大提高。曾经的城市扩张虽快速高效，但也造成了交通拥堵、环境污染等城市问题。随着后城镇化时代的到来，人们开始重视城市基层治理模式和基层社区建设。党的十九大报告提出“打造共建共治共享的社会治理格局”，强调了城市建设需要以人为本，重视基层社区的诉求。2021 年年底的中央城市工作会议上，中央针对城市新一阶段的发展，提出了更高的要求，即“创新、协调、绿色、开放、共享”的发展理念必须贯彻于城市未来的发展中。新形势下，国内各城市的发展模式和治理方式都面临着转型发展的任务。

1.1.2　党和政府高度重视老旧小区改造

老旧小区改造关系到人民群众的高质量生活需求，是党和政府践行全心全意为人民服务宗旨的体现。实际上，党的十八大以来，党中央多次强调推进城镇老旧小区改造的重要性，对推进城镇老旧小区改造作出了一系列的部署。比如，2015 年 12 月的中央城市工作会议明确提出，要深化城镇住房制度改革，继续完善住房保障体系，加快城镇棚户区和危房改造，加快老旧小区改造。2019 年 12 月，中央经济工作会议指出，要加大城市困难群众住房保障工作，加强城市更新和存量住房改造提升，做好城镇老旧小区改造，大力发展租赁住房。2020 年 7 月 20 日，国务院办公厅发布《关于全面推进城镇老旧小区改造工作的指导意见》（国办发〔2020〕23 号），对老旧小区改造工作中涉及的具体问题进行了规范。2020 年 12 月，中央经济工作会议再次强调，要实施城市更新行动，推进城镇老旧小区改造，建设现代物流体系。《中华人民共和国国民经济和社会发展第十四个五年规划和 2035 年远景目标纲要》更是明确提出，加快推进城市更新，改造提升老旧小区、老旧厂区、老旧街区和城中村等存量片区功能，推进老旧楼宇改造，积极扩建新建停车场、充电桩。2021 年 8 月 30 日，住房城乡建设部下发《关于在实施城市更新行动中防止大拆大建问题的通知》（建科〔2021〕63号），禁止在城市更新中大拆大建，防止沿用过度房地产化的开发建设方式，并且制定了拆旧比、拆建比、就地安置率和房租年度增长率4个指标，以具体的制度红线将防止大拆大建落实到实施层面。原本不涉及“地产”属性的老旧小区改造，反倒成为契合城市更新基调的主流。2021年12月14日住房城乡建设部办公厅、国家发改委办公厅、财政部办公厅联合发布《关于进一步明确城镇老旧小区改造工作要求的通知》（建办城〔2021〕50号），总结了近几年我国城市老旧小区改造的实践经验，对老旧小区改造工作标准做了进一步明确的规定。

在一系列政策出台后，从2015年到2021年，我国老旧小区改造的总体量达到了2 500多万套，完成总投资8万亿元，5 000多万户居民通过老旧小区改造实现了生活质量的改善。这标志着老旧小区集群将在中国城市有机体中成为更加稳固的基石，支撑起城市治理体系的基层架构。以此为契机，各城市在老旧小区改造过程中，应有意识地构建全新的社区场景，为老旧小区配套商业设施，营造新的社区商业氛围，改善居民的生活环境，推动老旧小区迈向美好的新时代。

1.1.3 社区场景再造

社区场景再造，是新时代老旧小区改造配套商业设施的一个重要前提。社区场景包括现代都市生活中各类消费实践、便利设施和文化环境等要素的排列组合，不同的社区场景蕴含着特定的价值取向。在现代城市中，社区不仅仅是单一的居住或生产的存在，还应是一个提供舒适便利生活、带来新鲜休闲体验、充满文化符号和价值理念的场域，能满足个体超越生活必需品和参与劳动生产的更高层次需求。一个社区场景是社区内邻里关系、物质结构、多样性人群、文化观念等彼此交互融合的结果。社区场景并不等同于一定数量硬件设施的机械堆积或混搭，而是在这些设施与居住群体密切互动结合的基础上，酝酿出的具备对应风格的生活共同体。

老旧小区改造，先要“大刀阔斧”式地完成硬件更新和升级，配置更现代的道路、管线、墙面、绿化等“外骨架”基础设施。但是这一层面的改造工作，只限于满足人群对于居住和工作的基础性需求。要使改造后的老旧小区实现真正的“焕然一新”，尤其是让现有人群能够便捷、舒适地生活于此，还须注入文娱、休闲等“血肉式”的软性元素。因此，在“十四五”期间，为有效推进后城镇化时代的社区延伸，老旧小区改造必须合理统筹商业设施更新，包括为老旧小区配套社区“硬件基础设施”，同时也要配套社区商业“软要素”，软硬结合生成符合新时代城市生活要求的社区场景，从而将老旧小区的居住体验提升至一个更高层次。2018年7月10

日，住房城乡建设部批准发布了《城市居住区规划设计标准》(GB 50180—2018)(以下简称《标准》)。《标准》于 2018 年 12 月 1 日起正式实施。《标准》全面贯彻了国家新时期的发展理念和要求，并将以人为本、绿色发展的基本原则落实到相关技术规定与措施中。《标准》调整了居住区的分级方式，首次采用“生活圈”概念取代了“小区”“城片”等传统叫法。同时以居民的生活服务需求和步行时间作为配置依据，兼顾配套设施的规模、服务半径等控制指标，引导设施的合理布局。《标准》的出台，不仅为我国城镇化过程中城市社区延伸提供了新的理念，为我国老旧小区改造配套商业设施的范围、类别等明确了具体方向，也为老旧小区内各类商业配套设施的配置完善和有机更新提供了执行标准，为后城镇化时代老旧小区的社区场景再造提供了依据。

1.1.4 社区商业发展进入快车道

社区商业属于社区场景再造的重要部分，社区商业源于“15 分钟生活圈”理念，其指的是在市民步行 15 分钟的范围内，建设“宜居、宜业、宜游、宜学、宜养”的生活圈，努力推动实现幼有善育、学有优教、劳有厚得、病有良医、老有颐养、住有宜居、弱有众扶。“15 分钟生活圈”，不仅反映了城市硬实力，也是城市软实力的一种标志。在“15 分钟生活圈”内，居民可以享受舒适文明的社区环境、居家养老的配套设施、零距离的就业服务、丰富多彩的社区文化体育活动、全龄化的社区康养服务、全新的智慧配套设施等。“15 分钟生活圈”强调的是社区周边地理环境内的全面生活体验，其实现的前提条件是完善的社区商业及其配套设施。完善的社区商业及其配套设施，是“15 分钟生活圈”理念实现其宜居、宜业、宜游、宜学、宜养的物质基础。

同样，社区商业及其配套设施也离不开“15 分钟生活圈”理念，社区商业的完善，必须考虑步行距离、设施使用频率以及服务半径等要素，并将其作为主要依据。本书根据《标准》中的规定，将“15 分钟生活圈”界定为：在步行 15 分钟范围内，根据配套设施的需求频率以及服务规模，配置满足居民物质与文化需求的居住范围。一般来说，城市社区生活圈的面积范围为 3~5 km，常住人口规模 5 万 ~10 万人。

综上所述，老旧小区改造事关民生改善与城市安全，而社区商业作为激活城市消费活力的“毛细血管网”，已成为促进城市老旧小区改造的新策略。调研城市老旧小区改造中的难点问题，找到社区商业促进老旧小区改造的着力点，创新老旧小区发展社区商业的投资模式，提出保障性措施，对于推动“十四五”时期的民生改善、拉动社会投资、促进城市更新具有重要的现实意义。

一直以来，社区商业的表现形态是：住宅私开门头和统一规划的楼座底商（图

1-1)。临街的住宅楼、住宅小区一楼的商业门脸，往往会以高出住宅 2 倍左右的价格向外出售，配合的广告语往往是“临街旺铺热销”“一铺旺三代”等。而之后基本就由房主自己经营或直接租出去，至于干什么，怎么干，都是自己说了算。后期运营过程中楼上楼下诸如饭店窜烟、噪声干扰等问题频发。由于产权限制，物业管理部门对此往往无能为力，只能是向政府有关部门反映。总之，传统社区商业在“逼仄”与“杂乱”的环境中生存。

2013 年开始，很多社区开发商开始注重这个问题，于是开始优化商业规划，为社区配套商业街、单体盒子、商业裙楼等。同时，一些重视后期管理的开发商，除了开始规划社区商业产品线外，还大规模自持，统一招租，统一运营管理，社区商业环境改善明显（见图 1-1 中的新旧对比图）。

图 1-1　老旧小区商业与新社区商业的对比图

通过上文可以看出，“15 分钟生活圈”理念促使社区商业发展进入快车道，然而，现如今，社区商业在大的经济环境和市场环境的裹挟中，总显得身不由己。尤其是在传统大型商超或是减持或是闭店后，很多人对社区商业的未来忧心忡忡。但实际上，我国的社区商业还有着非常好的发展前景。数据显示，发达国家社区商业消费在社会消费零售总额中的占比，最高已超过 60%。而国内这一数据仅为 30%~33%，这说明我国社区商业的市场潜力巨大。而支撑这一空间的，还有城镇化、城市中心地块开发趋于饱和、城市规模扩大以及交通成本和时间成本等很多因素。社区商业主要朝着以下两个方向发展。

（1）从“附属品”向“利润点”演变。社区的配套商业，以往都是“附属品”，这是因为社区开发企业更看重住宅等产品所带来的利润，却忽视商业的重要性，所以在产品前期定位方面并没有着重进行研究，没有考虑商业部分和住宅部分的均衡性，导致产生很多设计不合理的地方，使设施本身存在致命硬伤，难于招商和运营。而随着诸多品牌开发商开始建立自己的社区商业产品线，更多的开发商开始意识到社区商业的重要性，未来的社区商业将基于更清晰的定位和建筑规划以及预招商，把后期问题前置解决。

（2）从传统商业向家园中心演变。社区商业的根本目的是满足消费者需求，赚取利润。但新时代背景下，传统社区商业的“售卖模式”已经无法满足消费者的真实需求。消费者越来越倾向于具有体验感和多元化服务的社区商业，换言之，需要一种更有温度的社区商业。这就需要进行全维度的规划和打造。不仅可以效仿新加坡首倡的邻里中心模式，还可以增加行政、健康、邻里社交、老年关爱等多种服务形式，这就是社区商业的“家园中心”（图 1-2）。未来，多个社区将以组团的形式配备邻里中心，不仅要满足社区居民的购物需求，还要利用社区居民的“黏性消费”特点，为社区居民打造多维度购物体验，将社区商业打造为“家园中心”。

图 1-2　社区商业的“家园中心”

1.2　老旧小区改造统筹商业设施发展的意义

城市是推动区域经济高质量发展的主战场，是贯彻新发展理念的重要载体，是构建新发展格局的重要支点。老旧小区改造统筹商业设施发展，是城市发展到一定阶段后提出的新命题，其将直接推动社区商业发展、实现社区场景再造，将直接影响到城市经济发展、民生改善、社区治理模式的完善等。总而言之，老旧小区改造统筹商业设施更新，对于推动城市经济高质量发展有重要意义。

（1）老旧小区改造统筹商业设施发展，是推动城市经济高质量发展的必然举措。过去 40 多年间，我国经历了世界历史上规模最大、速度最快的城镇化进程，常住人口城镇化率大幅度提升，提高了 40 多个百分点，年均提高 1 个百分点左右。根据全国第七次人口普查数据，截至 2020 年 10 月底，我国常住人口城镇化率达到 63.89%，完成了由农业人口占主体向城镇人口占主体的历史性转变。在此背景下，我国的城镇化发展必然需要由高速度向高质量发展转变。2015 年 12 月的中央城市工作会议明确提出，要“坚持集约发展”，要“框定总量、限定容量、盘活存量、做优增量、提高质量”，要“有序推进老旧住宅小区综合整治”。2020 年 7 月，国务院办公厅印发《关于全面推进城镇老旧小区改造工作的指导意见》，明确提出要“大力改造提升城镇老旧小区，让人民群众生活更方便、更舒心、更美好”。在新发展阶段，推动老旧小区改造，为老旧小区配套社区商业设施，将进一步完善社区的商业功能和服务，实现社区延伸，这是顺应城市工作新形势，推动城市高质量发展的必然举措。

（2）老旧小区改造统筹商业设施发展，是回应群众新期待的民生工程。人们居住在城市社区，是为了生活得更好。进入新发展阶段，人民对美好生活的向往日益强烈。老旧小区建成年代普遍较早，存在商业基础设施不全、失修、失养等问题，社区商业基础设施在功能性和安全性上存在不足，在宜居性和生长性上存在短板，居民改造意愿强烈。实施社区商业设施更新行动，推动老旧小区改造，补足了群众“急难愁盼”事项的短板，为老旧小区营造良好的商业氛围，使社区功能更加完备，可以增强群众的获得感、幸福感和安全感。老旧小区改造统筹商业设施发展，满足了人们基本生活的现代化需求，回应了人民群众的新期待，是贯彻“以人民为中心”发展思想的实际行动。

（3）老旧小区改造统筹商业设施发展，是构建新发展格局的重要抓手。老旧小区改造，一头系着民生，一头连着发展。老旧小区改造统筹商业设施更新，需要大量资金投入，有利于增加有效投资；需要大量人力资源投入，可以促进就业；对相关行业拉动作用越来越明显，可以促进经济增长。2020 年 4 月，中央政治局会议强调“要积极扩大有效投资，实施老旧小区改造”；2020 年中央经济工作会议，在“坚持扩大内需这个战略基点”任务中提到“要实施城市更新行动，推进城镇老旧小区改造”。老旧小区改造统筹商业设施更新，不但属于民生工作，更被赋予服务双循环新发展格局的功能。加快推进城镇老旧小区改造统筹商业设施发展，是扩大内需、建立内循环的重要举措。

1.3 相关研究现状

1.3.1 社区商业发展的相关研究

20世纪50年代开始，随着城市经济的发展，交通便利性与可达性使人们开始从城市搬迁至郊区居住。城市郊区的人口规模不断增长，衍生出了不同规模等级的社区，关于社区商业配套设施的实践与研究开始涌现，然而不同国家和地区的社区商业配套设施在空间布局、形态上也有所不同。

美国。美国最早形成社区商业，在空间形态上以大型商业中心、单个或多个核心点为主体，加上多个小店铺组成。在设施规模、人口规模和服务半径方面，美国的社区商业处于地区型和邻里型购物中心之间，多以单层楼为主，单层建筑面积可达9 000~36 000 m^2，商业业态丰富，社区商业营业额占商业总零售额的比例较高。

日本。日本社区商业布局形式一般可分为两种，一种是以点式商业布局为主的社区商业中心，与美国的商业中心相似，建筑形式以2~3层为主，业态涵盖餐饮、休闲、娱乐，种类丰富。另一种是以线形布局为主的商业街。长度控制在100~200 m，商业街两侧最多可容纳200余间店铺。线形布局的社区商业设施与点式社区商业设施相比在步行体验感、使用体验等方面上占优势，而点式商业布局的社区商业设施在空间上更为集中。

新加坡。新加坡借鉴西方城市的建设经验，构建了符合自身发展特色的新镇规划体系。其中对于社区商业提出了“邻里中心”发展模式。社区商业中心主要位于组屋（与国内的公屋性质相似）区内，形式多为点式购物中心。在布局模式上以集中式布局为主，并提出对社区商业体系进行分级。

中国香港。香港在规划时重视配套与公共交通之间的联系，强调以公共交通为导向的TOD（Transit-Oriented Development）发展模式，许多社区商业配套结合公共交通（地铁、公共汽车）出行布置。在空间布局上，社区商业设施以集中式布局为主，建筑形式多为点式购物中心。

中国上海。从20世纪90年代开始，随着上海郊区化的发展以及市政建设和交通网络的迅速扩展，20%~30%的上海市中心人口已迁至外围区域，在此过程中，新居民区社区商业网络逐渐形成。同时，上海市根据不同的商业规模类型，对商业进行分类，构建了“市级商业中心—地区级商业中心—社区级商业中心”三级商业网点体系。从空间布局来看，上海市社区商业设施以底层商业形式为主，也存在少量社区商业中心。

现阶段，我国社区商业正朝着“家园中心”转型，但整体来看，我国社区商业设施在空间形态上仍然以底层店铺为主，业态类型较单一，空间规模较小，与国外社区商业设施配置相比存在许多待优化的部分。

1.3.2 社区商业设施的相关研究

我国社区商业设施的发展起步较晚，20 世纪 80 年代末，社区商业设施以“低层商业”的形式开始出现。20 世纪 90 年代末，开发商开始意识到住区商业配套也是住区的重要组成部分，需要进行更深层次的考虑和布置，但并没有对其进行专题研究，直到 2000 年，关于社区商业设施的相关研究才逐步兴起。总体来看，国内学者对于我国社区商业设施空间规划的研究大体可分为 3 个阶段（表 1-1），不同时期的社区商业规划关注点和问题都不同。

表 1-1 社区商业设施研究的不同阶段及其存在的问题

阶段划分	时间段	特征	问题
起步阶段	2000—2005 年	现代意义上的社区商业研究才刚刚起步，相关研究处于一种传统与现代、自然与规划相混合的阶段①	将社区商业设施的相关研究等同于城市商业研究，相关研究还没有形成规模
探索阶段	2006—2010 年	相关研究以微观分析为主，以住宅的外部空间作为切入点进行社区商业设施研究②	相关研究比较片面，缺乏对整个社区层面的系统性分析，且没有将居民的商业需求考虑在内
多视角研究阶段	2011 年至今	相关研究充分考虑居民的各方面消费需求，并呈现宏观、中观、微观多层面、多学科、多角度的研究特征③	大部分以“均质化”的配置思路研究社区商业设施

对表 1-1 解释如下。

起步阶段（2000—2005 年）。这一时期，我国城市商业的发展方向仍然以城市商业为主。因此，相关研究以实践为基础，构建了多层次、多核心的城市商业发展体系，这一阶段，对于社区商业设施的研究处于初步不完善阶段。理论研究者对该阶段的实践进行总结后得出结论：此阶段的开发商在进行社区开发建设时，仅考虑住宅的经济价值，忽视商业设施的配套，导致该阶段的社区商业设施配置缺乏规划体系，且没有考虑居民的实际需求。

探索阶段（2006—2010 年）。随着城市居民的生活消费需求逐步多样化，开发商开始意识到社区商业设施对于社区建设的重要性。国内学者也开始关注社区商

① 高娟 . 我国的都市社区商业发展对策的探讨 [D]. 北京：北京工商大学 , 2004.

② 陆文隽 . 社区商业空间规划与消费行为的互动 [D]. 上海：同济大学 , 2008.

③ 胡涌 . 新时期社区商业刍议 [J]. 知识窗 (教师版), 2011(4):16-17.

业设施发展，该阶段的社区商业设施研究主要以微观角度研究为主，往往以社区商业建筑局部为研究对象，缺乏对社区整体层面的系统性研究。

多视角研究阶段（2011 年至今）。2011 年，商务部出台的《城市商业中心等级划分》（征求意见稿）对社区商业设施进行了详细解释。在该阶段，越来越多的学者将视角聚焦于社区商业设施的配置，并运用城市规划学、城市经济学、地理科学等学科的知识研究社区商业设施。同时，学者们在研究社区商业设施配套时，充分考虑了社区居民需求的多样性、复杂性。

1.3.3 多层次、多类型的研究角度

社区商业设施的规划与配套是一项复杂的系统工程，涉及城市空间规划、社区治理以及环境改造等，需要综合考量社区空间使用者和社区空间环境。基于此，研究者基于空间规划理论，从社区空间使用者、社区空间环境两个视角，多层次、多类型展开相应的研究。

（1）以社区空间使用者为对象。社区商业设施的服务对象主要以社区的居民为主，居民的心理活动和需求一定程度上决定了其行为。了解居民对空间的各层次需求和行为有助于对空间进行有组织的规划，使社区商业设施空间的设计和使用更符合社区居民的需求。付忠汉（2017）以北京社区居民使用需求为研究切入点，通过实证研究，发现并解决了社区商业空间发展过程中面临的矛盾和问题[①]。袁帅（2016）对国内外的老年人购物行为研究现状和社区商业空间研究现状进行归纳总结，提出符合老年人使用的社区商业设施空间适老化设计策略[②]。陈思佳（2017）通过对社区消费者的个体属性和消费心理、行为进行理论层面的研究，总结出消费者行为对社区商业空间产生的影响。探索在满足消费者的心理需求与行为需求前提下的集中式社区商业中心空间设计方法[③]。

（2）以社区空间环境为对象。国内近些年来对于社区商业设施的关注度越来越高，许多学者尝试从不同的角度切入研究社区商业设施，可总结为两类。①社区商业空间：许玲玲（2017）以社区商业空间为研究对象，以小区制与街区制两种居住理念下的社区商业布局为线索，探讨了两种居住方式对社区商业空间的影响[④]；王庆璐（2017）通过地域性城市老城区的 3 个代表性案例分析了社区商业空间布局的各类影响因素，总结了社区商业空间出现的问题，并结合实际案例论证分析，研判地域性的社区商业空间发展方向，根据目前社区商业空间出现的不足提出符

① 付忠汉．基于居民需求的城市社区商业空间研究 [D]. 北京：中国城市规划设计研究院，2017.

② 袁帅．基于老年人购物行为特征的社区商业空间适老化设计初探 [D]. 天津：天津大学，2016.

③ 陈思佳．基于环境行为学的集中式社区商业中心空间研究 [D]. 长沙：湖南大学，2017.

④ 许玲玲．街区制理念下社区商业空间规划研究——以郑东新区为例 [D]. 郑州：郑州大学，2017.

合当代社区商业发展规律的建设性意见[①]。②社区商业设施：徐波（2016）以宁波市鄞州区新城区为例，探索新城区社区商业设施的空间布局[②]；隋鑫毅（2011）通过对济南城郊3个大型居住区社区商业进行实地调研和资料分析，发现其存在的问题，并针对其特点提出了相应的发展建议[③]。

通过以上分析可以看出，近年来针对社区商业空间规划与发展的研究十分丰富，学者们从社区空间使用者、社区空间环境角度，对社区商业设施空间规划进行了多层次、多类型的分析与研究（研究角度及其切入点见表1-2）。

表1-2 不同研究角度的社区商业设施研究

研究角度	研究的切入点
以社区空间使用者为研究角度	根据不同年龄、收入、教育水平等属性进行居民出行行为特征、消费行为特征、活动行为特征研究
以社区商业环境为研究角度	根据所在区位、所在地段等属性进行空间布局、空间形态、空间规模、业态配比方面的地域性研究

1.3.4 多学科交叉的研究方法

通过梳理，相关研究在方法上，呈现出典型的多学科交叉的特点。①通过传统的社区规划与配置思路建设社区商业体系：徐波（2016）提出社区商业布局突出以"社区商业中心"为核心，配置以适量"邻里生活中心"与多个"便利服务中心"，形成"社区中心—邻里中心—便利中心"的社区商业体系；隋鑫毅（2011）针对济南城郊大型社区，提出建立"区域商业中心—邻里中心"二级社区商业体系；并配置"购物中心—小型超市"二级结构。②以大数据的分析与应用为基础：陈妙蓉（2019）运用ArcGIS法，比较分析广州的社区Online（线上）商业和实体商业的不同，并分析其影响因素，在比较分析的基础上，分析社区Online商业配置的空间、时间的因素[④]。

传统的社区规划与配置思路，要求为社区配置分层级的商业体系，通过分析社区内的居民人数、服务半径等，为社区配备相应层级的商业设施，并以千人指标来评估，以保证社区的所有居民都被服务到。但是，这种传统的社区规划办法，是一种均质化的社区规划方法，不能满足新时代社区居民的多样化需求。因而，结合定量与定性方法、利用开源数据ArcGIS法，可满足居民需求。

---

① 王庆璐．哈尔滨市社区商业空间布局策略研究[D]. 哈尔滨：哈尔滨工业大学，2017.

② 徐波．宁波市鄞州新城区社区商业设施配置与空间布局研究[D]. 杭州：浙江大学，2016.

③ 隋鑫毅．济南城郊大型社区商业设施配置研究[D]. 济南：山东建筑大学，2011.

④ 陈妙蓉．广州社区O2O网络商业与实体商业空间布局差异及影响因素[D]. 广州：华南理工大学，2019.

1.3.5 研究述评与启示

进入新时代，社区居民需求日益多元化。传统以居民人数、服务半径为配置社区商业设施依据的均质化方法，已无法满足社区居民的需求。为了进一步适应社区居民的生活多样性需求，应努力摆脱传统均质化社区刚性规划的约束。社区商业设施的配套，应从老旧小区改造的现实需求出发，探讨老旧小区改造配套社区商业设施的方法，探索具体的运营模式，并为老旧小区改造配套社区商业设施提供具体的方案。

1.4 老旧小区改造统筹商业设施更新中遇到的难题

老旧小区改造统筹商业设施更新，既是群众愿望特别强烈的民生工程，也是对城市各方面影响巨大的发展工程，同时还是社会各界普遍关注的基层治理工程。近些年，随着城市更新的推进，中央政府和地方政府对老旧小区改造工作越来越重视，并出台了一系列涉及老旧小区改造的政策文件。经过近几年的探索与发展，我国老旧小区改造统筹商业设施更新的方法体系不断丰富，配套模式也在不断创新，实践探索取得了巨大的成就，并得到了城市社区居民的普遍认可。然而，老旧小区改造统筹商业设施更新工作比较复杂，其中涉及参与主体多、社区居民需求多样化、老旧小区产权复杂等问题，老旧小区改造工作面临着理念创新、政策保障、利益协调等方面的挑战。从笔者的调研情况来看，总的来说目前我国老旧小区改造统筹商业设施更新主要存在资金筹措、主体虚位、执行偏差三方面的困境。

（1）资金筹措的困境。相关统计数据显示，全国 2000 年年底以前建成的老旧小区大概是 21.9 万个，涉及的居民近 3 900 万户。“十四五”期间，我国将基本完成 2000 年年底前建成的城镇老旧小区改造工作。据估算，仅仅针对 2000 年年底前建成老旧小区改造所需资金量就达到 6 万亿元，总投资额巨大。从笔者的调研情况来看，现阶段我国各地老旧小区的资金筹措原则是“中央和省级补助、市区配套、单位支持、居民自愿”。中央政府对国内的老旧小区改造进行总体规划，并通过转移支付、财政专项资金等进行资金补贴。各个地方政府视财政状况，对本地老旧小区改造资金进行统筹，通过公共预算、土地出让收益、住房公积金增值收益、发布专项债券等多种方式筹措资金。而对于老旧小区配套的各类商业设施内容，则由各市（区）在充分调研、征集民意的基础上予以精准配套，商业设施的配套内容不得违背老旧小区原有的城市规划、周边城市形态；同时，市（区）要积极引导社会力量投资老旧小区配套商业设施的建设，以减轻地方政府的财政压力。由于很多老旧小区都具有国有企业或事业单位背景，其产权关系比较复杂，老旧小区改造在统筹商业设施更新中，老旧小区原有的产权单位要积极配合，并给予资金支持，协助市（区）做好老旧小区改造的商业设施配套工作。居民是老旧小区改造的最终受益者，也应当是直接参与人，社区居民除了应积极配合地方政府，完成老旧小区改造配套商业设施的意愿征集外，也应通过自筹、众筹资金等方式，积极参与社区商业设施配套的建设、运营，以建立多元化的资金筹措机制，破除资金筹措的现实困境。

（2）主体虚位的困境。老旧小区改造统筹社区商业设施更新工作，是一项覆盖面广、涉及面大、受关注度高的庞大工程，涉及各个部门、多个主体，必须贯彻整体性思维，构建多元主体参与的机制，汇聚各方力量，统筹安排老旧小区配套商业设施工作。从现实情况来看，多元主体的参与是高质量推进老旧小区改造的基础与保障。老旧小区改造的出发点与落脚点都是社区居民的“美好生活”。只有社区居民真正参与到老旧小区改造中，才能形成共建、共治、共享的新局面，才能降低改造成本，平衡利益诉求，达到改造的目的。从笔者的调研情况来看，目前国内各地在老旧小区改造统筹商业设施运营工作中，都初步建立了多元主体参与的格局，各地方政府都在积极推动专家、社区商业设施投资者、社区居民等多元主体参与格局的形成。然而，由于目前各参与主体的社区参与渠道不丰富、奖惩措施不到位、联席会议制度尚未建立等原因，各个参与主体参与老旧小区改造的热情和积极性还不是很高，还存在着主体虚位的现实困境。在今后的实践工作中，各地还是要积极探索各参与主体参与老旧小区改造的激励政策、社区参与联席会议制度等，以破除主体虚位的困境。

（3）执行偏差的困境。老旧小区改造是社区延伸的重要举措，体现了一座城市的肌理变迁与形态变化过程，展示了地方政府的执政理念和为民情怀。老旧小区改造统筹商业设施更新工作，不仅仅是在老旧小区中配套设施，还必须兼具理论高度、执行精度、为民温度。然而，从笔者的调研过程来看，目前地方政府在老旧小区改造工作中，还存在一些工作上的执行偏差，导致老旧小区改造统筹商业设施更新效果偏离原有的政策目标。经调研，执行偏差的形成原因主要包括 3 个方面。①老旧小区改造更新过程中重“面子”不重“里子”。一些老旧小区在配套商业设施更新过程中，将更新改造的重点放在了社区建筑的外墙体上，这包括老旧小区楼顶的防水维修、墙壁粉刷、道路刷黑等“面子”工程，而忽视了管道建设、物流链配置、生鲜市场建设、飞线入地、燃气管道入户等居民急难愁盼的“里子”工程。②老旧小区改造更新过程中要“现代”不要“历史”。老旧小区改造不是打破原有的城市形态，也不得与周边的城市规划相悖，老旧小区改造统筹商业设施更新要兼具社区功能延伸和城市历史文化延续，在为老旧小区配套设施的过程中，一些老旧小区动辄“一键重启”，热衷社区原有基础设施的“大拆大建”，导致社区延伸中的“微更新”变成了“伪更新”。③老旧小区改造更新过程中重“建设”轻“治理”。一些老旧小区改造配套商业设施的过程中，强调社区商业“硬件”设施的配置与更新，而忽视了社区“软件”设施的更新，这包括社区商业氛围的营造、社区邻里关系的改善、社区基层治理组织的构建等，归根结底，这些都是老旧小区改造中对于社区“软治理”体系的忽视，而软治理体系的完善则决定着社区商业设施的可持续运行。

综上所述，现阶段我国在老旧小区改造配套社区商业设施的过程中，还存在以上三方面的问题，本书正是在全面调研的基础上，结合经典理论和典型案例，分析老旧小区改造统筹商业设施更新的配套方法、运营模式以及实施方案等。

1.5 指导思想

作为国家“十四五”期间的重点工程，老旧小区改造配套商业设施更新工作，肩负着改善民生的重要任务。但是老旧小区改造工作，一直处在发展探索的过程中，从我国各地的试点来看，老旧小区改造虽然取得了很好的成绩，总结了典型经验，但是也走了一些“弯路”。笔者在 2020 年到 2021 年年底期间，走访调研了住房城乡建设部、国家发改委以及民政部等多个部门，也走访调研了天津、北京、太原、湘潭等地，对各地老旧小区配套商业设施的现状、方法、模式等经验进行了总结。调研的问题主要包括：传统老旧小区改造中政府的角色定位是什么？居民、社会力量、社区商业设施运营单位是否可以有更大的作为？老旧小区改造配套商业设施的资金来源主要包括什么，资金成本是不是过高？大部分老旧小区的产权关系复杂，更新改造后，老旧小区原有设施运营管理单位的功能定位如何等。通过调研，本书总结出老旧小区改造统筹商业设施更新的指导思想如下。

指导思想一：理顺权责，将政府投资变为市场化发展机制。

长期以来，老旧小区改造遵循的是“政府出资，大家在看”的原则。政府一直是老旧小区改造的投资主体及主导者，物业公司、社区商业设施运营企业（养老院、社区生鲜商店、供热企业等）、社区居民、社会力量都是局部参与或部分受益，难以形成合力之势，甚至产生“出力不讨好”的负面影响。这样的现状如何才能解决呢？

（1）转变观念，理顺权责。通过打造“谁投资、谁建设、谁运营、谁维护、谁受益”的新发展机制，减少政府对老旧小区改造中社区商业设施项目建设经营活动的直接干预，形成投资主体多元化、资金来源多渠道、社区商业设施项目建设市场化的新格局，以此形成新的社区治理主体。这样不仅使参与力量具有多元性和多样性，还实现了社区治理力量的增长、责任的分担、难事的共解。

（2）鼓励合作，协同发展。老旧小区改造应积极推行市场化运营，地方政府应大力鼓励社会力量参与社区商业设施的投资运营工作。政府要从“大包大揽”变为“抓大局，聚合力，管大事，强导向”，社会力量从“参与式”变为“主体投资、一体化建设、多元化运营、终身责任制”，居民从“机械的被扶持者”变为“全程参与、积极推动者”，最终以参与感、归属感、责任感、获得感的获取，实现各方相互促进、协同发展的新管理机制。

指导思想二：以混合所有制改制，将老物业管理模式变为老旧小区改造的直接参与者。

老旧小区的历史遗留问题比较多，大部分没有专业的物业管理公司，而通常由国有物业公司或者是居委会负责监管，如果以“谁投资、谁建设、谁运营、谁维护、谁受益”的新发展机制对更新后的老旧小区进行管理，那么原有的国有物业公司应该如何定位？

经过多地的调研，我们发现，原国有物业公司因居民与物业公司间的理念差距、供需矛盾所导致的物业费收缴困难，在负债经营的困境中举步维艰，显然已经不具有投资者的能力，但其亦可通过与愿意参与老旧小区改造的投资建设企业合作，以混合所有制改制方式寻求到老旧小区改造与改变国有物业公司困境的两全之法，在保证老旧小区改造可持续发展的同时减轻政府压力。

指导思想三：利用市场化路径融通资金。

老旧小区改造统筹社区商业设施更新，是一个长期的过程，需要巨额的资金投入，这么大量的投资单靠政府杯水车薪，那么巨额的资金来源应该如何解决呢？

老旧小区改造不是城市的包袱，而是城市巨大的存量资源，必须考虑其全生命周期的价值增值，以经营实现资金供需平衡，也就是我们通常所说的“用明天的收入建设今天的蓝图”。具体来说，老旧小区改造中，可采用“多方共担、市场化运作、资金自平衡”的全方位融资模式，有效促进各类社会力量参与到城镇老旧小区的改造中，探索借用老旧小区原有空间资源，将增值收益打包成相应的资产，通过资源资产化、资产证券化打造多家上市企业，以市场化渠道和多种融资模式，形成立体化融资效果，为老旧小区配套商业设施筹措资金，以此形成良性的资金来源机制。

指导思想四：用“共同缔造”理念激发小区居民热情。

在过去的老旧小区改造过程中，社区居民参与度较低。实际上，社区居民是老旧小区改造的主人，在未来的老旧小区改造过程中，社区居民的角色会产生变化吗？社区居民应该以何种角色定位参与老旧小区改造与后续运营呢？

社区居民应充分认识到“共同缔造”理念的重要性，从改造之初就积极参与其中，改不改？如何改？问需于民，充分激发居民群众热情，使其找到归属感及成就感。而在后续的运营阶段，更是通过盘活存量资源，以新增配套的商业设施形成以“企业为载体、小区为经营单位、居民为组成”的利益共同体，为尚有工作能力而闲赋在家的社区居民提供就业、创业大平台，使其通过参与建设、管理获得经济收益，将居民从使用者变为投资者、建设者、就业者、管理者。以全民参与机制发挥社区自治、自理、自营的积极作用，实现决策共谋、发展共建、建设共管、效果共评、成果共享。

指导思想五：多种手段推动老旧小区的长效化治理。

国家从“十一五”期间就开始对老旧小区进行一般性节能改造，但经过数年的使用，已经出现了改造效果难以保持、很多改造设施出现不同程度的二次破损等现象。目前，在老旧小区中配套商业设施后，更新后的商业设施是否也会“二次破损”？更新改造后的社区商业设施如何实施长效化治理，以实现社区延伸呢？

在改造完成后，以“谁投资、谁建设、谁运营、谁维护、谁受益”的终身责任机制，由社区商业设施项目实施单位一并负责接收物业管理，基于已经改善的居住环境，以提升物业服务水平，丰富社区配套，开发增值产业链，来布局全产业链商业服务模式，实现老旧小区的健康发展与功能延伸。同时，老旧小区的社区商业设施，也可通过特许经营权的方式，变“有形资产、空间资源”为长效经营性资产，将增建配套与增量资产相结合，以经营性资产激活老旧小区的造血功能，最终实现经营收益回补改造成本投入，实现闭合式发展，达到社区居民满意、社会满意、企业满意、政府满意的多方受益的目的。

不能仅仅将老旧小区改造看作生存的需要，其更是城市发展的需要、社会进步的必要，可以通过多种手段，整合老旧小区社区商业设施的“改造—建设—运营”：推进老旧小区商业设施运营一体化模式建设，可以重塑文化风貌，形成从小区、社区、街区到城区的完整城市风貌，将城市内涵文化价值转为经济价值、旅游价值，铸就宜居、宜业、宜游的城市新典范；以服务功能的多元化植入，形成以居民需求为主体，政府、物业公司、群众团体、社会力量等参与的共投、共建、共管、共享新格局，营造集医疗、养老、度假于一身的新城市综合体；以增建配套空间和配套服务建立多业态、多模式、集团化运营服务公司的全产业链可持续发展模式，形成围绕老旧小区需求布局的新产业集群，拉动经济发展，激发老城区的生机和活力，从而实现全面促进新老城区的融合与协调发展，优化城市空间结构，增强城市载体功能，塑造城市品牌，提高城市知名度。

第 2 章　概念界定与相关理论分析

2.1　概念界定

2.1.1　老旧小区的概念界定

2020 年 7 月 20 日，国务院办公厅印发《关于全面推进城镇老旧小区改造工作的指导意见》（国办发〔2020〕23 号），要求按照党中央、国务院决策部署，全面推进城镇老旧小区改造工作，满足人民日益增长的美好生活需要，推动惠民生扩内需，推进城市更新和开发建设方式转型，促进经济高质量发展。

根据《关于全面推进城镇老旧小区改造工作的指导意见》（国办发〔2020〕23 号），老旧小区是指城市、县城（城关镇）建成于 2000 年以前、公共设施落后、影响居民基本生活且居民改造意愿强烈的住宅小区。已纳入城镇棚改计划、拟通过拆除新建（改建、扩建、翻建）实施改造的棚户区（居民住宅），以及以居民自建房为主的区域和城中村等，不属于老旧小区的范畴。

老旧小区是城市的重要组成部分，它们见证了历史变迁、陪伴一代代人成长，但是居住条件明显滞后于时代发展。由于建成年代较早，老旧小区存在失养、失修失管、市政配套设施不完善、社会服务设施不健全等问题，影响了居民的生活品质（图 2-1 与图 2-2）。通过改造老旧小区的停车位、修建道路、拆除私搭违建、加装电梯等措施，可有效增强社区居民的生活幸福感，提升城市的“颜值”（图 2-3 所示为改造后的老旧小区），更有利于惠民生、扩内需，推进城市更新和开发建设方式转型，促进地区经济高质量发展。

图 2-1　沈阳市和平区老旧小区

图 2-2　湖北省荆州市沙市区老旧小区

图 2-3 重庆市璧山区改造后的老旧小区

2.1.2 社区商业的概念界定

社区商业(Business Community)是一种以社区范围内的居民为服务对象,以便民、利民,满足和促进居民综合消费为目标的属地型商业。社区商业提供的服务主要是社区居民需要的日常生活服务。

社区商业最早于 20 世纪 50 年代在美国出现。当时家庭汽车的普及以及城郊新建的发达的道路交通,使得城市居民大量向郊区扩散,由此产生了专门为郊区新建居住区居民服务的社区商业。国外的社区商业主要以购物中心的形式出现。购物中心是一种现代的零售业态,是一个由零售商店及其相应设施组成的商店群,作为一个整体进行开发和管理,一般有一个或几个核心商店,并有众多小商店环绕。购物中心有宽敞的停车场,其位置靠近马路,顾客购物来去便利。国外社区商业中心一般都实行开发和经营分离的做法:开发商负责前期开发,服务商负责租赁经营,形成良性的运作机制。

我国的社区商业还处于起步阶段,社区商业主要以历史形成的沿街商铺为载体。这种商业形式是自然形成的,缺乏统一规划,业态档次普遍较低,社区商业功能不健全。随着房地产业的发展,特别是商业房地产的逐渐成熟,社区商业实现了巨大的发展。国内出现了一大批“购物中心”“生活广场”“娱乐休闲一条街”等社区商业项目。国内的社区商业设施正朝着成为一种综合建筑、景观、空间、声音的体验式场所的方向发展。总的来说，目前国内的社区商业普遍带有浓厚的住宅底商特点，与国外成熟的社区商业模式相比还有很大差距。在区域商业“巨无霸”与社区化商业齐头并进的格局下，社区型商业将会侧重于超市、餐饮、儿童亲子、休闲娱乐等业态；大体量的商业综合体作为区域商业的“定海神针”，将会通过差异化和良好的体验持续吸引顾客消费。

2.1.3 社区商业设施的概念及其业态分类

国内最早界定“社区商业设施”的政策文件，可以追溯到 2005 年商务部颁布的《关于加快我国社区商业发展的指导意见》。该《意见》以规范性文件的形式，将“社区商业设施”的概念界定为“基本实现社区居民购物、餐饮、维修、美容美发、洗衣、家庭服务和再生资源回收等基本生活需求，在社区内就能得到基本满足”的商业设施。此后，该概念得到了实践人员和政策制定者的广泛认同，《社区商业中心建设和经营管理规范》（T/CUCO 1—2018）、《社区商业设施设置与功能要求》（GB/T 37915—2019）、国务院办公厅《关于全面推进城镇老旧小区改造工作的指导意见》（国办发〔2020〕23 号）、国务院办公厅《关于进一步盘活存量资产扩大有效投资的意见》（国办发〔2022〕19 号）等，都以此概念为依据开展工作。因此，本书也以《关于加快我国社区商业发展的指导意见》中“社区商业设施”的概念为依据展开研究。

依据社区商业设施的概念，社区商业设施属于属地型商业设施，这些商业设施的建造和运营都以便民、利民，满足和促进当地居民综合消费为目标，以设施的综合性、便利性、普惠性为显著特点，主要包括“社区购物中心、大型超市、便利店、食杂店、餐饮店、便民菜店、菜市场、售菜点、美容美发店、洗衣店、再生资源回收点、浴池、家政服务中心、维修店、书店音像店、健身场所、照相馆、药店”等内容。

在业态分类上，社区商业作为属地型、普惠型商业类型，满足居民不同消费类型的使用需求。社区商业设施业态分类在销售产品、销售方式、销售服务等方面有差异性。本书基于不同类型的居民商业消费需求，结合社区商业设施配置相关规范标准，从功能上将社区商业设施业态分为零售服务类、餐饮服务类、金融服务类、教育服务类、休闲服务类、生活服务类、定制服务类共七大类，详见表 2-1。

表 2-1 社区商业设施的业态分类

序号	分类	特征	实例
1	零售服务类	根据居民购物等消费需求，直接将商品或服务销售给个人消费者或最终消费者的社区商业设施	菜市场、生鲜超市、专业店、专卖店等
2	餐饮服务类	根据居民饮食等消费需求，通过即时下单进行食物原材料加工制作、成品销售、经营性服务，向消费者专门提供各种酒水、加工食品的社区商业设施	餐厅、饭店、咖啡厅、冷饮店、休闲茶吧
3	金融服务类	根据居民投资等消费需求，银行、证券或保险业从市场主体募集资金，并借贷给其他市场主体或提供经营通信服务、邮件寄递服务的社区商业设施	银联终端、商业银行、证券机构、电信营业厅、邮政网点等
4	教育服务类	根据居民培训等消费需求，有目的、有计划、有组织地通过知识分享、讨论行为提供服务的社区商业设施	育婴培训、兴趣培训、课程辅导机构等
5	休闲服务类	根据居民娱乐等消费需求，提供以放松身心、生命保健、体能恢复、身心愉悦为服务目的的社区商业设施	理发店、宠物中心、电竞网吧、健身会所、美容康体中心等
6	生活服务类	结合居民日常生活需求，提供日常生活中维护、保养、修理等服务的社区商业设施	家政保洁、皮具修复、文印服务等
7	定制服务类	结合居民个性化需求，介于生产经营方和消费者之间的提供咨询、设计等专业类服务的社区商业设施	旅行社、地产中介、业务咨询等

2.1.4 社区商业设施的空间布局及其规模

在界定社区商业设施的概念及其业态分类基础上，我们需要进一步分析社区商业设施的空间布局及其规模。社区商业设施的空间布局是指社区商业设施的辐射半径、步行可达时间等，而这取决于社区商业设施的类型，因为不同的社区商业设施分类具有不同的空间布局。

从目前全国各地的实践情况来看，社区商业设施的类型主要可分为社区底商、社区商业街及社区商业中心 3 种形式。经过笔者的调研，结合《社区商业设施设置与功能要求》(GB/T 37915—2019)，目前我国社区各类商业设施的空间布局情况见表 2-2。而且每一种社区商业设施步行可达时间、辐射半径都有所区别，社区底商、社区商业街以及社区商业中心的示例图如图 2-4、图 2-5、图 2-6 所示。

表 2-2 我国社区各类商业设施的空间布局情况

社区商业设施分类	辐射半径	步行可达时间
社区底商	1 km	15 min 以内
社区商业街	3~5 km	15 min 以内
社区商业中心	3~5 km	15 min 以内

图 2-4　社区底商示例图

图 2-5　社区商业街示例图

图 2-6 社区商业中心示例图

根据表 2-2,本书对社区商业设施的空间布局情况解释如下。

(1)社区底商。社区底商是指位于社区住宅楼底层的商业设施,以服务本社区居民的生活为目标,以社区住宅楼底层或低层作为商业用房,因此其通常被称为"邻里商业"。社区底商的规模一般比较小,易于经营,所需资金比较少,投资风险也较低。社区底商与社区同时发展,具有明显的成长性。随着社区周边设施配套与环境的逐渐成熟,社区底商的市场价值也会不断增长。

(2)社区商业街。社区商业街是由不同规模、不同类别的店铺,根据社区周边地形或交通条件,按照一定的规律,排列组成的呈现带状、环状的社区商业街,属于社区物业的一部分。社区商业街是社区商业的重要组成部分,从目前全国各地社区商业街的实践情况来看,组成社区商业街的建筑形态主要是 1~3 层的商业楼或住宅建筑底层商铺。一般来说,社区商业街的表现形式各异,既可以与社区底商联合共同构成社区商业内街共同体,也可以是独立建设的建筑物。社区商业街一般分布于大型社区的周边,因为单靠社区底商已经不能满足居民的日常生活需要,所以需要通过社区商业街对社区底商进行补充。从笔者的调研情况来看,社区商业街在实践中往往分布在新建社区或者新改造社区周边,地理空间富余,能够支撑社区商业街的建设。

（3）社区商业中心。社区商业中心通常被称为社区商业广场，是房地产大盘时代的产物，是伴随着大型社区的建设而产生的。社区商业中心是综合性的新型购物中心，采取集约化的手段，将各种商业业态相对集中布局在社区周边，形成各类商业业态相互协作的商业网点。社区商业中心规划建设的出发点，是为了更好地满足社区居民的生活需求，最大限度地降低社区居民的生活购物时间成本，并在短时间内将各类产品配送给社区居民，达到省时省力的目的。相对于社区底商、社区商业街，社区商业中心的周边配套服务设施更多，包括酒店、医院、大型购物中心等生活服务设施。社区商业中心设在居住区内人流集中地区，单位服务人口为 5 万 ~10 万人，商业服务网点数在 20 个以上，包括超市、菜市场、便利店、餐饮店、药店等，具备购物、餐饮、修理、理发、洗衣、家政、再生资源回收等功能。由于社区商业中心的规划布局有利于居民节省购物时间，为社区居民提供一站式购物服务，所以其受到了居民的欢迎。

本书从社区底商、社区商业街、社区商业中心这 3 个方面分析社区商业设施的空间规模。根据《社区商业设施设置与功能要求》（GB/T 37915—2019），不同社区商业设施类型，其商圈辐射半径、服务人口以及设施规模也是不同的。具体来说，社区底商、社区商业街以及社区商业中心的空间规模分类情况，可用表 2-3 表示如下。

表 2-3 社区商业设施空间规模分类情况

社区商业设施分类	辐射半径	服务人口	设施规模
社区底商	不大于 1 km	2 万 ~3 万人	不大于 0.3 万 m^2
社区商业街	3~5 km	3 万 ~5 万人	不大于 2 万 m^2
社区商业中心	5~10 km	5 万 ~10 万人	不大于 5 万 m^2

2.2 社区商业设施配套的原则

通过梳理现有的政策文件，结合笔者在国内各地方的调研，我们可以发现，目前我国各地在社区商业设施配套的过程中，应坚持六大原则：适度开发原则，确保社区商业设施配套不盲目扩大规模；综合性原则，以满足社区居民的多样化商业需求；参与主体多样化原则，以共担风险；和谐性原则，以保证社区商业设施与社区居民区和谐共生；景观再造原则，使社区商业设施融入周边的环境规划中；资金来源多渠道原则，以降低资金风险。

（1）社区商业设施配套的适度开发原则。社区商业设施的配套，必须以满足社区居民的实际需求为首要原则，商业设施的配套要适量，不得超过社区居民的实际需求，而且应该依据社区居民需求量的增加而不断扩大规模，分期、分阶段地配套相应的社区商业设施。

（2）社区商业设施配套的综合性原则。伴随着社区居民需求多样性的增加，社区商业设施配套内容也趋向于综合性，社区商业设施配套不仅包括传统的衣食住行购物需求，也包括居民文化交流、沟通及社区公共服务提升等综合商业设施的配套。

（3）社区商业设施配套的参与主体多样化原则。伴随着服务型政府建设的不断推进，传统的社区商业设施配套遵循“政府改、居民看”的原则，而现阶段社区商业设施的配套坚持“政府＋社区居民”的模式，倡导社区商业设施配套规划、建设中的社区居民全程参与，同时也积极引导社会资本、非营利组织以及第三方评估机构等主体积极参与。参与主体的多样化原则，有利于促进社区商业设施配套的规划、建设、运营以及后期评估的科学性与合理性。

（4）社区商业设施配套的和谐性原则。虽然社区商业设施属于社区的属地型设施，但其配套建设应与社区居民的居住区分离，一方面要充分体现社区商业设施的便利性，另一方面也要保证社区商业设施的建设运营不扰民，不会对社区常住居民的日常生活造成困扰，确保社区商业设施与社区的内外部环境的和谐共生。

（5）社区商业设施配套的景观再造原则。社区商业设施属于社区规划的一部分，其配套中应坚持景观再造的原则，以社区规划的景观意境为线索，将社区商业配套的建筑与周边的空间景观设计进行融合，创造新的景观，营造一个多功能的、舒适的、令人愉悦的、具有文化气息的社区商业公共空间。

（6）社区商业设施配套的资金来源多渠道原则。以往社区商业配套的资金主要来源于政府投资，而现阶段我国各地方社区商业设施配套中，都倡导地方政府、社区居民、社区开发商以及社会力量共同出资，资金来源体现出鲜明的多渠道原则，社区商业设施配套的资金风险进一步降低。

2.3 社区商业设施配套的要求

老旧小区在配套社区商业设施时，除了应遵循以上六个原则之外，还应根据《城市居住区规划设计标准》（GB 50180—2018）的要求，规范社区商业设施的步行可达性；根据《社区商业设施设置与功能要求》（GB/T 37915—2019）的要求，完善社区商业设施的功能。

2.3.1 社区商业设施的步行可达性要求

社区商业设施的建设是为了满足社区居民的购物便利性，所以，步行可达性是社区商业设施区别于其他行业设施的显著因素之一。社区商业设施应该满足社区居民的步行可达性要求，以满足社区居民消费的便利性、生活性特点。我国最早规范社区商业设施步行可达性指标要求的，是2002年版的《城市居住区规划设计规范》（GB 50180—93）。《城市居住区规划设计规范》（GB 50180—93）是以不同居住区自身人口规模与周边存在的城市道路，作为分界标准划分居住空间的。在分类规模上划分为“居住区—居住小区—居住组团”。对于社区商业设施的配置要求，《城市居住区规划设计规范》（GB 50180—93）是基于该住区分级规模来实施的，强调配建公平性，必须与居住人口规模相对应即满足千人指标要求。

2018年，《城市居住区规划设计标准》（GB 50180—2018）（以下简称《新标准》出版，代替了原有的《城市居住区规划设计规范》（GB 50180—93）（以下简称《旧标准》）。与《旧标准》不同，《新标准》是以不同居住区自身人口规模与居民的步行可达距离，作为分界标准划分居住空间的。在分类规模上划分为“15分钟生活圈—10分钟生活圈—5分钟生活圈—居住街坊”4个方面。与《旧标准》相比，《新标准》同样是基于住区分级规模和千人指标的思路，进行社区商业设施的配置。不同点在于《新标准》强调以满足社区居民基本生活需求为原则，强调配套设施与社区居民需求的匹配，即以人为本的规划思路，并针对不同设施的配置特征进行细化调整，不同于以往“均质化”的配置思路。具体情况见表2-4~表2-6。

表2-4 《城市居住区规划设计规范》(GB 50180—93)住区分级规模

项目	居住区	小区	组团
户数	10 000~16 000	3 000~5 000	300~1 000
人口	30 000~50 000	10 000~15 000	1 000~3 000

表2-5 《城市居住区规划设计规范》(GB 50180—93)社区商业设施控制指标(m^2/千人)

类别	居住区		居住小区		组团	
居住规模	建筑面积	用地面积	建筑面积	用地面积	建筑面积	用地面积
商业服务	700~910	600~940	450~570	100~600	150~370	100~400

表 2-6 《城市居住区规划设计标准》(GB 50180—2018)社区分级规模

	居住街坊	5 分钟生活圈	10 分钟生活圈	15 分钟生活圈
居住人口(人)	1 000~3 000	5 000~12 000	15 000~24 000	45 000~72 000
住宅套数(套)	300~1 000	1 500~4 000	5 000~8 000	15 000~24 000

从表 2-4 与表 2-6 的对比可以发现如下方面。

第一,与《旧标准》相比,《新标准》没有针对不同的社区分级,强制性规定社区商业服务设施的建筑面积、用地面积指标。《新标准》不强调“均质化”,其更推崇的是社区商业设施的配套,从社区的具体情况出发,以满足社区居民的需求为目标,灵活地为社区配套商业设施。

第二,《新标准》对社区商业设施的“步行可达性”要求,以“步行时间”作为衡量标准,这比较符合居民在日常生活中对“步行可达性”的表达与要求。而且《新标准》贯彻了“15 分钟生活圈”的理念,积极践行了“以人为本”的标准。

2.3.2 社区商业设施配套的功能要求

除了社区商业设施配套的步行可达性要求之外,社区商业设施的功能也是设施配套中的强制性要求。目前,我国社区商业设施的功能配套必须满足《社区商业设施设置与功能要求》(GB/T 37915—2019)(以下简称《新功能要求》)的规定。《新功能要求》是针对社区商业设施业态分类制定的规范标准,相比于旧版《社区商业设施设置与功能要求》(SB-T 10455—2008)(以下简称《旧功能要求》,更加注重对于社区各类配建设施中的商业设施业态配置的规定,并着重强调了社区商业设施业态配置的内容及其所应发挥的功能。

具体来说,《旧功能要求》主要规定了社区商业设施业态的配置内容以及相关业态设施的配置要求,社区商业设施配置的业态分类、空间规模、空间布局 3 个方面都有所涉及。在业态分类上,根据居民的消费习惯和出行特征,划分必备型业种及业态、选择型业种及业态共 2 种社区商业设施业态类型。在设施规模上,从商圈半径、服务人口、商业设置规模 3 个方面进行分类,划分为邻里商业、居住型商业、社区商业中心。其中,邻里商业是社区商业设施中最基础的类型。在空间布局上,提出了普适性原则。《旧功能要求》是商务部于 2008 年提出的关于社区商业的规范标准,具有时代性和阶段性参考意义。但随着经济的发展,社区居民的需求发生了很大变化,《旧功能要求》与居民的设施使用需求已不匹配。

《新功能要求》在《旧功能要求》的基础上进行了调整,主要规定了社区商业设施业态的配置内容以及相应业态设施的配置要求,针对社区商业设施配置的业态分类、空间规模、空间布局3个方面都进行了详细的解释。其中，在业态分类方面，新版规范标准将社区商业设施划分为三类，分别为必备型业态及服务、补充型业态及服务、提升型业态及服务。其中，必备型业态及服务指满足居民基本生活需求，必须设置于社区内的业态及服务；补充型业态及服务指为满足居民多样化生活消费需求，有选择地补充设置的社区商业业态及服务；提升型业态及服务是指除必备型、补充型业态外，针对居民不同需求提供的个性化社区商业业态及服务。在空间规模上，根据服务人口、服务半径、人居商业面积、商业设置规模4个方面将社区商业设施分为社区商业中心、社区商业街、社区底商，分类方式与《旧功能要求》相比更为合理且详细。具体情况见表2-7。

表2-7 《社区商业设施设置与功能要求》(GB/T 37915—2019)社区商业设施指标

社区商业设施分类	购物服务			居民生活服务			备注
	必备型业态	补充型业态	提升型业态	必备型业态	补充型业态	提升型业态	其他服务业态
社区商业中心	生鲜超市（菜市场）、便利店、专卖店、专业店、智能便利设施等	仓储会员店、专卖店等	书店、体育健身服务、商业银行服务	餐饮服务、餐饮配送服务、外卖送餐服务、家庭服务等	汽车修理与维护服务、居民宠物服务等	药店、咖啡厅、花店、共享服务	老年人、残疾人养护服务、商业银行服务、邮政基本服务等
社区商业街	超市、菜市场、生鲜超市、便利店、智能便利设备等	网上商店、专卖店、专业店等	书店、体育健身服务、商业银行服务	餐饮、餐饮配送服务、外卖送餐服务、家庭服务等	计算机和辅助设备修理服务、清洁服务等	药店、咖啡厅、花店、共享服务	快递服务、商业银行服务、邮政基本服务
社区底商	小型超市、便利店（食杂店）、便民菜店、智能便利设备等	专业店、流动式蔬菜车等	书店、体育健身服务、商业银行服务	餐饮服务、小吃服务、餐饮配送服务、外卖送餐服务	正餐服务、洗染服务、家庭服务等	药店、咖啡厅、花店、共享服务	老年人、残疾人养护服务、房地产中介服务

2.4 相关理论

老旧小区改造统筹商业设施更新，属于民生工程，关系到人民群众的生活便利，同时也关系到基层社会的安全。在实践推进过程中，老旧小区统筹商业设施更新，首先应依据社会治理现代化理论，做好基层老旧小区的安定团结工作，保障民生；其次，老旧小区改造统筹商业设施更新，应按照城市形态学理论，理顺老旧小区改造中的土地产权，按照城市规划建设轨迹合理安排商业设施；最后，老旧小区统筹商业设施更新，应该遵循社区商业发展的理论，同时依据新时代居民个性化消费理论进行。基于此，本部分将介绍社会治理现代化理论、城市形态学理论、社区商业发展理论以及个性化消费理论，为后续研究奠定理论基础。

2.4.1 社会治理现代化理论

社会治理是国家治理的重要方面，社会治理现代化是国家治理体系和治理能力现代化不可或缺的重要内容，也是建设更高水平的平安中国的题中应有之义①。党的十八大以来，党和政府高度重视社会治理问题，提出许多新思想、新观点、新举措，为新时代加强和创新社会治理指明了方向。老旧小区改造统筹商业设施更新，属于社会治理的重要基础，在老旧小区改造过程中统筹更新商业设施，可以提高居民生活质量，助力加强和创新城市社区治理，赋能建设更高水平的平安中国。具体来说，社会治理现代化理论包括如下内容，而且这些内容可以运用到老旧小区改造统筹商业设施更新中。

（1）社会治理现代化理论坚持以人民为中心。社会治理体系与治理能力现代化的提升，必须以最广大人民根本利益为坐标，从人民群众最关心、最直接、最现实的利益问题入手②。要树立安全发展理念，弘扬生命至上、安全第一的思想。要多想想如何让群众生活和办事更方便一些，如何让群众表达诉求的渠道更畅通一些，如何让群众感觉更平安、更幸福一些，真正使千家万户切身感受到党和政府的温暖。随着我国社会主要矛盾发生历史性变化，人民群众对社会治理的需求日趋多元化多样化，对社会事务参与的意愿更加强烈，社会利益关系越来越复杂、调整难度日趋加大。社会治理现代化理论坚持人民主体地位，站稳人民立场，践行以人民为中心的发展思想，帮助党和政府不断提高民生保障和社会治理供给水平，使社会治理的成效更多更公平地惠及全体人民，努力增强人民群众获得感、幸福感、安全感。在老旧小区改造过程中，商业设施的更新，可以为社区居民提供生活上的方便，提高其幸福生活的获得感，是社会治理关于以人民为中心理念的实际践行。

（2）关于优化社会治理的方法手段。社会创造能量充分释放、竞争活力充分涌流，离不开高水平治理。社会治理理论强调社会治理的系统化、科学化、智能化、

① 俞可平．推进国家治理与社会治理现代化 [M]. 北京：当代中国出版社，2014.

② 王华杰，薛忠义．社会治理现代化：内涵，问题与出路 [J]. 中州学刊，2015(4):67-72..

法治化，深化对社会运行规律和治理规律的认识，善于运用先进的理念、科学的态度、专业的方法、精细的标准提升社会治理效能，增强社会治理整体性和协同性，提高预测预警预防各类风险能力，增强社会治理预见性、精准性、高效性，同时要树立法治思维、发挥德治作用，更好引领和规范社会生活，努力实现法安天下、德润人心。当前，我国改革进入攻坚期和深水区，社会治理面临的形势环境更为复杂，迫切需要进一步创新治理理念思路、体制机制、方法手段。我们要坚持问题导向，助力加快补短板、强弱项，紧紧盯住影响治理效能、群众反映强烈的突出问题，充分调动各方面积极性，最大限度增强社会发展活力，更好保障社会安定团结、人民安居乐业。

（3）关于聚焦社会治理的着力重点。经济民生最突出的矛盾和问题在基层，社会治理最坚实的力量支撑也在基层。社会治理的重心在城乡社区，社区服务和管理能力强了，社会治理的基础就实了[①]。要调整和完善不适应的管理体制机制，推动管理重心下移，把经常性具体服务和管理职责落实下去，把人财物和权责利对称下沉到基层，把为群众服务的资源和力量尽量交给与老百姓最贴近的基层组织，增强基层组织在群众中的影响力和号召力。当前基层社会治理体系中仍存在不少薄弱环节，要补的课还很多，必须通过改革加以解决。社会治理现代化理论强调要瞄准城乡基层治理顽症“开药方”，打通党同群众连接的“最后一公里”，帮助党和政府健全自治、法治、德治相结合的城乡基层治理体系，尽可能把资源、服务、管理放到基层，使基层有职有权有物，更好地为群众提供精准有效的服务和管理。而社区延伸正是强化基层治理的重要举措，老旧小区改造统筹商业设施更新作为社区延伸的重要途径，可以有效提高社区的功能，激发社区更新的内在活力。

（4）社会治理强调长效机制的构建。社会治理的成效，取决于治理制度机制的健全完善和可靠运行。社会治理现代化理论认为，要加强社会治理制度建设，完善党委领导、政府负责、社会协同、公众参与、法治保障的社会治理体制[②]。著名的“枫桥经验”是社会治理现代化理论的最佳实践案例。要健全公共安全体系，加快社会治安防控体系建设，加强社会心理服务体系建设，加强社区治理体系建设，发挥社会组织作用，实现政府治理和社会调节、居民自治良性互动。经过长期实践探索，目前我国社会治理已经形成一整套相对成熟和定型的制度体系，为今后我国社会治理制度机制进一步完善奠定了坚实基础。我们要按照党的十九届四中全会部署和要求，注重发挥专门协商机构和协商民主的制度平台优势，积极助推社会治理

① 宋学增．社会治理现代化的理论思考：学科渊源，治理体系和理论前沿 [J]. 经济社会体制比较，2016(6):22-24.

② 王道勇．社会结构视角下的社会治理现代化 [J]. 科学社会主义，2015(4):4-7.

领域制度机制的健全完善，为推进社会治理现代化提供坚实制度保障。

（5）社会治理现代化理论重视信息技术的支撑。网络信息技术日新月异，深刻改变着社会经济格局、利益格局、安全格局，是社会治理不容回避的重大课题。随着互联网特别是移动互联网的发展，社会治理模式正从单向管理转向双向互动，从线下转向线上线下融合，从单纯的政府监管向更加注重社会协同治理转变。要强化互联网思维，利用互联网扁平化、交互式、快捷性优势，推进政府决策科学化、社会治理精准化、公共服务高效化，用信息化手段更好地感知社会态势、畅通沟通渠道、辅助决策施政。互联网时代下的社会治理，机遇前所未有，挑战也前所未有。我们要深刻认识互联网在国家管理和社会治理中的作用，不断提高对互联网规律的把握能力、对网络舆论的引导能力、对信息化发展的驾驭能力、对网络安全的保障能力，运用大数据技术、信息化手段更好地助力基层政府单位履职实践和社会治理实践，不断添动力、增活力、聚合力。老旧小区改造要统筹商业设施更新，也要强调互联网技术、物联网技术等的应用，依靠信息技术的支撑，提高社区延伸的深度和广度。

（6）加强党对社会治理的领导。办好中国的事情，关键在党，社会治理现代化理论强调要自觉坚持党的领导，坚持从党和国家大局出发看问题、想问题，清醒看到存在的困难和面临的挑战①。各级党委和政府要高度重视社会治理工作，加强对社会治理的统筹谋划和组织领导，切实肩负起促一方发展、保一方平安的政治责任。要把加强基层党的建设、巩固党的执政基础作为贯穿社会治理和基层建设的一条红线，深入拓展区域化党建。中国共产党领导是中国特色社会主义最本质的特征，是中国特色社会主义制度的最大优势，也是中国特色社会主义社会治理最根本的保证。我们必须坚持党的全面领导，切实把党的领导贯穿社会治理全过程和各方面，把党总揽全局、协调各方的政治优势同政府的资源整合优势、企业的市场竞争优势、社会组织的群众动员优势有机结合起来，真正把中国特色社会主义制度优势转化为社会治理强大效能。老旧小区改造统筹商业设施更新的实施方案，也要坚持社区基层党组织的领导，在老旧小区基层党组织的带领下，有效吸引各类社会力量的参与，提高社会治理现代化的能力。

社会治理现代化理论的重要论述内涵十分丰富，对于做好老旧小区改造统筹商业设施更新工作具有重要指导意义，这包括突出老旧小区改造工作中以人民为中心的价值取向，强化老旧小区改造中的信息技术支撑以及加强党对老旧小区改造的领导等。在以后章节的配套方法、运营模式以及实施方案的研究中，都会运用到社会治理现代化理论。

① 郭苏建．中国国家治理现代化视角下的社会治理模式转型 [J]. 学海，2016(4):16-20.

2.4.2 城市形态学理论

社区延伸不能脱离城市的形态，老旧小区改造统筹商业设施更新，不能与城市规划、城市肌理相悖。因此本书有必要介绍城市形态学理论。关于城市形态学的概念，意大利的地理学家 Farinell 最早于 1980 年从 3 个层面对其概念进行了界定：

第一个层次：城市形态是城市外形的视觉表达；

第二个层次：虽然城市形态是城市外形的视觉表达，但是这种视觉表达是各类物质形态的综合体；

第三个层次：城市形态是“从城市主体和城市客体之间的关系中产生的”，即城市形态是“城市物质实体本身”与“城市居民”之间关系历史的全部结果。

城市形态的 3 个层次的概念理论得到了国内外学者的普遍认同，并在理论发展中形成了三大学派，分别是：英国的 Conzen 学派、意大利的 Muratori-Caniggia 学派、法国的 Versailles 学派。三大学派的理论成果在城市地理学、城市规划与设计、城市社会学、城市经济学、政治经济学以及公共管理等领域得到了普遍认可，常被应用到城市社区改造研究中。考虑到本书重在研究社区延伸中老旧小区改造统筹商业设施更新，主要是利用城市形态学理论的框架，分析老旧小区改造统筹商业设施更新，所以此处不再详细分析城市形态学三大学派的发展沿革及其理论区别。

根据诺克斯（Knox，1994）的“城市化进程”（urbanization as a process）理论，城市化由一系列相互作用的社会、经济、人口、政治、文化、生产技术和环境变化过程推动。城市化的直接结果是越来越多的人口居住于日益扩大的城镇区域内，同时，城市化进程也促使城市形态学理论成果不断丰富，如城市体系、城市用地、社会结构、建筑环境和生活方式的变化。在诺克斯的“城市化进程”理论影响下，城市形态被描述为：城市是一个动态的社会系统，其中的政府政策、法律体系、城市规划和城市管理，关注城市化过程中存在的各种问题，作出一系列的反应继而影响初始城市居民的生活，这一过程最终形成了一个动态变化的循环体系。城市化进程理论下的城市形态学理论，实际上利用广义的政治经济学，对三大学派的城市形态学理论进行了改进，将城市形态看作一个动态的过程，并将其作为城市化的一个结果。通过以上分析，“城市形态作为城市化的结果”（urban form as an outcome of urbanization）这一理论框架，使物质的城市形态、抽象的政治经济因素和城市规划有机地联系在一起，从而提供了一个强有力并可以被广泛应用的方法来分析城市形态变化的动力及过程机制。在这一模型中“形态分析”与“环境行为研究”的概念与方法被强调作为主要的物质环境分析工具。近些年，诺克斯“城市化进程”下的城市形态学理论，得到了理论研究者和实践者的普遍认可，人们越来越认识到该理论的价值，其对城市形态认知、城市历史保护、旧城更新等工作都很有学习和参考的价值。

结合中国老旧小区改造的实际情况，老旧小区是在城市化进程中出现的问题，是发展中的问题，要用发展的思维去解决。为老旧小区改造配套商业设施，实现社区的延伸与自我更新，符合“城市化进程”理论下的城市形态学理论，其实践过程要按照实事求是的原则，按照系统管理的思路，统筹考虑旧城形态、城市政治经济因素、城市规划、现有的政策体系、居民感受等，统筹安排老旧小区配套商业设施的更新。

总之，社区延伸是一个复杂的系统，根据“城市化进程”理论下的城市形态学理论，老旧小区改造统筹商业实施更新，需要遵从以下理论路线：一是老旧小区的形态复杂，需要有不同的技术手段进行建筑处理，在充分调研社区居民需求意愿，调研社区现有商业设施的基础上，分门别类改建、补建、新建社区基础类商业设施、功能型商业设施等；二是产权的复杂，老旧小区的产权背景比较复杂，有些是公产，小区内土地产权属于土地管理部门，有些则具有企事业单位背景，老旧小区改造在配套商业设施过程中，需要协调业主形成统一的行动意愿，把握老旧小区的“形态区域”差异，将老旧小区的有机体分解为不同的板块，分别制定相应的标准、规范以及费用分摊政策，以“化整为零，区别对待”的方式，推进老旧小区配套社区商业设施工作。

2.4.3 社区商业发展理论

社区延伸，需要拓展老旧小区的商业功能，满足社区居民对于社区商业生活的需求。社区商业以社区为中心，为社区居民提供基础物业、生活、购物、交互、政务、信息、百货零售、餐饮娱乐、家政服务和装修维修等服务，其涵盖了社区居民生活的方方面面。未来的社区经济也将覆盖社区的家居生活服务、医疗卫生服务、社区少年儿童服务、社区生活服务等。社区商业的发展理论包括社区商业的特点、市场规模以及业态的变化。

1）社区商业的特点

社区商业具有 3 大特点。

（1）就从业规模而言，考虑到社区商业的服务主体是社区居民，所以社区商业的组成部分还是以服务行业为主的个体，与传统商业街经济体量相比，社区商业的体量往往较小，而且比较分散。

（2）就消费者群体而言，社区商业的消费者群体比较固定，而且消费者“黏性”

比较高。社区商业是社区的辅助型行业，其消费者群体是社区或周边社区的居民，消费者群体相对来说比较固定，用户的忠诚度相对来说比较容易培养，而且通过邻里的口头宣传与营销，社区商业的品牌“黏性”也会逐步提高。

（3）就经营模式而言，与传统的商超业态不同，社区商业的形态呈现多样化，这主要是因为社区商业以满足社区居民的生活需求为根本目的。社区商业开发的目的就是满足社区居民的衣食住行需求，而居民需求的多样性、复杂性决定了社区商业的经营模式比较多元，包括线下商店、体验店、社区底商以及线上订单等。

2）社区商业的市场规模

我国人口众多，城市社区的住宅面积比较大，相关数据显示，截止到2021年年底，我国城镇住宅物业面积达到了300亿m^2，其中老旧小区的物业面积超过了170亿m^2，老旧小区内有约2.8亿个家庭，这就决定了我国社区商业的市场规模巨大，这些家庭加起来需要的社区服务产业将形成万亿级的消费市场。

传统的社区商业业态繁多，主要包括副食品店、杂货店、菜市场、理发店、餐饮店、浴室、维修店、邮局、银行、书店、照相馆、国营粮店、煤球店、弹棉花店、废旧物资回收店等。现在的社区商业蕴含着文化教育、餐饮服务、康体养生等各种形式的商机，尤其是生鲜和家庭生活服务这两个板块，都是万亿级的市场。菜市场、餐馆、便利店、洗车房、理发店，美容院、社区药房等必要设施，在未来都将会是一片群雄逐鹿的蓝海领域。社区商业的市场前景良好、潜力无限，但是相当长的一段时间内，受老旧小区土地空间限制，社区商业无法发展。而“十四五”期间老旧小区改造统筹商业设施更新，则为社区商业的发展带来了最佳的发展契机。由此可见，在当下城市快速发展的进程中，社区商业变得越来越重要。

3）新时代社区商业业态的变化

需要注意的是，社区商业的市场体量、市场规模不同于传统商超，而且其在新时代也具有不同于传统商超的商业业态。目前，像万达、新城这种大规模的商业开发造成以购物中心为表现形态的大型商超同质化严重，缺少相应的规划与协同，大量新区建设、商品房开发导致商业供应量大、小区入住率低、相关配套不完善等，都在制约着传统商超的发展。

社区商业业态则呈现出新变化，其内涵更加丰富，以满足居民明确的需求。同时，社区商业要具有明确的运营模式和商业主题定位，以避免社区商业的同质化发展问题。此外，社区商业的运用需要成熟、完善的资金运作手段与退出机制，以实现社区商业的可持续发展。总的来看，新时代社区商业业态的发展呈现两个变化：一是社区商业的前置仓和社区团购成为新纽带；二是社区商业开始从功能性到体验化转变。

（1）社区商业前置仓和社区团购成为新纽带（图 2-7）。前置仓和社区团购近年来受到热捧，其中社区团购作为一种渠道创新模式，吸引了大批资本巨头，而前置仓被认为是整个社区商业服务模式的最优解决方案。目前包括京东、苏宁、永辉、沃尔玛等在内的电商以及传统商超巨头已经纷纷入场，竞争逐渐进入白热化阶段。

图 2-7　社区商业新业态的前置仓

（2）社区商业从功能性到体验化的转变。随着健康生活理念的深入，社区居民对于商业服务的“体验性”越来越重视。这样，社区商业设施也逐渐完成由过去的大众化消费品转为个性化消费品，从功能性转为体验化，从商业功能向社区文化功能的转变。传统的区域性商业中心正在受到不小的挑战，工厂流水线打造的工业产品已经很难再打动社区居民，反而小而美、精而全、便而捷的社区商业中心更能满足社区居民对于便利化、体验化消费的需求。这也是盒马鲜生、生鲜传奇等新型社区零售业受到社区居民的普遍欢迎的原因。

虽然老旧小区改造统筹商业设施配套，为社区商业的发展提供了契机，但是，老旧小区的商业空间很有限，底商往往缺乏统一规划、购物中心等产权很复杂，这给老旧小区社区商业的发展带来了困难。在老旧小区改造配套商业设施的过程中，只有合理改造传统底商、解决老旧小区闲置土地的产权问题、多渠道置换商业用房，才能顺应社区商业新业态的变化趋势，实现社区商业空间的拓展与功能的延伸。

2.4.4 个性化消费理论

根据社区商业发展理论，社区商业的市场规模越大，发展势头越好，商业业态越呈现出链条化、功能化的发展趋势，与此同时，社区居民消费也呈现出个性化消费的趋势。

改革开放40多年来，我国经济发展取得了举世瞩目的成就，人民群众的生活品质有了很大的提升。人们的消费观念也发生了很大的变化，传统的“吃得饱、穿得暖”的消费观念已经发生了改变，尤其是消费升级的大趋势下，个性化、品质化的消费理念开始盛行，健康、快乐、富有体验感、充满便利性和温情性成为当下主流的消费观念。

目前，城镇居民的消费理念不断发生改变，国外知名品牌在华扩张逐渐减速降温，基于本土文化的审美与消费特征的商业开始觉醒。只有当一个商品真正地迎合消费者心中的美学需求，消费者才会愿意为此买单。消费者个人不再以性价比为第一考虑因素，同时“不求最好，但求最贵”的极端消费方式也逐渐消失，消费者在综合考量商品质量因素后，才会考虑性价比，品牌不再是主要驱动力；消费者的决策也呈现出高效简化的倾向，注重商品情感属性和个人精神的回归。

同时，个人消费也开始从传统营销向数字化营销演变。目前，大数据、人工智能、手机端APP、小程序等功能越来越强大，数字化营销将不仅限于大型的购物中心。社区商业也将在数据端和客户端发力，通过线上营销颠覆传统的营销模式。商业内部的热力图可以进行客户消费习惯的分析，从而为后期招商提供数据支持。商户与客户的沟通将更加具有黏性。手机终端可以根据客户的消费喜好进行相关促销信息的推送，甚至可以通过无人送货等方式进行商品的无接触配送。这也是现阶段消费者更为看重的。

未来，社区商业将更加注重运营，社区商业的运营是一个非常复杂的体系，能否进行有效的运营管理将直接影响到社区商业发展与收益的好坏。当社区商业发展到一定规模后，就需要对社区商业进行较为科学的规划和定位，准确把握周边消费者的市场需求以及周边商业市场的供应情况，以决定自身项目的可发展规模；需要对社区商业的市场定位、业种比例、商业规划、产品组合等因素进行合理调控，避免社区商业在档次或功能等方面不适应消费者的需求，防止重复性建设和盲目竞争，促使社区商业各部分协调经营，形成一个有机的整体，便于持续良好地发展。

具体到运营管理方面，社区商业设施的运营管理不仅要有专业化的流程与团队，更重要的是要根据运营情况不断进行有效的调整。现阶段我国社区商业依旧存在着较大的改进空间，主要体现在业态较为基础、分散，粗放式运营，且缺乏标准化的社区商业中心等。目前，部分传统社区商业更多的是农贸市场、街边市场、超市、便利店的组合体，缺少满足老人、年轻人消费需求的新型业态，也缺少合理规划容纳新型业态的社区商业中心。未来社区商业的改善需要从社区商业规划、业态招商、新零售等方面着手，这需要政府、房企以及电商等多方的共同努力。

2.5 小结

本章为全书的理论基础部分。本章首先界定了老旧小区的概念、社区商业的概念、社区商业设施的概念及其业态分类、社区商业设施的业态及其空间规模等；然后分析了社区商业设施配套的原则，包括社区商业设施配套的适度开发原则、社区商业设施配套的综合性原则、社区商业设施配套的参与主体多样化原则等；最后介绍了全书研究的相关理论，包括社会治理现代化理论、城市形态学理论、社区商业发展理论以及个性化消费理论。本章的研究在梳理国内外权威文献的基础上，界定了老旧小区、社区商业、社区商业设施空间布局等概念，可为后续学者的研究提供概念基础；而且本章也建立了社会治理现代化理论、城市形态学等理论与老旧小区改造相关研究之间的理论关联，可为后续老旧小区改造的相关研究奠定理论基础。

第3章　我国老旧小区配套商业设施的现状与未来趋势

3.1　我国社区配套商业设施的发展历程

3.1.1　社区商业设施网点布局阶段

中华人民共和国成立后，社区商业即成为社区建设的重要组成部分。1956年，国务院将社区商业纳入城市商业网点布局体系，并将其作为城市商业网点布局的重要主成部分。但是在改革开放之前，我国商业网点资源短缺，国务院决定在各地按住宅建设面积7%的比例收取商业网点配套费，加上部分财政资金补助，二者捆绑用于安排社区商业，并应用于全国的商业网点建设和商业地产开发。这项社区商业网点的配套设施方法，在一定程度上满足了人民群众的日常消费需要。以北京为例，1982年，北京的社区商业设施网点布局结构是：市级中心——王府井、西单、前门；区级中心——南城的菜市口、西城的三里河；社区服务——多少居民人口一个居委会，配备一个粮店、副食店、菜市场、理发店、饮食店、废品回收站等。原则上，北京市社区配套商业设施是为了满足居民日常生活的需求而打造的居民日常生活商圈。

3.1.2　商业地产开发阶段

社区商业设施网点布局阶段的特点在城市化发展的初期，具有一定的优势。但是，伴随着城市化的发展，城市人口的增加和社区规模的扩大，传统社区商业设施网点布局已经不能满足居民的实际需求。基于此，1999年11月6日，财政部、国家经贸委、国家计委等六部委按照国务院的要求，联合下发《关于公布第三批取消的各种基金项目的通知》，取消了“收取商业网点配套费的规定”。自此，我国社区配套商业设施开始进入商业地产开发阶段，社区商业设施的开发、投资、招商以及运营都由地产开发商负责，政府退出社区商业设施的配套工作安排。

据统计，在1999年到2004年之间，我国各大城市商业社区地产的开发、社区商业设施的投资，有 86% 来自社会资本的投资，其中 75.22% 为商业地产开发商的投资。在商业地产开发阶段，社区商业设施在配套过程中要面临两方面的困难：一方面，原有的城市商业中心区商业网点布局过于密集，甚至有些老旧小区由于面积狭小，社区商业设施铺设濒于饱和；另一方面，原有社区商业设施同质化严重，不能满足社区居民的实际需求。原因包括：一是地产开发商的投资规划存在漏洞，没有将社区商业设施可持续发展的配套规划考虑进去，因此没有配套制度；二是有的城市地方政府对社区商业设施配套的重视不足，忽视了社区商业设施在城市建设、民生工程中的重要性，这就导致需要对城市原有的老旧小区进行改造、更新，并配套新的社区商业设施。

为了有效解决以上两个问题，有必要对城市社区商业设施的布局、社区商业的规划进行规范。基于此，2004 年，商务部制定了《城市商业网点编制规范》，对城市社区商业配套设施进行规划化建设，这主要是为了解决两个矛盾。

第一个矛盾是：城市内部商业网点结构性矛盾。在 21 世纪之初，城市化进程开始加快，大量外来人口涌入城市社区，传统社区商业网点结构性矛盾日益凸显。城市内部的商业网点布局不合理，问题主要表现在两方面。一方面是城市中心城区、老城区的社区商业网点过于集中，而新建的城区和社区缺少合理而必要的商业网点配套。从业态结构表象看，大型百货店过剩，在部分大中城市，大型综合超市已出现饱和迹象，特别是寸土寸金的市级商业中心的商业体量过大。另一方面，大量新建社区内，便利店、小型超市及餐饮等服务网点明显不足。商业网点建设与环境保护、交通、居民生活环境等方面的矛盾，正变得越来越尖锐。

第二个矛盾是：社区商业的规划与定位不够合理，“商与住”比例失调。从 2006 年开始，国家加大对房地产行业的管控力度。为了避免投资风险，很多地产开发商都把资金投资的重点放在商业地产上，而避开社区商业设施投资、社区商业规划等“零星小卖”，这就导致了商业地产建设中的商业与地产“两张皮”现象，社区商业开发将导致如下后果。①有的大盘社区，商业网点严重不足，影响入住，因此，对于新开发的社区商业来说，在定位与规划方面，如果不引起重视，这个矛盾会越来越明显。②社区商业地产的过度开发。受商铺高利润的影响，一些社区开发商，在其开发的高档楼盘，特别是别墅区内，盖出了 40% 以上的商业地产，而且这样的开发商不在少数，导致居民居住空间被大大挤占。③社区底商与社区周边商业的矛盾频生。社区开发商投资开发的商业形式，大多数是以底商的形式存在的，而社区底商因为空间有限，往往无法承载某些社区商业的业态，如宠物店、养老院、游泳馆等，这些商业业态会直接影响到社区周边的商业氛围。

当然，我们也应注意上述两个矛盾是相互影响的：一方面，开发商无序开发社区商业，会对社区周边的商业结构产生不良影响，包括商业环境、供需状态等；另一方面，社区周边商业的结构性矛盾，反过来又影响开发商的商业地产开发类型、进度等。

2004 年《城市商业网点编制规范》的公布，对城市社区商业设施配套中的结构性矛盾与规划定位矛盾进行了协调，从一定程度上遏制了社区商业实施配套中低水平重复、缺乏统一规划等问题。政府制定规划方案，确定配套设施的类型、种类等，社区开发商根据《城市商业网点编制规范》，为社区配套相应的商业设施。这一阶段的社区商业设施配套方案，一方面可以发挥政府的指导作用，另一方面也可以提高地产开发商为社区配套商业设施的积极性。

3.1.3 合理配套阶段

2013 年以来，我国社区商业设施配套建设进入合理配套阶段。国家相关部门，特别是商务部成立以来，高度重视商业网点规划制定工作，先后公布了《全国商品市场体系建设纲要》《关于加快我国社区商业发展的指导意见》等政策。到 2020 年，我国已经基本完成了省会以上城市商业网点规划的编制，目前正在进行地级城市商业网点规划的编制工作，可以说，商业的“法治化”进程正逐步进入正常轨道。进入“十四五”阶段，“社区商业”又被列为商务部的工作重点，这是因为“社区商业”在我国城市化进程与经济生活中扮演着重要的角色，关系到“便民、利民、为民”，是创建“和谐社会”和提高老百姓生活质量的大事。在合理配套阶段，我国社区商业设施的规划，主要强调以下几个方面的工作。

（1）商住分开。社区商业设施的配套规划，既要服务社区，又要避免和减少对社区居民生活的干扰，社区商业服务设施与居民的居住区应适当分离，更要处理好大型社区的商业设施配套的便利性和居住的安静度，而高档社区尤其是别墅区的社区商业设施，更应坚持“商住分开”的原则，适当远离居住区。

（2）社会责任。地产开发商和地方政府在社区商业设施的配套中，都应承担一定的社会责任，避免社区商业设施建设中的负外部性问题，合理引导居民形成健康的消费习惯。

（3）政府支持。正因为社区商业的社会属性和责任，地方政府应在政策等方面给予相应的引导和扶持。商务部《关于加快我国社区商业发展的指导意见》里都有明确的要求，在第二部分“工作原则”中尤其强调了“政府引导”的责任。

（4）商住互动。社区商业和社区之间是相伴互生的关系，一方面，社区商业为居民提供基本生活需求的各类商品；另一方面，社区商业也会带动社区住宅的价值增值，如果社区商业由于经营不善而贬值，也会拉动住宅价格下降。在发达国家，当社区商业遭遇危机时，社区居民会集体拯救社区商业，以避免住宅贬值。

（5）科学规划。考虑社区商业设施的重要性，建筑产品是否符合商家需求、市场定位、业态分布等，要更科学地予以规划。

针对以上5个工作重点，基于现阶段我国社区商业的发展需求，本书建议社区商业设施应坚持“合理地规划与设计”的原则，这就需要城市商业网点规划者、地产开发商以及产业团队三者共同努力。

第一，从城市的宏观层面来看，地方政府在社区规划的前期，应加大对于社区商业网点规划的力度。目前我国各个城市都有城市商业网点建设管理联合会，各地联合会应介入到城市社区商业网点的规划中，成为城市商业推动的重要参与者。

第二，从开发商的角度来看，地产开发商应该更加理性地考虑自己开发的商业地产项目的定位与规划，无论是借助外商，还是自我规划，都应保证社区商业网点规划的合理性。从笔者前期的调研情况来看，很多城市的地产开发商在规划社区建设时，都会主动邀请专家和第三方评估机构进行商业规划设计。

第三，形成产业，社区商业将成为一个独立的产业，有专有的模式且由专业的管理团队管理经营，如较成熟的新加坡邻里中心社区商业模式。社区商业是城市商业发展的新亮点。随着社区商业的迅速发展，国内外大型连锁品牌店纷纷进入社区，更加有利于社区商业健康发展。现代城市商业的发展趋势应集中与分散相结合，既有大型的商业中心，也有广为分布的商业网点。总之，“便民、利民、为民”是社区商业建设和发展的宗旨。那么，如何合理地发展社区商业呢？

（1）严格按照《关于加快我国社区商业发展的指导意见》的要求，充分认识加快社区商业发展的重要意义，科学推进社区商业的发展。抓住新区开发和旧城改造的机遇，加快完成城市商业网点规划，加快发展社区商业，方便居民基本生活消费，改变城市面貌，扩大劳动就业，进而提升城市商业现代化水平和综合竞争力。

（2）加强领导。各级商务主管部门要加强对社区商业工作的研究与指导，专业协会要积极配合，坚持政府引导，市场化运作，做好调查研究，摸清本地区社区商业发展的基本情况，及时解决社区商业建设中遇到的问题，制订标准，分类指导，突出重点。鼓励有实力的连锁企业参与社区商业建设，利用现代技术手段，创新服务体系。社区商业建设涉及面广，因此，商业主管部门要加强与建设、财政、劳动和社会保障、工商、民政、税务等部门的沟通与协作，形成合力，制订扶持政策。同时，充分发挥街道办事处、居委会、物业管理部门和商业企业等各方面的积极性，形成互联互动、协调配合的机制。

（3）认真落实全国范围内50个示范社区建设，发挥示范社区的辐射带动效应。争取利用3~5年时间，在全国人口过百万的166个城市中，初步完成社区商业建设和改造工作，形成满足居民基本生活消费需求的社区服务网络，基本实现社区居民购物、餐饮、维修、美容美发、洗衣、家庭服务和再生资源回收等基本生活需求。为加快营造和谐的社区消费环境、构建社会主义和谐社会做贡献。

3.2 老旧小区配套商业设施的现状及其存在的问题

社区的消费，集中在日常生活服务需求，具体表现为对便利店、超级市场、专业化商店、专业化服务店的需求。这些购物、生活配套和休闲娱乐服务设施共同构成社区商业的主要内容。据估算，我国社区消费大约占整个城市消费品零售总额的30%，而在发达国家社区商业所占的比例一般在40%左右。因此，社区商业具有很好的发展前景。一般来说，人均商业面积在0.2~0.5 m^2，就已经能够满足正常的经营和消费需求。

由于近年各方面的重视不够，我国老旧小区改造统筹商业设施更新还具有如下6个方面的不足。

（1）社区商业与住宅开发相比严重滞后。目前，城市商业中心区商业网点过于集中，而社区商业网点明显不足。在大量新建社区中，特别是远离城市中心商业区的社区，相应的社区商业未能同步配套，造成新的购物难。相对于红火的中心区商业，社区商业中便民利民的中小零售商业网点严重被忽视，网点总量相对不足，已成为影响市民生活质量的一个重要方面。

（2）社区商业与社区需求相比严重脱节。目前有很多社区商业，充斥着洗浴城、歌舞厅、美容院、网吧、服装店等，不能满足多数人的基本需求。在老旧社区，小摊小贩经常占道经营；无证经营的流动水果摊漫天开价、短斤少两；仅有的几家小饭馆，卫生状况也令人堪忧。而在新开发的小区里，商业形态有的虽较为齐全，但大多规模小、种类少，很难满足居民基本生活需要。

（3）社区商业与社区服务相比严重背离。很多开发商将社区商业作为商业地产的重要形式和投资品种，追逐利润最大化，由于租金税费等问题，导致许多低利润的商业服务项目无法进入。特别是生鲜蔬菜、再生资源回收等基本生活服务需求，在社区内不能得到满足。

（4）社区商业与社区规划相比严重不足。开发商重视社区的人居规划，缺乏对商业建筑、动线、交通、规模等科学的商业规划。

（5）社区商业与社区特色相比严重不符。社区商业千店一面，呈雷同化趋势。中央提出加速发展循环经济，号召全民参与，加快建设节约型社会。上海小区废品回收与物业结合，解决了市容、安全和再生资源回收问题，值得推广。

（6）社区商业与社区管理相比严重矛盾。社区商业的繁荣要求，与社区的安静、安全要求的矛盾十分尖锐，社区管理日趋规范，而社区商业管理十分落后混乱，特别是“一卖了之”，问题更大。传统的“社区商业”大多是住宅底层街铺，或是以菜市场为“主力店”的小型商业体，容易给人留下“档次低”和“脏乱差”的印象。老旧小区传统社区商业的这种情况，与商铺多被散售、缺乏合理规划、忽略专业的一体化管理有关。在目前消费者需求多样化的背景下，超市、药店、便利店等立足社区、贴近社区的店铺，减小了由于远距离出行采购带来的风险，彰显了社区商业的便利性①。可见作为聚焦“最后一公里经济”的社区商业，为消费者提供了更直接、更有效率的服务。相关数据显示，2021 年全国城镇住宅物业面积达 300 亿 m^2，社区服务市场规模将达 13.5 万亿元。可见国内的社区商业发展空间巨大。同时，连锁型社区购物中心品牌正在兴起，依托强大的资金支持和运营管理能力，知名房企的连锁社区商业在拓展时具备优势，目前在全量项目的比例约为 30%。

3.3 老旧小区社区商业设施的发展趋势

2022 年年初，国家发改委正式印发《“十四五”现代流通体系建设规划》（发改经贸〔2022〕78 号）（以下简称《规划》）。《规划》聚焦制约现代流通体系建设的突出瓶颈和堵点问题，对“十四五”时期现代流通体系建设作出全面部署，是今后一段时期推动现代流通体系建设的统筹设计和系统指引，对于培育完整内需体系，促进形成强大国内市场，加快构建新发展格局具有重要意义。《规划》强调，“十四五”期间在完善现代商贸流通体系方面将围绕网络布局、基础设施、主体竞争力、发展方式、供应链现代化和内外贸一体化 6 个方面开展工作，而这些工作都与城市老旧小区更新是息息相关的。随着《规划》的正式印发，老旧小区配套社区商业设施的发展趋势可以分为以下几个方面。

1）大型连锁企业将会下沉城市社区，相应的社区商业设施配套将会建设

现代商贸流通体系是现代流通体系的重要组成部分，与满足人民对高品质生活的需求、释放强大国内市场潜能息息相关，“十四五”期间在完善现代商贸流通体系方面，城市老旧小区将会承担很大的物流分散和物流承接功能。尤其是对于关系到人民群众生活的衣食住行服务，其商贸流通衔接产销、贯通城乡、连通内外，在繁荣市场、扩大消费、服务民生和服务就业中发挥着重要作用。

实际上，“十三五”以来，我国商贸流通体系建设取得明显成效，规模持续扩

① 尚金丽，陈晶璞. 面向社区的“云物流”终端配送模式构建与运营 [J]. 商业经济研究，2022(7):5-8.

大，结构不断优化。2021 年，批发和零售业比上年同期增长 11.3%，带动服务业恢复性增长，但仍存在许多痛点、难点和弱项，与构建新发展格局要求还不相适应。“十四五”时期，商务部将会同相关部门，围绕网络布局、基础设施、主体竞争力、发展方式、供应链现代化和内外贸一体化 6 个方面开展工作，既注重硬件，又注重软件，既注重发展规模，又注重发展质量。

（1）提升城市老旧小区商业物流的流通网络布局。与产业布局和交通规划等相衔接，合理布局商品集散中心和交易市场，持续优化流通骨干网络建设，重点补齐城市老旧小区的农产品流通短板。重点工作是城市老旧小区实施商贸物流高质量发展行动，完善城乡配送体系，推进商贸物流标准化、区域物流一体化发展，推动流通降本增效。

（2）提升流通基础设施。继续深化城乡商业建设行动，完善城市社区的基层商业网络体系，推动企业供应链下沉、物流配送下沉、商品和服务下沉到城市老旧小区，健全城市老旧小区的物流配送体系，扩大城市物流的覆盖面，促进城市社区居民生活高质量发展。而且还要进一步推进城市商业提升行动，重点推动大型连锁企业下沉到城市老旧小区，补齐社区商业设施短板，以大带小打造“15 分钟便民生活圈”，持续保障和改善民生。同时，有序推进试点步行街改造提升，统筹开展老旧小区智慧商圈和智慧商店示范创建，不断满足城市居民多元化、多样化的消费需求。

（3）提升流通主体竞争力。重点完善城市社区的批发、零售、供应链等重点企业联系制度，实施商品市场优化升级行动，推动实体零售创新转型，在支持骨干企业做大做强的同时，激发中小微企业发展活力，提升商贸流通企业整体竞争力。同时，深入实施“老字号”保护发展五年行动，进一步健全政策体系，建立动态管理机制，促进“老字号”创新发展。

（4）提升流通发展方式。鼓励引导商贸流通企业抢抓现代信息技术发展新机遇，在城市老旧小区铺设商业物流网点，加快数字化、智能化改造和跨界融合，积极发展新业态、新模式、新场景，大力发展绿色流通，引领消费和产业升级。

（5）提升供应链现代化水平。推进供应链创新与应用，打造城市社区的区域一体化供应链生态，探索构建跨区域、跨领域供应链服务平台，促进上下游和产供销有机衔接。

（6）提升内外贸一体化程度。持续完善内外贸一体化调控体系，搭建内外贸融合发展平台，构建国内外流通大通道，通过打造“大平台”，建设“大通道”，促进“大开放”，打破内外流通融合“堵点”，构建国内国外市场“通道”。

2）将城市老旧小区纳入城市多式联运商贸体系中，提高社区商业的流通效率

“十四五”时期，在推进城市老旧小区商品和要素高效流通和配置方向上，应重点做好以下3项工作。

（1）加快现代流通重点领域市场化进程。重点推动大型流通企业健全现代企业制度，推进铁路、民航、邮政等行业竞争性环节市场化进程，形成统一开放的交通运输市场。加快培育流通数据交易平台，推进流通领域专利技术推广应用和知识产权成果转化。鼓励各类金融机构、中介机构积极参与流通领域市场交易，按市场化原则提供融资、担保、保险等综合服务。

（2）提高重要资源配置能力。抓好要素市场化配置综合改革试点，推进全国性能源、粮食、矿石等资源性产品交易平台和国际金融资产交易平台建设，培育资源整合能力强、经营网络覆盖广的大型贸易商，创新航运指数期货等产品，积极探索期货、现货联动，推动重要商业资源下沉到城市老旧小区。

（3）健全一体衔接的规则和标准。推动城市老旧小区社区商业标准与大型商超商业的规则、标准衔接。完善社区商业的商品命名、编码、计量等规则，以及商品规格、品级等标准，严禁设定不合理结算方式、拖延付款期限等交易行为。与此同时，要推动国家、行业、团体、地方和企业标准相互配套、相互补充，制定适合我国国情的流通规则和标准。发挥中介组织、产业技术联盟、骨干核心企业积极作用，加大社区商业的流通领域规则标准应用力度。推动流通领域基础设施、载运工具、票证单据等标准相互衔接和应用。

3）持续推进城市老旧小区的多式联运示范工程建设，强化不同社区商业间的运输衔接

一般来说，城市老旧小区周边交通堵塞严重，大型物流配送车辆很难进入，为了提高社区商业的物流流通效率，有必要持续推进老旧小区多式联运工程建设，即：根据城市老旧小区的路况，为老旧小区的社区商业物流配置不同的交通方式、不同的车辆，实现物流配送的无缝衔接。具体来说，地方政府可鼓励大型商超企业在城市老旧小区“一单制”等方面创新发展模式，加快应用集装箱多式联运电子化统一单证；推进多式联运信息共享，强化不同城市社区商业的运输方式标准和规则的衔接；加强标准载运单元在城市老旧小区社区商业的推广，提高社区商业的配送效率。

3.4 新时代社区商业设施配套的有利条件

进入新时代，我国社区商业设施配套也具有一些有利条件，为老旧小区配套

社区商业设施提供了契机。

1)社区商业以实体零售的形式存在,旨在强化体验消费与电子商务的融合

随着生鲜物流链和数字经济的发展,许多社区零售业开始进军社区,通过在社区开设体验店,或者直接开设生鲜超市的方法,通过“线上下单、线下体验”的方式,拓宽社区居民的消费体验,将社区商业的消费者“黏性高”的优势发挥到最大,以提高社区商业的收益水平。笔者在调研中发现,近几年,永辉、盒马、谊品等大型生鲜超市品牌,通过“线上订货、门店自提”的模式,扎根于社区,依靠稳定的消费者群体和强劲的生鲜供应链管理能力,在社区中拥有强大的生命力,甚至长期盘踞大型商业中心的星巴克、喜茶等品牌也开始进驻社区,积极拓宽社区商业的发展渠道,纷纷提出“社区店发展战略”,或是拓展出小面积店铺,或是加强与高频次消费的周边住宅客群的互动。可以说,社区商业目前正逐渐成为不少连锁品牌下沉的新主场。

2)社区商业的供应链供货协调能力大幅度提高

社区商业发展区别于传统商超的地方在于:一是消费者群体稳定,本社区居民与周边社区居民是其最稳定的消费者群体;二是社区商业要有强大的供应链供货协调能力,因为社区的社区空间有限,社区商铺不可能开辟出面积较大的仓库,这就对社区商业的供应链供货协调能力提出了较高的要求。笔者在调研过程中发现,各类大品牌社区商家都在努力搭建社区商业长期稳定的供应链网络,将原材料的厂家直供、外埠供应商、本地供应商三者紧密结合起来,防止突发应急事件对社区商业供货能力的冲击,并且在日常经营中,根据社区居民的消费需求,通过大数据分析,动态调整零供关系,分类实施现金供货、账期供货、实销实结 3 种合作模式,真正实现互利双赢。例如,盒马生鲜积极进驻北京各大小区,建立了强大的供应链网络,加强与其 351 个生鲜基地合作,通过网上订单系统,实施“订单 + 标准化种植 + 社区反馈”的全供应链生鲜产品的协调管理,从而与生产基地、供应商以及社区居民建立了长期、牢固的合作关系。

3)城市社区小微商业业态的发展理念不断更新

归根结底,社区商业还是属于城市中的小微商业业态,无论是从商业规模,还是市场范围来看,都无法与大型商超相比。正因为如此,社区商业要想在市场竞争中取胜,需要依靠其小微商业业态灵活的优势,不断更新发展理念,通过基层政府、市场和社会三方协同发力,共同促进社区商业的发展。对于基层政府来说,应做好政策统筹支持,激发市场和社会活力,以催生社区商业新业态,提高社区商业服务供给能力和服务层次。

一方面,基层政府应更新服务理念,按照“商业化逻辑”,搭建政企社三方合作

平台，为市场、社会两大主体在未来社区商业场景营造中加强合作提供机会，促使其发挥各自优势，植入既能满足本地市民生活服务需要，又能吸引社区居民、周边居民体验、消费的产品和业态。同时，基层政府又要以健全完善社区公共服务体系为契机，构建邻里社交的公共空间，强化商业的社会服务功能，如亲子教育、老年艺术体验等，以积分体系优化社区志愿服务激励机制，探索社区公益服务可持续推进的新路径，最终实现经济资本和社会资本有效转化。例如，调研中发现，近年来浙江、成都等地党委政府先后提出“未来社区”九大生活场景、公园城市社区消费“七大场景”等。部分开发商也发力社区商业，打造运营社区商业综合体。部分社会组织、社会企业也在微观上探索如何优化社区高品质服务供给。地产商在开发逻辑上是“重商业轻社区”“重消费轻社群”，在运营上“重位置轻体验”，在行动理念上仍囿于传统的“商业驱动”，社会组织则缺乏产业链支撑，难以将信任优势转化为经济收益。

另一方面，社区商业应根据实际情况，积极创新，探索适合本小区的社区商业发展模式。例如，我们在调研中走访了山东省济南市石化十村的小区，该小区内有17家小商铺，是一个名副其实的“社区商业街”，也构成了附近居民的“生活购物圈”。在居民的日常生活中，社区商业中经营粮油、日用品、杂货等生活必需品的商铺生意受到了居民的热捧，但是社区商业的店铺杂乱，卫生脏乱差，这给社区的基层治理带来了困难。该如何对待这条“社区商业街”，做到“满足居民生活需求+社区有效治理”两不误，街道、居委会以及由小区商铺、物业、业委会、社区民警组成的商铺自治管理小组为此开动了脑筋。经过讨论和探索，逐步形成了包括一张“导购图”、一个“外卖队”、一位“导购员”等要素在内的城市社区商铺经营新模式。十村居委会为小区内愿意提供外卖的商铺制作了一张“导购图”，里面列出了各个商铺的经营范围、联系方式等内容，不仅张贴在每个楼道，做成广告牌放置在社区出入口，还制成电子版发布在小区微信群。与此同时，由商铺员工、居委会干部组成了一支“外卖队”，对小区内的居民实行送货上门。另外，针对小区外的居民，商铺每天指定一名员工轮流担当“导购员”，引导附近的居民购物，再由“外卖队”将商品及时送到“导购员”手中，交给居民。为使辖区商贸业更好地满足社区居民的生活需求，石化街道挂图作战，将辖区商业街划分为13个重点网格、26个小网格，成立了由市级、区级驻点干部组成的13个工作组以及由城管所、派出所、市场监管所等职能部门组成的督导组，专项负责商铺、宾馆、超市等商业体的治理和督导工作。同时，街道各职能部门协同合作，在督促社区商业做好卫生、商户有序管理的同时，当好“店小二”，做好市场监督核准手续，为社区商业企业的发展保驾护航。

总之，新时代社区商业的发展前景广阔，电子商务的发展、各大商业品牌入驻社区、5G技术的发展、社区商业空间的拓展、社区供应链协调供货能力的提升、服务理念的更新，为新时期社区商业的发展提供了良好的机遇。营造以社区居民为主体的消费体验场景空间，也将成为老旧小区改造、实现社区功能延伸的重要因素。

3.5 小结

本章为全书的现实基础部分。本章首先介绍了我国社区配套商业设施的发展历程，包括3个阶段：社区商业设施网点布局阶段、商业地产开发阶段以及合理配套阶段；然后分析了我国老旧小区配套商业设施的现状及其存在的问题，分析了乡镇老旧小区配套商业设施的发展趋势；最后从3个方面分析了我国老旧小区配套商业设施的有利条件，为后续的研究奠定现实基础。本章可为总结我国老旧小区改造统筹商业设施更新项目研究提供发展历程、现状梳理的研究基础。

第 4 章　老旧小区改造统筹商业设施更新的配套方法

一般来说，老旧小区改造项目的实施推进，要受到人力、建设用地、投资资金等方面的限制，其中投资资金的限制作用最大，这给老旧小区改造中商业设施的新建、改建以及扩建带来了很大的困难。如何突破人力、建设用地以及投资资金等资源的限制，找到合适的配套方法，为老旧小区改造配套适宜的社区商业设施，成为老旧小区改造统筹商业设施更新中第一个需要解决的问题。配套方法（Supporting Method）是指在老旧小区改造中，老旧小区改造的相关负责人根据城市建设规划或老旧小区改造项目建设规划的要求，为满足社区居民居住的需要，统筹人力、建设用地、投资资金等资源的使用，为老旧小区改造项目实施过程中，新建或改扩建各类社区商业设施的实施办法。

本章选取具有代表性的老旧小区作为案例，在分析社区商业设施配套的功能定位基础上，总结归纳目前国内 3 种典型老旧小区改造统筹商业设施更新的配套方法，并详细介绍这 3 种配套方法及其典型实践效果，同时找出这 3 种典型配套方法的共同点和不同点，提出相应的建议，为“十四五”期间我国老旧小区改造合理统筹商业设施更新提供配套方法参考。

4.1　社区商业设施需求的调研

不同类型的社区商业设施在业态定位及组合、经营商户、消费群体等方面存在比较大的差异，老旧小区改造在统筹商业设施更新配套方法时，必须首先针对“社区商业的配套定位”的相关问题进行探讨。本书通过选择典型老旧小区改造项目，通过问卷调研，分析社区居民对老旧小区改造中社区商业设施配套的需求，从而确定社区商业设施配套的定位。

4.1.1　样本选择

目前，老旧小区配套社区商业设施可谓“如火如荼”，很多老旧小区在改造过程中，忽略了城市形态、社区规划等限制，盲目追求“高大上”的商业。从业态上划分可以分为：Shopping Mall（融吃喝玩乐购物于一体的巨型一站式消费中心）、百货购物中心、特色商业街（区）、大型商超、专业卖场、便利店、各种专业店、餐饮店、休闲娱乐设施等。

从大的方面来讲，老旧小区改造中配套的商业设施可以分为 3 种类型。

第一类是社区居民需求旺盛的商业设施，这些设施提供的商业服务覆盖了社区居民衣食住行的方方面面，是社区居民日常生活中每天必需的，包括生鲜肉奶蛋、蔬菜、其他日用品等。一般来说，第一类社区商业设施涵盖了社区菜市场、综合超市、购物中心以及银行网点等。老旧小区一般具有比较好的交通区位，车流人流量都比较大，第一类商业设施可以利用老旧小区良好的商业条件，实现规模化发展。例如，北京朝阳劲松北社区，利用其成熟的交通与消费者群体，积极配套生鲜综合超市、大型社区购物中心，实现了社区商业的规模化增长。

第二类属于社区居民需求程度中等的社区商业设施，包括 24 小时便利店、药房、诊所、老年活动中心、洗衣店、美容美发店等。这些社区商业设施往往被称为“附着性”社区商业设施，相对于衣食住行消费，这些商业设施提供的消费服务不是居民生活中必需的，但也是社区居民生活中经常需要的。尤其是对于老旧小区来说，老旧小区中生活的老年人一般比较多，老年人对于诊所、药店、老年活动中心的需求较多。然而，诊所、药店等社区商业设施，不是社区居民每天必需的，相对于第一类需求旺盛的社区商业设施，第二类社区商业设施具有“附着性”，通常是分散式经营，很难实现第一类社区商业设施的那种规模化、集约化发展。

第三类是居民需求比较弱的社区商业设施，包括花店、茶馆、彩扩冲印店等。与前两类社区商业设施相比，居民对第三类社区商业设施的需求比较弱，居民只是因特殊节日、特殊工作、特殊身体条件等偶尔需要。此类社区商业设施在社区中通常是零星分布，其往往是临街商铺，其经营一方面可以满足社区居民的需求，另一方面也可以满足临街来往行人的需求。

综上所述，老旧小区改造中统筹商业设施更新，应该根据社区居民消费需求，因地制宜、因时而动，不应盲目追求商业设施配套的“高大上”，不应脱离社区居民消费的实际情况。因为所有社区商业经营成功与否最终都要落实到消费群体的结构、消费需求及能力等基本问题。本书基于以上 3 种老旧小区改造统筹商业设施更新类型，分别选取广州市文冲社区、重庆龙湖源著天街社区、深圳市南山区大冲城中村、贵阳市玉田坝老旧小区、河南省新乡市老旧小区、北京朝阳劲松北社区以及山东省淄博市老旧小区改造项目等 22 个老旧小区为典型案例，通过实地调研、线上发放问卷的“线上 + 线下”的调研方式，选择各老旧小区的社区居民进行社区商业需求及配套相关内容的调研，调研的过程中一共发放问卷 5 000 份，成功回收合格问卷 4 876 份，回收率达到了 97.52%，问卷回收情况见表 4-1，被调查对象的内部结构情况见表 4-2。

表 4-1 问卷回收情况

问卷发放数量	回收数量	回收率（%）	合格率（%）
5 000	4 876	97.52	95.28

表 4-2 被调查对象的内部结构

项目	指标	占比（%）
性别	男	49.22
	女	50.78
受教育程度	研究生及以上	6.38
	本科	35.18
	大专	31.55
	高中及以下	26.89
在小区里的居住年限	10 年及以上	15.37
	5 年~10 年	21.58
	3 年~5 年	38.64
	3 年以下	24.41

从表 4-2 可以看出以下两方面问题。

（1）被调查对象的男女性别比例趋于一致，而且受教育程度以大专及以上为主，其中本科学历的被调研者最多，占到了 35.18%，这说明被调查者的受教育程度较高，能够确保被调查者可以看懂问卷信息，并能根据实际情况填写调研问卷。

（2）被调查对象在社区的居住年限大部分超过了 3 年，对其居住的老旧小区周边环境比较熟悉，这可以保证被调查者在问卷调研时，可以根据本社区的实际情况，如实填写老旧小区配套中应该配备什么样的商业设施。

4.1.2 不同类型老旧小区的商业设施配套定位

社区商业的核心消费群体应该是社区居民，包括长期居住在社区里面的居民、社区周边的社区外消费群体。

根据调研结果，按照潜在业主对不同配套设施的需求强度差异，我们把不同的商业配套设施分为 3 个层次（具体情况见表 4-3 和图 4-1），即："强度需求商业设施"，需求的比重超过 50%；此类商业设施主要包括综合超市、菜市场、购物中心、银行等；"中度需求商业设施"，其需求比重在 40% 左右，主要有药房、诊所、餐馆、邮局、健身中心、幼儿园、运动场馆、24 小时便利店、书店、洗衣店、游泳池、娱乐中心、美容美发店、老年活动中心等；此外，我们把需求比重在 10% 以下的归纳为"弱需求商业设施"，主要包括修理店、彩扩冲印店、茶馆、花店、宠物店、高尔夫球场等。

表 4-3　社区商业配套设施的 3 个需求层次表

类别	具体内容	占比（%）
强度需求商业设施	综合超市、菜市场、购物中心、银行等	51.46
中度需求商业设施	药房、诊所、餐馆、邮局、健身中心、幼儿园、运动场馆、24 小时便利店、书店、洗衣店、游泳池、娱乐中心、美容美发店、老年活动中心等	39.32
弱需求商业设施	修理店、彩扩冲印店、茶馆、花店、宠物店、高尔夫球场等	9.22

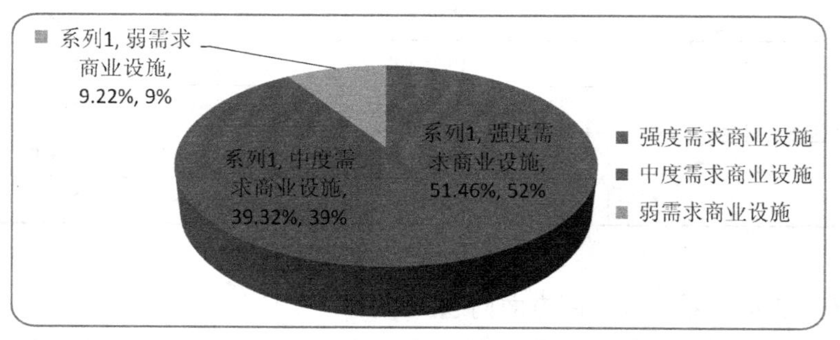

图 4-1　社区商业配套设施的 3 个需求层次对比图

从表 4-3 和图 4-1 可以看出，社区居民对于社区商业配套设施的需求具有明显的层次性，而且不同的需求层次之间差异也比较大。具体到强度需求商业设施、中度需求商业设施、弱需求商业设施内部，居民对不同层次中各类社区商业设施的需求也有差异，具体分析如下。

（1）社区居民对"强需求商业配套设施"中不同商业设施的需求还是存在一定的差异，对综合超市的需求占 85.3%，对菜市场的需求占 66.1%，对购物中心的需求达到 56.9%，对银行的需求达到 53.7%，都超过 50%（具体情况见图 4-2）。对于不同档次住宅潜在的业主的需求来看，存在一定差异，比如打算购买公寓的购房群体对银行的需求程度明显高于其他群体。

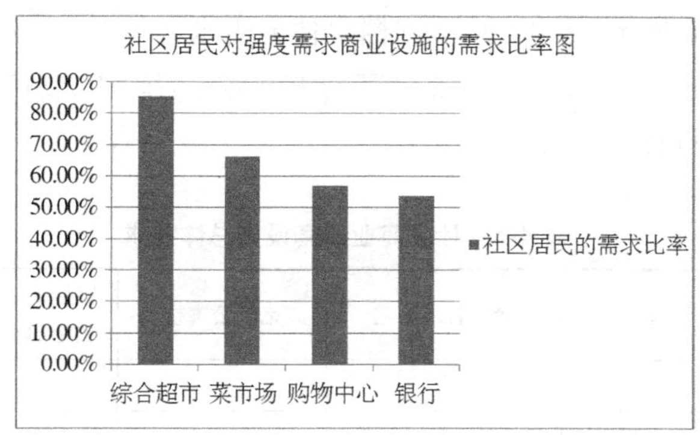

图 4-2 社区居民对不同“强度需求商业设施”的需求比率图

(2)不同类别的社区居民(包括老旧普通住宅、老旧公寓楼等),对“中度需求商业设施”内部不同类别设施的需求也存在一定差异(表 4-4)。例如,老旧公寓楼的居民,对健身中心、洗衣店、游泳池、娱乐中心等设施的需求程度明显高于普通住宅群体;而普通住宅需求群体对诊所、餐馆、邮局、幼儿园、美容美发店等商业设施的需求强度明显高于老旧公寓楼居民。

表 4-4 不同类别社区居民对于中度需求商业设施的需求差异 单位:个

中度需求商业设施	总体	老旧普通住宅	老旧公寓楼	临近商业街的老旧小区	城市 CBD(中央商务区)中的老旧小区
药房	80	39	25	12	4
诊所	77	35	25	10	7
餐馆	75	23	22	9	21
邮局	32	15	10	6	1
公园	43	16	10	4	13
健身中心	40	7	15	10	8
幼儿园	32	13	12	4	3
运动场馆	22	8	10	3	1
24 小时便利店	18	6	10	1	1
书店	15	10	3	1	1
洗衣店	45	13	15	0	17
游泳池	14	5	7	1	1
娱乐中心	13	5	8	0	0
美容美发店	42	16	15	3	8
老年活动中心	86	20	28	13	25

（3）调研结果显示（表4-5），不同档次住宅需求群体对“弱需求商业设施”的需求也存在一定差异性，主要表现在公寓需求群体对修理店、彩扩冲印店的需求明显高于普通住宅群体。

表4-5　社区商业配套设施总体需求　　单位：个

弱需求商业设施	总体	老旧普通住宅	老旧公寓楼	临近商业街的老旧小区	城市CBD中的老旧小区
修理店	12	3	5	2	2
彩扩冲印店	8	1	3	2	2
茶馆	6	2	2	1	1
花店	6	2	1	2	1
宠物店	9	2	2	3	2
高尔夫球场	2	1	1	0	0

当然，不同年龄结构的社区业主对商业配套的需求也会存在一定的差异，限于篇幅，此处不再详细论述。

从目前社区商业形态上看，休闲娱乐的设施主要包括茶馆、咖啡厅、健身场所等，那么不同档次住宅业主在社区休闲娱乐设施需求上到底存在哪些差异呢？从上表的数据，我们可以发现，随着住宅档次的上升，潜在业主对健身场所、餐馆、运动场馆等的需求呈现明显的上升趋势，这也表明这些休闲娱乐设施和高档住宅社区的相关性明显高于普通住宅，开发商在开发高档住宅产品时，应该着重考虑此类配套设施，但是否配置所有业态，规模多大，还需要考虑各个项目的具体情况，包括入住业主的数量、消费能力、消费习惯、年龄等因素。

俗话说开门七件事，“柴米油盐酱醋茶”，描述的是普通居家过日子必须考虑的事情，随着市场经济的发展，人们的购物习惯和消费场所发生了比较大的变化，普通老百姓（尤其是家庭主妇）经常去购物的地方一定是超市，随着社区规模的日益扩大，超市入驻大型社区的案例也逐渐增加，但不同品牌超市的定位（或者说主营业务）存在比较大的差异，有的以“生鲜产品”为主打，有的以“食品”为主打，有的甚至带有百货经营的“服装产品”，而不同项目究竟适合什么品牌的超市，起关键因素的还是社区入住的消费者。

从笔者对老旧普通社区、老旧公寓楼等不同类型老旧小区的调研结果来看，社区居民购买“蔬菜水果”的主要场所是有所差异的，主要是超市（约为50%），包括大型超市、便利店等；其次是菜市场。但值得注意的是，有相当一部分群体购买蔬菜水果时选择的不是超市，例如，“早市”占 17.9%，“菜市场”也占有相当的比重，接近 1/3（表 4-6）。

表 4-6　社区居民购买蔬菜水果的主要场所

老旧小区居民购买蔬菜水果的主要场所	总体（%）	老旧普通住宅 / 个	老旧公寓楼 / 个	临近商业街的老旧小区 / 个	城市 CBD 中的老旧小区 / 个
早市	17.9	12	2	2	1
菜市场	32.1	20	10	1	1
大型超市	32.6	3	2	8	10
便利店	15.2	1	1	2	6
其他	2.2	0	0	1	1

4.2　3 种配套方法的概述

老旧小区改造是由政府主导、政府财政支出支持的项目，以改善城市肌理，提高城市弹性和抗风险能力。老旧小区改造受到人力、建设用地以及投资资金的限制，但是投资资金的限制最大。由于老旧小区改造项目一般投资额度较大，财政资金难以完全覆盖，加上投资内容兼具系统性和多样性，因此也给予了金融机构、建筑企业、物业管理企业以及其他相关行业单位参与其中的空间。老旧小区改造的资金缺口既可以由政府主导进行筹措，也可以引入社会资本方完成投融资并负责后续的管理和维护。所以，老旧小区改造统筹商业设施更新的配套方法，最主要是解决资金的融通问题，通过融资进而解决人力、建设用地等的限制。

经过对国内近几年一些典型案例的梳理，结合实地调研的情况，笔者将老旧小区改造统筹商业设施更新项目的配套方法分为 3 种：打包操作法、多渠道融资法、PPP（Public-Private- Partnership，政府和社会资本合作）融资法。需要说明的是，打包操作法以老旧小区的土地出让为“杠杆”，解决老旧小区改造中的人力、资金以及建设用地限制。打包操作法为老旧小区配套设施的前提是：老旧小区有待出让的土地，其一般应用于连片棚户区改造项目中。多渠道融资法和 PPP 融资法则是以“资金的融通”为杠杆，实现“融人”与“融物”的统一。在没有待出让土地的情况下，多渠道融资法通过融资，直接解决老旧小区配套商业设施的人力、资金以及建设用地问题，但是资金成本较高。PPP 融资法，又称 PPP 模式，即政府与社会资本合作，是公共基础设施的一种项目运作模式。其是指政府与社会资本在基础设施建设中合作，让社会资本参与基础设施的运营，从而提高合作各方的预期收益。PPP 融资法与多渠道融资法不同，虽然 PPP 融资法也是通过多个渠道融资，但是其融资的重点是引导社会资本进入老旧小区改造项目，改造完成后，由社会资本负责老旧小区商业设施的运营管理，从而实现老旧小区改造的可持续发展。

4.2.1 打包操作法

打包操作法是指将老旧小区改造打包到出让土地（有时候是小区最边上的一栋老楼）协议中，或将老旧小区改造与周边棚改项目打包在一起，引入市场主体（通常为大型地产公司）建设、运营，将老旧小区打造为新型商业中心，实现城市更新和促进消费的双重目的。

老旧小区改造项目一般比较分散，单体规模不大，可以按照老旧小区的改造内容和类型拆分后同周边棚改、旧城改造类项目结合，或者将老旧小区出让土地整体打包进棚改、旧城改造类项目中一起操作。由棚改、旧城改造类项目的承接主体进行整体商业化运作，其融资渠道较为广泛，未来收益稳定，基本可以覆盖老旧小区改造的成本。

打包操作法的优点是：减轻了政府财政负担（政府只需要提供配套政策即可）；有利于统一规划建设，统一部署；整合土地资源，减少公建设施的重复建设，提高土地利用率。

打包操作法实施的条件：成片老旧小区的改造或有出让土地小区的改造；老旧小区要有相应的集体经济基础；地方政府要出台配套政策，引导与规范市场力量的进入。

4.2.2 多元渠道融资法

多元渠道融资法是指：以各级政府财政资金为主，同时辅以地方政府专项债、居民自筹资金、老旧小区原产权单位出资、市政专营单位出资以及有限的引入市场力量融资等。多元渠道融资是现阶段我国城市老旧小区改造融资的主要模式，其以“资金的融通”为杠杆，通过融通自己，发动政府、老旧小区居民、原产权单位等共同解决土地、人力等资源限制，实现“融人”与“融物”的统一。多渠道融资法的资金来源包括：①政府财政支出，即旧改项目中央预算内财政专项资金、市、区（县）两级财政按比例出资资金；②居民自筹资金；③小区原产权单位出资资金，包括小区“三供一业”分离移交改造资金等；④市政专营单位出资资金，包括水、电、气、暖、通信地下管网改造、线路修理资金等；⑤市场力量投资，对于小区内的停车库、托幼、养老院等配套设施，可以通过引入市场力量，按照“谁投资、谁受益”的原则融通资金。

特别需要指出的是，从目前的情况来看，地方政府专项债逐步成为城市老旧小区改造的主要资金来源。财政部近期明确，专项债投向新增城镇老旧小区改造领域，目前已有安徽省、山东省发行的市政基础设施专项债券案例。其中，山东省潍坊市安丘水质提升及老旧小区供水设施改造项目总投资 6.024 亿元，发行专项债额度 2 亿元；安徽省铜陵市老旧小区改造示范项目——铜关区老旧小区雨污分流提质改造项目总投资 3.65 亿元，发行专项债额度 2 亿元。上述两个旧改专项债项目发行债券额度共计 4 亿元，但与超万亿元的总体发行量相比，规模依然很小。同时，这两个用于旧改的专项债的债券本息偿付较为依赖土地出让收入、财政补贴等，旧改项目本身形成的经营性收入及现金流有限，融资需求基本靠专项债满足，并未撬动太多市场化融资。项目发债额度也是按照地方专项债务限额进行管理和分配的，无法完全将项目本身的投资额度和实际融资需求进行匹配。

4.2.3 PPP 融资法

PPP 融资法是指引入社会资本，街道与社会资本合作，在社会资本方提供小区物业管理服务的基础上，可充分挖掘旧改项目本身的使用者付费来源，必要时由政府方协调提供与旧改项目相关的配套经营性商业设施进行整体操作。

老旧小区采取 PPP 融资法进行操作，重点在于引入社会资本共担改造资金的同时，由社会资本参与旧改社区后续的运营管理，有利于建立长效社区管理机制和收费体系，并更好地响应国家相关政策的号召。相关使用者付费来源和配套资源分析如下。

（1）基础物业管理服务和附加服务收费。旧改社区业主群体相对稳定，物业管理项目公司可在相关法规允许的范围内，建立社区多方沟通机制，深入调研社区业主的消费需求和消费结构，在提供社区设施维护、安保服务、绿化管理等基础物业服务之外，还可以针对特定业主人群开展家政服务、维修安装、代买代卖、社区医疗、老人陪护、餐饮小饭桌等便民服务，积极拓展社区物业服务的附加价值和衍生价值。

（2）在旧改项目物业管理区域内设置特许经营激励。由社会资本方与政府主管部门签订特许经营协议，由社会资本方盘活旧改项目社区内闲置的经营性资源，比如可将物业管理区域内的广告发布权、便民服务亭设置和经营权、停车场（充电桩）收费权、物流自提设施场地租赁收费权等特许经营权赋予社会资本方，以弥补其物业收费不足。

（3）配套与旧改项目相关的经营性项目，做好资金平衡。在符合城市总体规划的基础上，配置与旧改运营内容有实质性关联的经营性项目，比如考虑打包与旧改小区直接相关的供电、供水、供热、供气、停车、污水与垃圾处理等有稳定现金流收入的基础设施项目，以增加项目整体收益并进一步满足社区居民的生活内需，同时还可以释放未来社区居民的消费动力。

4.3 打包操作法的典型案例

4.3.1 广州市文冲城中村改造项目

1. 概况

文冲（石化路以西）城中村，位于广州市黄埔东路以北，石化路以西，乌涌河以东，万科城市花园以南，总用地面积约为 50.49 公顷。改造范围内共有 1 916 户，4 896 人，总建筑面积为 60.19 万 m^2，毛容积率为 1.27，建筑毛密度为 38.9%。改造后项目规划总建筑面积为 201.15 万 m^2，计算容积率建筑面积 151.42 万 m^2；其中，复建安置区计算容积率建筑面积为 76.96 万 m^2，融资区计算容积率建筑面积为 74.46 万 m^2。项目按照“自主开发，整村改造”的模式实施改造，已于 2009 年开工建设，项目预算总投资约为 89.73 亿元。

2. 改造历程

（1）2002 年“撤村改居”开始构思城中村改造，主动开展城中村改造的摸查和前期工作，做了大量的可行性研究，编制《文冲旧村改造新村建设规划》。

（2）2006 年委托编制《文冲石化路以西城中村改造方案》。

（3）2007 年，文冲经联社成立专门的城中村改造办公室和工作领导小组，并编制项目改造方案和拆迁补偿安置方案。

（4）2008 年对项目改造方案进行表决并一致通过。

（5）2009 年广州市政府确定文冲石化路以西城中村改造项目为全市 52 个全面改造的城中村之一。2009 年 6 月广州市城中村改造工作领导小组会议（穗府会纪〔2009〕151 号）批复改造方案。

（6）2010 年文冲经联社组织表决通过《文冲石化路以西城中村改造拆迁补偿方案》，并开始与村民签订拆迁补偿安置协议。2 月 26 日获得广州市规划局《关于原则同意城中村改造方案的复函》（穗规批〔2010〕51 号）。

（7）2012 年 1 月 31 日获得《关于同意文冲石化路以西城中村改造规划方案调整的复函》（穗规批〔2012〕18 号）。

（8）2016 年 11 月 23 日获得《关于同意文冲石化路以西城中村改造规划方案

调整的复函》(穗国土规划批〔2016〕75号)。

3. 改造成效

项目改造后，回迁房屋全部为电梯高层洋房，建筑质量良好，建筑密度约为17%，社区配套公共服务设施建筑面积近6万m^2，中学、小学、幼儿园、居民健身场地、菜市场等设施一应俱全，社区居住条件得到极大改善，村集体物业面积从12万m^2增加至17万m^2。通过统筹规划，高端打造，结合良好的交通地理区位，以及主流群体的消费习惯，引入租金收益更高的休闲娱乐、餐饮购物等业态，构建多元化综合商业体，集体收入将大幅提高。项目注重保护有历史价值的建筑物，文冲碉楼、陆氏大宗祠及周边历史建筑原地保护修缮，并在此处规划大型文化休闲广场，使得旧村原有的历史文化脉络得以有效的传承。

4. 融资特点

(1)改造类型。政府主导，文冲集体经济组织自主改造，成立全资子公司为改造主体。

(2)资金来源。政府不投入，全部由融资地块打包协议出让取得改造资金。文冲集体经济持续发展，改造后村集体利益不受损、居民生活水平逐步提高，为保障文冲集体经济可持续发展，规划在复建现有12万m^2集体物业基础上，增加4.7万m^2的物业服务项目，以吸纳就业，充实村集体经济。

(3)融资原则。按照“政府政策主导，文冲集体经济组织为改造主体；政府不投入，改造成本全部由拍卖地块打包出让所取得的资金来承担；转制社区集体利益不受损、转制社区居民生活水平不降低、保障转制社区集体经济可持续发展”的原则统筹谋划。在改造模式上还将旧城更新安置与城中村改造融资密切结合，既解决了旧城改造安置用地难问题，又为整个城中村改造提供了资金支持。

(4)总体规划。采用商住分离的模式。改造后的地块分为3个部分：一是居民的回迁安置地块，用来建设居民的回迁房；二是文冲的集体物业建设地块，用来建设文冲集体经济项目；三是拍卖地块，用来建设商品房、商业区等。商业建筑主要集中在大沙东路、黄埔东路主干道及地铁5号线文冲站周边，形成繁华的商业氛围。住宅建筑沿原有鱼塘、河涌水系形成点式布局。主要公共建设配套设施包括2所幼儿园、1所中学、1所小学、居民健身娱乐场所、文化站以及变电站、消防站等。安置房的户型要求，由回迁户代表参与设计，并建造多套面积不同户型的板房，供改造地块的居民现场观看，提出相关修改意见。安置房设计新颖，结构合理，功能齐全，并带有简洁装修。保留0.12万m^2的古建筑物，以陆氏大宗祠为中心，形成了约3万m^2的古建筑群休闲文化广场。

4.3.2 重庆龙湖源著天街社区改造——打造新型社区购物中心

老旧小区改造中，容积率是“撬动”社会力量投资的重要工具，重庆龙湖源著天街社区的改造是以新社区带动老社区，并将老旧小区最边上的旧楼拆掉，重新建起一座高层建筑，并将托幼、医疗以及养老等服务都置于其中，使之与周边新社区融为一体。重庆社区大部分呈现集群式分布，龙湖地产致力于打造社区型时尚生活中心。以龙湖源著天街社区为例，不同于传统经济商圈，它被 100 多个小区所包围，形成一个独立的小商圈，为周边居民提供休闲、娱乐、餐饮等一体化服务，吸引了 100 多家商家入驻，一应俱全，方便快捷，附近居民更愿意选择在此消费。同时还带动周边商铺的发展，盘活了小区外围门店，周围小区也由此获利，多方获益。老旧小区在周围新小区以及商圈的影响下，不断引入外界投资力量，例如住房变商铺，提高了老旧小区房屋使用率，同时也在不断完善社区基础设施，向新建完善小区靠近。

4.3.3 深圳市南山区大冲城中村改造项目

1. 概况

深圳市南山区大冲城中村改造项目是目前广东省内最大的城中村整体改造项目。项目占地 68.5 万 m^2，涉及近 1 000 户原村民、300 多户非村民的动迁、约 7 万居住人口的搬迁、1 500 多栋房屋（近 110 万 m^2）的拆除，由华润置地（深圳）有限公司作为实施主体。大冲村改造前为城中村，地处深南大道沿线城市景观带上，毗邻科技园。村内楼房密集、小巷狭窄、街道凌乱、居室昏暗，与周边现代、整洁的城市风貌形成鲜明反差。村民的“握手楼”存在一定的消防隐患，公共设施匮乏，成为基层社会难点。原大冲集体经济的发展主要来源于集体商铺、厂房的出租，但随着金融危机的来袭，很多工厂纷纷撤离大冲或搬到租金更便宜的地区，甚至倒闭，集体经济备受冲击。村民长期依赖收取房租为生，过于安逸的生活催生了大批“收租二代”。

2. 改造历程

2007 年 3 月 19 日，华润集团和大冲股份公司签订合作意向书，大冲旧改正式拉开帷幕。

2008 年 7 月，南山区政府派出 30 余人的驻点工作组，进驻大冲村指导和协调合作双方开展工作。在村民、政府、企业三方中，“村民受益”被摆在了首要位置。大冲旧改，村民可以获得货币补偿和物业补偿。大冲旧改依靠政、企、村三方团队及主流民意的支持，攻坚克难，推动着大冲旧改一步一步向前迈进。在规划思路方面，本项目将整村纳入改造，以单元利益统筹为抓手，确定了“整体推进、分期实施”的工作思路推进改造工作。致力于将该旧改项目打造成为深圳乃至全国城市更新项目的标杆和典范，成为与深圳市形象相适应的超大规模、新型、时尚、现代化的商业商务中心及居住社区，成为深圳高新区和华侨城旅游景区的重要配套基地。

3. 配套政策

深圳市在 2009 年 10 月颁布了《深圳市城市更新办法》，提出了“城市更新”这一概念，在传统旧城改造的基础上强化了完善城市功能、优化产业结构，处置土地历史遗留问题、提升低效用地潜力、促进社会经济可持续发展等内涵，并围绕“城市更新单元”进行了政策和机制的多项创新，开始系统推进有关工作。

以《深圳市城市更新办法》和《深圳市城市更新办法实施细则》为城市更新政策的两大核心，并在计划立项、规划审批、用地出让等各环节均出台了配套政策，包括计划申报指引、规划审批规则、规划编制技术规定、用地审批规则等操作性规程，明确办理流程。

同时，深圳市还出台了保障性住房配建规定、旧屋村认定办法、历史用地处置办法等专项规定，结合各年度最新工作形势出台了指导意见、暂行措施等政策性文件解决具体问题。这些文件既有综合性，又有针对性，内容各有侧重，共同推动了城市更新工作的制度化和规范化。

4. 融资特点

该旧改项目采用“政府主导、市场化运作、股份公司参与”的融资运作模式，将老旧小区的拆除重建和局部综合整治相结合，政府提供配套政策，城中村集体经济成立股份公司，对拆迁用地范围内现有建筑实行整体拆除重建，并打包给华润置地，由华润置地实施改造。对大冲城中村的景园居住小区、大王古庙、郑氏宗祠实行综合整治。在实施过程中，通过对现状的深入调研，兼顾相关各方面的利益，使旧村改造与市场经济结合，保证改造开发有一定的合理利润，有效带动改造实施主体的积极性，更快推动旧村地区的改造，使规划具有可操作性。

4.4 多元渠道融资法的典型案例

4.4.1 福建省关于老旧小区改造的资金支持政策

1. 概况

福建省老旧小区改造采用多元渠道融资的模式，即以政府财政资金为主导，多渠道融通资金。主要内容包括：对老旧小区改造中符合相关省级专项资金使用对象条件的项目，优先安排资金；对须支付老旧小区改造个人出资费用的生活困难人员等，给予相应临时补助或送温暖慰问补助。具体情况如下。

2. 相关设施建设奖补方案

（1）2020 年，省级财政安排资金 0.5 亿元对居家社区养老服务照料中心进行补贴，平均每个项目补助 100 万元。对于符合条件的城乡社区综合服务站建设项目，设区市可从省级下拨的城乡社区综合服务建设经费中统筹安排补助。

（2）从省级体彩公益金中每年安排补助资金，用于补助改造小区的健身路径、小型笼式运动场和室内健身房配建。

（3）对配套建设公办幼儿园的小区，按相关标准予以补助，上限不超过 480 万元。对符合中小学校舍安全保障长效机制专项资金使用范围的建设项目，优先安排专项资金。

（4）对国有企业家属区“三供一业”分离移交工作，符合《国务院办公厅转发国务院国资委、财政部〈关于国有企业职工家属区“三供一业”分离移交工作指导意见〉的通知》（国办发〔2016〕45 号）文件规定的改造费用，由企业和政府共同分担。其中省国资委出资的国有企业家属区“三供一业”分离移交费用，省级财政费用给予 50% 补助；设区市、平潭综合实验区的国有企业家属区“三供一业”分离移交费用，由各地政府明确解决办法。

3. 困难群体补助

（1）对须支付个人承担完善类、提升类项目建设费用的低保户、特困供养人员、困难计生户、贫困残疾人户，按个人出资部分的一定比例予以临时救助；其中：特困供养人员个人出资部分给予全额救助；低保户、困难计生户、贫困残疾人户按个人出资部分的 70% 给予临时救助。以上对象如有重叠，采取“就高不就低”的原则实施临时救助。

（2）对须支付老旧小区改造个人出资费用的生活困难职工，可列为送温暖对象予以慰问补助，每户补助 1 000 元以上。

（3）对老旧小区改造项目受益对象中，有提出申请且符合家庭无障碍改造条件的残疾人户，优先予以安排，给予一定补助。

4.4.2 贵阳市玉田坝区老旧小区改造方案

1. 概况

贵阳市玉田坝老旧小区的改造采取了“政府出资为主，市场力量为辅”的方案。其中贵阳市由市、区财政共同出资，为玉田坝小区建设和改造老年活动房、小区值班室和公共绿化池等，并与社区业主民主协商。而对于小区内可以产生收益的停车库、污水处理设施等，则按照“谁投资，谁受益”的原则实施融资。

2. 政府出资部分

由地方政府(市、区两级)与社区共同出资,或由居民基于自治理念众筹,通过修复建筑本体,改造楼体保温层,更新社区供水、供气、供暖管网和消防设施,提升楼顶防渗漏功能,加装电梯和夜间照明设施。增设安全设施等方式,致力于解决老旧小区房屋质量和居住品质差的问题。

3. 引入市场部分

老旧小区资源性补给的多元塑造具体表现在两方面。一方面,寻求并拓宽优化老旧小区立面和形态的资金渠道,基于市场化机制,鼓励以企业投资、捐资冠名等方式吸引社会力量参与治理。一般可通过增设立体停车库、加装公共信息设施和文娱设施、改造社区景观绿化系统等形式,改善老旧小区的宜居性基础设施和公共活动空间。另一方面,基于绿色化、适老化、信息化等现代社区改造理念,按照"谁投资、谁受益"的原则,吸纳专业改造主体利用屋顶光伏、噪声处理、污染处理、可再生能源等改造技术和施工工艺,对老旧小区进行小成本、短周期的微改造,如建设透水性的海绵路面、增设防滑和无障碍设计、更换节能玻璃窗等,以增强社区自身的安全性和节能性。

4.4.3 河南新乡市老旧小区改造方案

1. 概况

2020 年,新乡市印发老旧小区改造实施方案:拟投入 8.2 亿元改造 331 个项目,老旧小区改造包括基础设施、住宅建筑本体、居住环境、配套公共服务设施 4 个方面。资金筹措方案(融资方式)包括:财政资金、老旧小区原产权单位投资、社区居民出资以及市场力量。

2. 融资方式

(1)财政资金。各有关县(市、区)政府、管委会要加大资金投入,统筹使用中央财政预算内投资和老旧小区改造专项补助资金,把老旧小区改造资金纳入政府年度预算。调整优化支出结构,整合涉及的各项资金,支持老旧小区改造工作,坚决遏制增加政府隐性债务。在积极争取中央补助资金基础上,市级财政安排奖补资金支持中心城区老旧小区改造提质工作,项目竣工后由市老旧小区改造工作领导小组办公室组织财政、发改、民政、城管、住建等部门对各区上报的老旧小区整治改造方案、竣工验收报告和项目决算报告进行审定,在规定时限内完工的,市财政给予辖区财政投入资金 30% 比例的奖补支持,超出规定时限完工的不予奖补。

(2)老旧小区原产权单位投资。鼓励老旧小区原产权单位、管线单位等主动参与老旧小区改造提质工作。供水、供电、燃气、热力、通信等管线单位要将老旧小区中属于自身产权的管线迁改、缆线规整等工作，优先列入本单位工程项目计划，通过直接投资、落实资产收益、费用优惠等方式，同步完成相关改造工作。

（3）社区居民出资。按照“谁受益、谁出资”和“公益设施共同出资、个性项目户主负责”的原则，各有关县（市、区）政府、管委会可结合实际，明确居民出资责任和出资形式，探索居民出资部分通过住宅专项维修基金、公共收益等渠道筹集。对未建立住宅专项维修基金或住宅专项维修基金余额不足首期筹集金额30%的老旧小区，可按照《住宅专项维修资金管理办法》（建设部财政部令第165号）等相关规定进行补建或续筹。鼓励居民个人以捐资、捐物、投劳等形式参与老旧小区改造提质。

（4）社会资金。鼓励社会资金参与社区养老、托幼、医疗、助餐、超市、文体等公共服务设施建设改造。积极探索通过政府采购、新增设施有偿使用等方式，引入专业机构、社会资本参与老旧小区改造提质。鼓励物业服务企业参与老旧小区改造提质，并通过获得特许经营权、公共位置广告收益和有偿提供便民服务等途径收回投资成本。鼓励金融机构参与老旧小区改造提质。

4.4.4 南宁市老旧小区改造的“中央补助＋平台公司”融资方法

1. 概况

南宁市老旧小区共有911个，且大多数没有业委会和物业管理。小区居民如何发动，改造意愿怎么征集，后续维修资金怎么归集使用、施工过程谁来监督等，这些都是老旧小区改造工作需要解决的问题。对于这类小区的改造，资金是关键。南宁市老旧小区存量大，户均投入约2万元，改造资金整体不足、缺口较大，通过财政投入单一渠道解决资金问题存在较大困难。南宁市多元渠道融通资金的模式为“中央补助＋平台公司融资”，在中央补助资金的前提下，引进国有企业平台公司统一运营老旧小区的改造。

2. 运作模式

南宁市通过国有企业平台公司统一实施老旧小区改造，引进平台公司南宁威宁集团作为项目业主统一运营，做到改造标准统一。建立多元化融资机制，探索试行“发行老旧小区改造专项债＋向银行借贷”相结合的多元资金融通模式，有效解决了改造资金不足、筹措难的问题。

投资后，如何产生经济效益？体量小甚至为独栋的小区改造后难以产生经济效益，回报率低。体量大且小区公共区域较为充裕的小区，南宁市老旧小区投入社区养老、托幼、医疗、助餐、超市、文体等公共服务设施建设改造，开拓银发消费、幼儿消费、绿色消费等新消费模式，并合理开发利用小区红线外消极空间，通过获得特许经营权、公共位置广告收益和有偿提供便民服务等途径收回投资成本。此外，通过社区运营和智慧化物业管理，实现社区经济O2O（线上到线下）商业运营模式，取得智慧物业数字经济收益，形成投资回报渠道，弥补对体量小老旧小区改造资金的投入。

4.4.5 山东淄博市城镇老旧小区改造的资金保障

根据《山东省深入推进城镇老旧小区改造实施方案》，山东省淄博市针对城镇老旧小区改造，分门别类制定了详细的多元渠道融资方案。

1. 基础类老旧小区改造资金

对于纳入省级计划内的改造项目，市财政按照基础类改造项目（含社区管理服务用房和物业服务用房）中标合同价款的40%，统筹安排市级以上奖补资金。补助资金纳入城建资金年度使用计划，实行专款专用。对于未纳入省级计划的改造项目，市财政根据项目开展情况予以适当资金补助。

2. 各区县政府的资金支持责任

对符合条件的老旧小区改造项目可通过发行政府专项债券筹措改造资金；各区县政府要协助老旧小区改造项目建设单位，通过完善建设项目立项、公开招标、建设工程规划许可证、建筑工程施工许可证等有效证件，申请政策性银行贷款；各区县在积极争取上级奖补资金的基础上，要把老旧小区改造资金纳入政府年度预算，调整支出结构，优化使用效率。

3. 专业经营单位的资金责任

供水、供电、燃气、热力、通信等产权属于专业经营单位的设施改造，由专业经营单位出资改造。产权不属于专业经营单位的，由专业经营单位出资改造后，区县政府给予适当补贴，产权划归专业经营单位。

4. 居民众筹

积极引导居民建立出资参与改造的理念，鼓励居民个人以出资、出物、投劳等形式参与老旧小区改造；老旧小区建筑单体加装电梯，可按规定程序和要求申请提取住房公积金。

5. 市场力量

积极探索通过政府采购、新增设施有偿使用等方式，引入专业机构、社会资本（养老幼托、医疗卫生、智能停车、无人超市、快递驿站）参与社区服务设施改造建设和运营等。

6. 其他资金

各区县整合涉及老旧小区的民政、城市建设和文化、卫生、商务、体育等渠道相关资金，统筹投入老旧小区改造。

4.4.6 太原市小店区老旧小区改造的资金保障

1. 概况

太原市小店区建成于2000年以前的老旧小区共有617个，涉及2 714栋楼、10.116 8万户、建筑面积1 005万m^2，大多存在配套设施破损老化、环境脏乱差、管理不到位等问题。

2. 融资模式

为了改造老旧小区，太原市创新融资模式，采用资金多方共担的多元渠道融资。即坚持多元筹资方式，积极拓展改造资金来源渠道。

（1）建立共担机制。按照政府主导、社会参与、居民共担原则，可通过财政投入、奖补，产权单位出资、居民合理分担及市场化运作等多渠道筹集资金，建立由政府、居民、社会力量多方合理共担的筹集机制，形成多方共同支撑的老旧小区改造体制。

（2）创新筹集渠道。按照市场化方式，可通过盘活小区资源，激活小区“造血功能”，吸引市场资金、民间资本参与投资改造和建设运营，引入有资质、信誉好、有经验的企业参与老旧小区改造，采用EPC（设计采购施工）模式合作开发建设，并给予合理的投资收益。

（3）整合专项资金。将文明城市创建、“三供一业”改造、节能改造等老旧小区专项资金进行合理有效整合，建立以区为主体统筹使用的资金模式，发挥集中财力办大事优势，统一设计、统一实施、统一验收、统一移交，避免反复开挖，层层分包、转包。

（4）抢抓政策机遇。可依托发改、财政等部门积极争取中央专项补助资金，发行地方政府专项债券方式筹措改造资金。同时，根据老旧小区改造资金筹措和工作进度情况，加强对资金的监管和审计，提高资金使用效益。

4.4.7 湖南湘潭市老旧小区改造的多元渠道融资方法

2020年2月，湖南湘潭市印发了《湘潭市支持市城区老旧小区改造十条措施》（具体的措施在本章后续章节会详细分析），其中涉及采用“政策资金＋财税返还＋非税收入减免＋财政奖补＋土地收益统筹”的多元渠道融资方法，因地制宜、精准施策地开展老旧小区改造的融资工作。具体来说，湖南湘潭市老旧小区改造中的多元渠道融资方法如下。

（1）统筹政策资金。整合政策资源，统筹城镇棚户区改造、保障性安居工程配套设施、亚洲开发银行低碳社区建设贷款项目、黑臭水体治理、海绵城市等国、省、市补助资金，用于老旧小区改造，并按政策要求匹配相应项目。

（2）加大财税返还支持力度，改造片区内经营性用地出让溢价收入及改造中产生的市、区两级新增税收财力（含增值税、建安税、交易契税、企业所得税等），全部拨付给市城区人民政府、园区和示范区管委会用于老旧小区改造。

（3）落实非税收入减免，涉及老旧小区改造项目各类行政事业性和政府性基金收缴的，严格按审批程序依法依规办理非税收入缓、减、免手续。

（4）对改造中涉及底层产权置换至顶层、底层用于社区服务用房的，办理不动产登记时缴纳的相关税费给予适当财政奖补；对市城区老旧小区既有多层住宅符合条件加装电梯的，按照 8 万元 / 台的标准从国、省老旧小区改造补助资金中统筹安排。探索发行老旧小区改造专项债券，适当安排一般债券用于老旧小区改造。

（5）对确实无法实现资金平衡的老旧小区改造项目，可利用土地收益通过预算统筹安排实现资金平衡。

湖南湘潭市老旧小区改造中的“政策资金 + 财税返还 + 非税收入减免 + 财政奖补 + 土地收益统筹”的多元渠道融资，充分利用了政策、税收以及土地收益的杠杆作用，可有效降低老旧小区改造中的政府财政压力，将以往老旧小区改造中的“政府在干，居民在看”，变成了政府引导下，充分发挥地方财税的杠杆作用，全面降低政府的财政压力。

4.4.8 浙江缙云县老城片区老旧小区综合改造项目的融资

浙江省缙云县老城片区老旧小区采取了“财政预算资金 + 地方政府专项债”的模式，其老旧小区综合改造提升及历史建筑保护工程总投资约 13 亿元，其中：项目资本金 3.25 亿元（资金来源：财政预算安排 3.25 亿元），占比 25%；财政预算安排资金 2.75 亿元，占比 21.15%；发行地方政府专项债券 7 亿元，占 53.85%。按照资金募集计划，本期债券 1 亿元，期限 15 年，每半年偿还利息，债券到期时一次全部偿还本金，预计本期债券到期本息合计 1.6 亿元（债券利息按年利率 4% 测算）；后续债券融资 6 亿元（其中 2021 年债券融资 3 亿元，2022 年债券融资 3 亿元），期限 15 年，每半年偿还利息，债券到期时一次全部偿还本金，预计后续债券到期本息合计 9.6 亿元（债券利息按年利率 4% 测算）。

该项目主要由以下几个部分组成。

（1）对老城区老旧小区内基础市政配套设施进行改造。具体包括小区内违建临建整治和规范、消防设施规范修复、照明设施补充、污水零直排改造、垃圾分类设施安装、小区内强弱电线路规整、外墙清洗修补粉刷、电梯加装、供排水和燃气设施改造等项目。

（2）对老城区老旧小区内公共服务功能配套改造。具体包括设置配套养老服务中心、老年助餐点、文化家园、托教及四点半课堂、社区卫生服务站、公共休憩空间等。

（3）对老城区内市政基础设施、历史建筑和特色街区的改造。具体包括老城区沿街商铺立面修缮改造、历史建筑保护改造、老城特色街区改造等。

4.5 PPP 融资法的典型案例

4.5.1 北京朝阳劲松北社区的 PPP 模式

1. 概况

2018 年 7 月，劲松街道以劲松北社区为试点，引入社会力量，探索采用 PPP 融资模式推进老旧小区配套社区商业设施，实现老旧小区的有机更新，并于 2019 年 8 月完成改造。自此，充分调动社会力量的老旧小区综合改造“劲松模式”，成为不少街乡镇争相学习的对象。

2. 引入社会资本改造社区

不少老旧小区的改造都是因为资金缺口大等问题导致推进缓慢，效果不佳。而劲松街道的方法就是“引入社会资本”。

2018 年 7 月，朝阳区开始尝试引入社会资本，采用 PPP 模式，从设计规划到施工和后期物业管理，全流程引入社会企业参与老旧小区的综合整治。在经过征求民意、社会招标、洽谈协商等环节之后，劲松街道最终选择了一家综合评分最高的企业——愿景集团，围绕公共空间、智能化、服务业态、社区文化四大类 30 多项进行改造。专业企业全流程参与，效率的问题解决了；约 3 000 万元社会资本进入，社区示范区 2 万 m^2 的改造完成了。

3. PPP 模式的市场化方案

（1）政府适度扶持。街道设置为期 3 年的物业扶持期，通过“扶一把”实现一定期限内的投资回报平衡。

（2）企业合理收益。早在劲松北社区改造之初，朝阳区房管局和劲松街道就对配套用房、人防工程等闲置空间进行了测算，并把其中 1 600 m^2 的运营权交给愿景集团，用于建设便民商业设施，方便其逐步收回改造成本。棚改造后出租给了“匠心工坊”便民商店，提供保姆家政、家电清洗、配钥匙、换电池等服务。旁边的配套用房也打造成统一风格，几家“老字号”和连锁食品企业入驻。

（3）可持续市场化方案。除了闲置资源，该企业还决定通过后续的物业和停车管理收费，以及计划落地的养老、托幼、健康等产业形成市场利益激发点来产生利润点，为企业带来收益。当企业获得了好处，才能继续经营下去，要是没有利润来源，企业也不可能坚持下去，自然也就不愿意承担改造工程。毕竟企业也是需要赢利的，是不可能做亏本买卖的。而在劲松北社区既有房屋中，10% 是收取物业费的商品房，10% 是直管公房，80% 是未收取物业费的房改房。劲松街道和运营企业（愿景集团）签订战略合作协议，率先落地社会力量参与的市场化机制，改变“政府兜底、街道代管”的局面。

4.5.2 筑福集团的 PPP 模式

老旧小区改造要注重投入及产出。银行贷款必须得有抵押物和利息保障，所以在改造中，可形成资产包抵押给银行，获得建设资金。当资金下来之后通过满足合作条件的多方平台公司进行战略合作协商，再组建 SPV（Special-Purpose-Vehicle）公司，即阶段性项目平台公司，由政府提供支持和财政补贴，项目公司提供融资、建设、运营管理等专业服务，将老旧小区改造与片区综合开发有机结合，形成老旧小区综合开发改造模式。

通过多方合作的 PPP 模式，可以使闲置的土地房产再开发，形成资产包，系统化地构建老旧小区改造的顶层设计和闭环式的运营机制，创新了老旧小区融资模式和老旧小区改造资产证券化之路。值得一提的是，PPP 模式不但有利于解决融资问题，其核心更在于解决未来老旧小区“换新”后的运营问题。老旧小区改造并不是用建筑新型材料重新修修补补一番那么简单，关键还在于老旧小区能否焕发“活力”，持续性地运营下去。其中既包括物业服务、商业配套的提升，也包括智能家居、绿色环保、健康养老等理念的输入。在物业服务层面，未来老旧小区运营体系中，可以设立健康驿站，构建智能养老监测体系，提供更多的增值服务。

事实上，老旧小区改造中的 PPP 模式作为一个多元主体共建共赢的平台模式，确实离不开产业链上下游的协同合作。目前，以筑福集团为代表的老旧小区改造 PPP 模式已进入到项目落地阶段，筑福集团也同东方雨虹、鲁商发展举行签约仪式，共同推进老旧小区改造 PPP 模式在全国的示范项目落地。

4.6 小结

老旧小区改造项目统筹社区商业设施运营的第一步是选择合适的配套方法，为老旧小区改造项目配套适宜的商业设施类型，同时突破改造中人力、建设用地、投资资金的限制，实现老旧小区改造项目统筹商业设施的可持续运营。①本章选择了全国具有代表性的 22 个老旧小区进行实地调研和线上问卷星调研，了解不同类型的老旧小区居民的社区商业设施建设需求；②本章总结并概述了我国老旧小区改造中统筹商业设施的 3 种配套方法：打包操作法、多元渠道融资法以及 PPP 融资法；③本章通过典型案例分析，分别阐述了 3 种配套方法在实际应用中的操作过程，以期为“十四五”期间我国各城市的老旧小区改造统筹商业设施运营，提供配套方法参考。

第5章　老旧小区配套商业设施的运营模式研究

在确定了老旧小区改造统筹商业设施更新的配套方法之后，老旧小区改造配套商业设施的更新，需要确定其具体的运营模式，这包括：老旧小区改造统筹商业设施的功能定位、根据其功能定位确定老旧小区改造后配套的商业设施由谁来运营、怎么运营、商业模式是什么等。本章将在分析社区商业的功能定位的基础上，分析新形势下老旧小区社区商业运营成功的关键因素，结合新时代数字化发展背景下社区商业发展的关键因素，总结归纳近几年我国老旧小区改造统筹商业设施更新的运营模式实践，指出我国老旧小区改造统筹商业设施更新运营模式的嵌入性本质，并分3个方面介绍我国老旧小区改造统筹商业设施更新的运营模式，最后通过典型案例进行介绍，而且提出提高我国老旧小区改造统筹商业设施更新的运用模式效率的对策。

5.1　社区商业的功能及其运营成功要素

社区商业的功能定位及其运营成功要素分析，是确定老旧小区改造统筹商业设施更新的前提。社区商业的功能分析，是确定老旧小区改造统筹商业设施的运营模式的第一步，关键在于确定运营模式选择的功能价值取向；而确定社区商业运营成功的要素，则是保证运营模式顺利实施的前提。

5.1.1　社区商业功能的分析

社区商业功能的分析与界定，是社区延伸研究的前提。社区商业直接面向居民，属于内向型商业，其商业功能以满足社区居民的日常购物、文化交往、社会沟通、生活服务、休闲娱乐为主，其表现为细水长流而非爆发式增长。根据居民对社区商业的需求情况，社区商业的功能包括以下3个方面。

（1）满足社区居民的衣食住行。社区商业立足社区并直面居民，其最主要的功能就是通过综合超市、菜市场、购物中心、银行网点等，满足社区居民的衣食住行需求。社区商业的此项功能具有重复消费的特点，其每天都在发生，以家庭消费为主，消费者的黏性也比较高。

(2)满足社区居民的就近消费。社区商业区别于传统商超的一个重要商业功能就是“就近消费”功能,其地理位置更接近消费者,比如药房、诊所、餐馆、健身中心、运动场馆等,为社区居民提供休闲娱乐、餐饮服务、文化教育、康体养生等服务。社区商业的“就近消费”功能重在营造社区沟通的氛围,聚集人气,为社区商业的发展营造空间。

(3)满足社区居民的个性化需求。社区商业在发展的过程中,根据本社区的具体特点,可以培育与发展一些个性化商业功能,包括家具修理与保养、彩扩冲印店、茶馆、花店、宠物店等。这类个性化商业功能以居民的爱好为基础,并随着社区居民爱好和消费习惯的变化而变化。

5.1.2 社区商业运营成功的关键因素

现代社区商业的成功运营,需要三大关键因素:通过科学合理的社区商业发展规划,打造社区主题消费及社交场景的体验;在业态上除满足日常生活外,还需新兴业态及特色品牌支撑;为社区居民提供整体运营管理及服务,充分将空间、商户及社区居民有机联系起来,营造温馨、便捷、有温度的社区氛围。

1)科学合理的社区商业发展规划

社区商业的发展必须以科学合理的商业发展规划为基础,如果社区商业发展处理的规划不到位,或者规划定位错误,那么社区商业的后期运营很难取得成果。科学合理的社区商业发展规划包括如下内容。①社区商业的建筑规划,主要是常见的社区底商和社区商业楼,社区商业的建筑规划取决于地产开发商,地产开发商在社区底商和社区商业楼建设的过程中,要结合社区周边的商业氛围和居民的消费习惯、收入情况等综合考虑各类情况,之后就会对社区商业的功能有更清晰的认识,以更加合理地配置社区底商与社区商业楼。②社区商业规划应该创造一个公共空间,用于社区居民的沟通交流、就餐、休闲等。这是因为社区商业区别于传统商超的一个重要特点是:社区商业的客户黏性高,社区商业可以渗透到居民的日常生活中,居民的消费忠诚度与黏性很高。以万科物业的社区商业为例,其在规划中就注重体验开放式街区设计和开放互动的立体空间设计,能让居民更愿意走进来,在交流中消费社区商业的产品。

2)良好的社区商业业态与品牌布局

社区商业属于社区属地型商业,其经营业态必须围绕周边居民日常生活所需进行。同时,为满足不同年龄层客群、不同层面的需求,也要尽可能多元化。充分利用所引入品牌的优势及效应,体现跨界融合等的社区商业特性,将是社区商业发展重要的一环。例如,为了给社区带来更多的文艺气息,满足社区居民精神层面需求，社区商业可引入书店、摄影题材等的文艺复合店，或者定期举办艺术题材展览等。如保利大都汇的三乐文创书屋，除了传统的书籍阅读，还有咖啡吧、长桌、展厅、儿童专区，形成了多元化空间。为迎合社区不同年龄层（老中青幼）客户群的需求，社区商业也可为儿童提供幼儿托管、学习辅导、兴趣培养等业务；为年轻一代提供创新复合型业态、高科技互动创新体验；为老年人提供健康保健相关服务业态等。

此外，社区商业的品牌布局也日益成型。以往一般只出现在大型购物中心的品牌首店或特色店铺，开始越来越多地选择社区商业作为首个布点。为社区商业"量身定做"的"品牌版本"也开始出现，例如，星巴克全国首家社区体验店，便落户广州番禺锦绣香江社区，为符合社区体验店的定位，其设计了360度环岛式吧台、设计了照顾宠物的相关功能等，以便于邻里间的互动交流。目前，中国的两家（广州及成都）星巴克社区店，都开设在居民住宅区周边，打造成社区住户的"客厅"。

3）专业高效的运营管理服务

除了科学合理地发展规划、业态品牌布局之外，社区商业的成功运营还需考虑如何将客户、商家和社区有机连接融合，形成社区氛围。这就需要打造专业高效的运营管理服务，例如，建立微信公众号、APP等社区商业平台，连接社群和商户，用平台将商户信息充分展示，或加上商品/餐饮配送、上门服务等，提升便捷程度，在社区里营造线上线下全渠道的购物服务体验。

此外，社区商业运营中，也可以定期举办不同主题的社区活动，例如烹饪培训、读书沙龙、插花培训、亲子健身等主题活动，通过此类社交活动提升体验，并增强客群黏性。让商户和社区客群、社区住户之间有更多接触交流，形成良好社区氛围。

5.2 新形势下老旧小区社区商业发展的变化

5.2.1 消费者需求变化倒逼社区商业模式升级

近几年，城市"15分钟生活圈"理念的诞生、互联网技术的发展、城市快递业务的全覆盖等，促使城市居民的消费需求发生了变化，社区购物成为人们生活的常态，同时，城市居民社区购物需求的多样化、品质化追求，也倒逼社区商业模式的不断升级。

具体来说，在打造"15分钟生活圈"的理念下，线上下单和就近购物已经成为城市社区居民消费的新需求，这表现为：传统购物中心商超、商超门店客流锐减；城市居民外出采购生活物资的次数大大减少，居家消费成为常态；线上下单和就近购物已经成为新形势下居民消费的新需求。这就催生了社区商业的发展，社区商业服务满足了“15 分钟生活圈”的新消费理念，通过“线上 + 线下”融合的商业模式，围绕社区消费者的生活半径创造了更多的商业价值。

从目前的发展趋势来看，消费者需求的变化，倒逼着社区商业模式的升级换代，具体表现为两个方面。一方面，社区商业的实现模式日益多样化、集约化。目前，社区拼团、社区到家业务成为传统社区零售店升级后新的业务模式。很多社区店提前在微信群里发布拼团信息，第二天去批发市场进货，运回店里做分拣，支持送货到家和到店提货 2 种方式，此举可以减少因为人的接触造成的触点问题，还能减少选购的时间，而且能够以销定采，实现零库存，降低订货成本，实现社区商业的集约化升级发展。另一方面，社区商业的消费者群体不断扩张。线下的社区生鲜店和便利店等商业形态充分发挥距离近的优势，快速顺应消费环境的变化，推出诸如上门送菜、无接触配送等温情服务，提供更加精准、贴心的服务，成为社区居民的购物首选，销售量不断攀升。而且社区线上社区电商和生鲜电商以老带新，客户数量不断增加，甚至很多老年人都学会了线上购物。

5.2.2 社区连锁商店开始转型发展

社区连锁商店曾经在社区商业的发展中发挥了重要作用，其通过统一配送商品、统一运营等方式，为社区居民提供生活消费品。但是，在新形势变化与新的消费需求下，社区连锁商店已不能适应居民的新消费需求，也开始寻求转型发展。社区连锁商店具有明显的商业优势，这包括：具有强大的商业物资供应链、丰富的商业经营经验、广泛的品牌影响力等，如果其能包括新形势和新的消费需求变化，其在新形势下逆势增长的态势会比较显著。而缺点方面：社区连锁商店一般来说经营面积比较小，社区交通受阻导致批发商、经销商无法及时补货；物流配送车辆有限导致门店缺货。尤其是公共卫生意识、价格管控意识以及相应的制度保障的缺乏，导致社区连锁商店在新形势下的发展举步维艰。

但是，伴随着社区商业的发展与更新换代，社区连锁商业也开始谋求转型发展：一方面，社区连锁商店利用其强大的商业物资供应链系统、丰富的社区商业经营经验，可以有效满足“15 分钟生活圈”下社区居民生活的多样化消费需求；同时，社区连锁商店强大的品牌影响力，也可以使其拥有广泛的消费者群体，这些都是社区连锁商店在新形势下转型的有利条件；另一方面，近几年，社区居委会开始规范社区连锁商店的经营，社区交通堵塞现象得到了环境，社区连锁商店的公共卫生意识、商品价格管控意识都逐步增强，这些都为其转型发展提供了有利的条件。相关数据显示，2020 年以来，北京市的华联、乐家、邻里等 23 个社区连锁商店品牌，都实现了转型发展，开始发展新型的社区商业“线上 + 线下”模式，其经营规模占到了北京市社区连锁商店总规模的86.42%。

5.2.3 社区商业经营者的数字化能力迅速提升

近年来，社区商业服务商的数字化和智能化能力短期内迅速提升，很多社区连锁店都拉开了数字化布局的序幕，从前台向中后台，商品、人员、协同等方面全面实现数字化，这样对于降低店面成本，提供更符合需求的商品，提升赢利能力意义重大。

例如，目前，很多城市社区商业超市通过BI（行为识别）数据挖掘数字背后以及经营上的问题，其中包括从门店到组别、品类、单品的各个运营难点。另外，在与消费者沟通方面，超市发利用微信平台与顾客进行信息连接和沟通，例如信息发送、电子会员卡绑卡等。无论是供应链管理还是店铺运营数字化，离不开长期积累，在“十四五”时期，数字化的社区商业变革进程进一步加快。

5.2.4 社区商业环境卫生的重要性日益凸显

新形势下居民消费观念的变化，使社区居民的健康意识和公共卫生意识日益增强。一方面，对于一些人群密集、卫生不达标的社区商业场所，社区居民自然会产生抗拒性，而更多地选择去干净、便捷、公共卫生达标的社区商业场所消费，这迫使社区商业场所加强环境卫生的治理；另一方面，目前，创建卫生城区、垃圾分类等工作已经下沉到社区，社区商业场所在经营的过程中，必须按照创建卫生城区和垃圾分类的标准，严格执行环境卫生治理。

总之，在新形势下，社区商业环境卫生的重要性日益凸显，为了顺应新的形式，社区商业要结合数字化手段和全面物流系统，加强社区商业的环境卫生治理，这包括商品原材料端、物流配送端、店面展示以及客户消费端的环境卫生治理，以赢得消费者的信赖，做到从原材料供应端到消费者需求端的“人货场”全过程环境卫生“零风险”治理。

5.3 数字经济背景下老旧小区配套商业设施的关键措施

当今世界，科技革命和产业变革日新月异，数字经济蓬勃发展，深刻改变着人类生产生活方式，对各国经济社会发展、全球治理体系、人类文明进程影响深远。社区商业的发展要抓住产业数字化、数字产业化带来的机遇，加快5G网络、数据中心等新型基础设施建设，抓紧布局数字经济、生命健康、新材料等战略性新兴产业、未来产业，大力推进科技创新，着力壮大新增长点、形成发展新动能。老旧小区改造统筹商业设施更新，应更多地使用数字技术，加快数字技术的引用，在老旧小区铺设商业设施网络，可以实现居民对于社区商业的“订购—采买—反馈—物流信息”全线路商业信息掌握，将社区商业真正融入社区居民的生活中。具体来说，老旧小区改造统筹商业设施更新，应该从以下几个关键措施入手。

第一，地方政府应做好城市老旧小区社区商业的数字化规划设计。

社区商业在城市生活中保障了居民的正常生活，发挥突出作用和服务价值，政府未来不仅从社区业态及管理运营规划上关注，更应为社区商业数字化、智能化布局运营提供政策支持与资金保障，打造高效有序的社区商业环境。

第二，数字化技术的发展可以为社区商业的个性化消费赋能。

不同于大型商超的消费样态，社区商业的消费具有个性化的特点，这主要是因为：不同社区居住人口的年龄、职业、收入、籍贯、地域等人口属性差异较大，消费层次不一，消费结构多元。未来，老旧小区的社区商业应该借助大数据技术，打造社区商业的专属个性、文化及特色，为社区居民提供品质、时尚、精准的服务。

第三，数字化社区商业平台的构建，可以增强社区商业的黏性。

老旧小区需要商业，商业同时也为老旧小区的居民服务。未来，社区商业的服务属性将会向着更高标准发展，服务商与用户的信息交互将变得非常重要。商家需要完善的社区生活服务平台为用户提供服务，包括建立社区微信群，与进入社区的商业项目合作，主打社区团购，通过微信群把消费者集中在一起，产生强大集聚效应。利用抖音等短视频宣传品牌优势，吸引社区粉丝，通过小程序、公众号等方式建立会员和实现下单等，充满温情和温暖的人文化社区商业未来前景光明。

大空间三维扫描技术应用于老旧小区配套商业设施中的示例如图 5-1 所示。

图 5-1 大空间三维扫描技术应用于老旧小区配套商业设施中的示例

第四，社区商家加大力度整合数字化供应链，承担新零售全流通重要角色。

社区商业是城市老旧小区商业未来改革发展的主战场，除社区生鲜与便利店这两类核心业态，社区商业未来布局需要积极整合供应链和互联网，有效对接线上数据和线下服务，构建包括人流、资金流、信息流在内的完整生态圈，充分满足终端消费者需求。社区商业服务商将成为“线上下单、线下体验、及时配送”的终端点，线上与社区商业服务平台紧密互联，变成“前置仓＋新零售”，社区团购、社区到家业务成为常态，变身商品全流通重要环节。成都市成华老旧小区配套的社区商业物联网信息如图 5-2 所示。

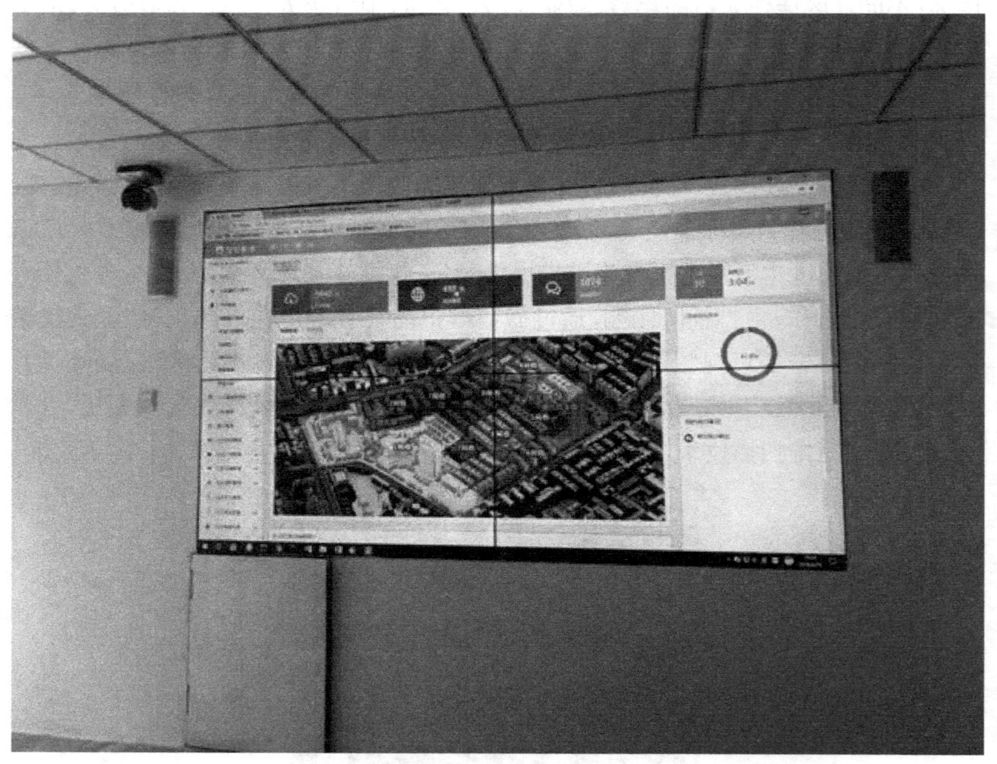

图 5-2　成都市成华老旧小区配套的社区商业物联网信息

第五，推动社区商业专业人才的培养，为社区商业的发展提供专业人才支撑。

目前各国纷纷将深化信息技术与传统行业的融合发展作为数字经济战略布局的重心，如何吸引和培养新阶段所需要的人才，是中国在全球数字经济发展中建立竞争优势的重要基础。随着中国经济数字化转型的不断深入，拥有专业数字技能人才的需求正在急剧增长，数字人才日益成为我国创新驱动发展、企业转型升级的核心竞争力，因此高校应推动社区商业专业人才培养，尤其在数字人才培养和服务方面要承担更多责任并作出贡献。社区商业未来的数字化发展需要有大量的数字化人才支撑,具体如下。①政府和学校要重视数字化人才培养,未雨绸缪,特别针对市属高职院校提前从专业建设、招生、课程改革、师资队伍、实训室建设、“三教”改革、就业等方面给予政策倾斜和人财物支持。②转变思维方式,提升对智能科技发展的关注度,推动技术与商业融合发展,推进学科交叉融合建设,用新理念、新模式、新方法提供综合性跨学科培养方案,进而解决社区商业数字化发展过程中面临的复合型人才短缺问题。③充分利用高校的智库作用,通过项目支持,引导教师深入研究并系统总结各地社区商业发展的问题与经验,探索北京社区商业数字化转型升级发展的路径与模式,为全面提升北京社区商业高质量发展提供智力支持。

5.4 老旧小区配套商业设施的传统改造实践与思考

目前,老旧小区更新改造的政策和研究大多偏重于基本的配套设施、基础设施和完善公共服务类内容的技术领域,往往会出现改造内容模式化、表面化、实施粗放等问题。只有明确老旧小区改造实际存在的问题和长远的内在需求,才能够提出完善的政策引导和系统化改造措施。

5.4.1 基础性改造需求

老旧小区基础性改造,是目前政府主导且得到不同程度落实的改造项目。各地政府也均以改造导则、指导意见的形式予以明确。改造内容主要包含房建类和环境类两个方面,其目标也以民生和实用方面为主,多采用模块化、菜单式的选用体系和图文引导。

房建类改造主要包括以下内容。

(1)建筑使用功能改造。包括建筑内部流线、功能整理,维护结构节能改造,楼梯间及屋顶功能优化,建筑构件(台阶、散水、坡道、檐口、栏板、女儿墙、屋面防水等)修缮等。

(2)建筑内外装修改造。包括建筑立面表皮修缮、公共区域整治翻新、屋面违章建筑拆除等。

(3)建筑设备改造。包括消防设施改造修缮,水电暖设备改造,电梯维修和增设,楼宇对讲系统、照明系统、防雷接地、楼栋二次供水系统改造修缮等。

(4)建筑结构改造。包括危房勘测、鉴定、加固、置换,或其他解危措施。

环境类改造主要包括以下内容。

（1）市政基础设施改造。包括“三线”整治改造，给排水管网、变配电系统、室外消防系统、燃气管线、雨水系统改造，小区围墙及安防系统完善改造，垃圾收集系统改造等。

（2）社区内部交通改造。包括小区内部道路（小区路、组团路、宅间路、园路）路径、路面、道路设施修缮改造；固定和临时性停车位优化配置；非机动车、电动车、机械式立体停车位配置；步行系统改造修缮；无障碍设施设置等。

（3）公共服务设施改造。包括生活服务设施整治改造；社会管理设施（社区组织用房、社区警务室等）；社会福利设施（社区服务中心、养老院、幼儿园（托儿所）、老人护理照料室、再就业培训中心、医疗卫生服务站、文体活动设施、公共活动场所、公共图书室等）；部分邮政快递服务设施设置修缮；违法建筑、构筑物拆除等。

（4）绿化景观提升改造。包括道路绿化、集中绿化的补植修缮；广场、小品、休憩娱乐设施、花坛、树池、户外家具的修缮改造等。

5.4.2 适老性改造需求

老龄人口是城市老旧小区改造应重点关注的群体。重症、危症的发生，与患有慢性病、基础性疾病的人群密切相关，我们还没有为即将到来或已经到来的老龄化社会做好准备。我国在“十四五”规划纲要中指出，要建立以居家为基础、社区为依托、机构为补充的多层次养老服务体系，并提出“推进老年宜居环境建设，全面放开养老服务市场”。居家养老模式是一种介于传统家庭养老和社会养老之间的养老模式，主要以家庭为核心、以社区养老服务网络为外围。另外，经过多年的摸索，社区互助养老在国内也已经逐渐被补充进入多元养老服务体系，越来越受到重视。

当前，老旧小区一般都存在环境老化和人口老化的双重压力，缺少养老设施和拓展空间。2022 年 2 月国务院发布的《“十四五”国家老龄事业发展和养老服务体系规划》中要求，健全以居家为基础、以社区为依托、医养相结合的社会养老服务体系，夯实居家社区养老服务基础。不仅要大力发展居家社区养老服务，还须加强社区养老服务设施建设。

推动老龄化、老旧化“双老”社区环境一体化改造，让老人们拥有更健康的身体、更优质的生活质量，为老年人配置生活设施、医疗设施、医护条件，已成为社会的共识（示例见图 5-3）。良好的社区环境能够为老年人的社会交往行为提供物质空间支持。环境老化与人口老化是我国社区建设持续面临的问题，两者虽指向不同，但在社区改造的内容和目标上存在较多叠合内容。

图 5-3 天津市南开区万兴街老旧小区的适老性改造

5.4.3 健康社区构建需求

2016 年全国爱卫办发布的《关于开展健康城市健康村镇建设的指导意见》提出，健康城市的重点任务要以健康社区、健康单位和健康家庭为重点。老旧小区作为健康城市的“细胞工程”，属于其推进过程中的顽固症结和短板之一。

健康社区的构建，是居民个体和社区各类作用力的合力结果，既要保障个体的健康，又要营造健康的社区环境。老旧小区健康化改造需要从以下 3 个方面作出考虑：一是引导和鼓励健康的生活方式，从多元角度挖掘推动居民健身的空间，以促进健身体育活动和社会交往为主要目的，优化居民日常生活方式；二是针对公共卫生事件应急处理，满足相应预案和应急策略所需的处置空间和要素，在突发公共卫生事件发生时能够及时和有序应对，以提供公共卫生事件期间的预防、隔离、治疗为主要目的；三是保证社区医疗资源、卫生环境设施和公共资源的合理配置，保证其便捷性、可达性，考虑公平性。只有构建兼顾应急与预防的健康社区，才能真正助力老旧小区治理，满足居民健康生活的基本要求。

5.4.4 邻里交往需求

对于老旧住宅区原住居民，小区区位的便利性和生活环境以及邻里的熟悉性，是老旧小区价值的重要体现之一。然而，随着居民的“新陈代谢”，老旧小区中居民对邻里交往的内在需求与交往场所、交往方式缺失的矛盾，限制了交往活动的发生，从而导致了邻里关系和社区治理等方面问题的发生。

邻里交往是社会交往中的主要部分之一，也是现代生活中不可缺少的精神因素。良好的邻里交往关系可以增强居民之间的认同感和亲切感。对个人而言，交往是情感、兴趣、利益交流的方式之一；对社会而言，良好的邻里关系对社会的和谐稳定具有一定的积极作用。老旧小区的改造也要针对各年龄段人的行为特征，合理构建多元化的邻里互动空间、交往空间，提供满足居民生活需求的场所，也能使居民在心理上产生依赖与认同，增强邻里空间的归属感。

5.4.5 通过多方参与定制多样化的改造需求

城市中众多老旧小区存在的问题多样、难点各异，从交通区位、建筑类型、环境到居民年龄分布、受教育程度、职业结构和历史因素等都不尽相同。只有通过历史资料查询、实地踏勘、问卷调查和分类访谈等多种方式，才能获取老旧小区第一手数据和各利益相关人群对社区改造的主要诉求。在分类归纳整理之后，结合老旧小区建筑年代、居民意愿、街区肌理、历史文脉等因素，梳理与老旧小区改造相关的城市形态风貌、历史文化保护、城市更新等方面的规划要求，由专业规划、设计人员和基层管理者协调居民、改造服务企业、物业管理机构等组织和个人，提炼出改造设计要素和具体技术要求。

近年来，上海、深圳、北京、广州、武汉等城市启动了城镇老旧小区改造试点，各地都在积极探索“专业设计师＋社区居民＋原有产权单位＋社区街道”共同参与的老旧小区改造实践，形成了一批可复制可推广的经验。河南省《关于推进城镇老旧小区改造提质的指导意见》提出：要科学确定改造标准，推行“一区一策”“一楼一策”。中国城市科学研究会主编的团体标准《城市旧居住区综合改造技术标准》老旧小区改造规划设计，更多的是解决居民的物质和精神诉求，解决日常化的生活问题，只有多方参与，扎实地做好最基础的设计工作，才能使改造具备协调性、可行性并焕发出持久活力。

5.4.6 通过微改造实现社区有机更新

微改造是“有机更新理论”在城市更新中的实际运用，相对于大拆大建的整体改造和关注表面的综合整治，其是一种在维持现状建设格局基本不变的前提下，通过建筑局部拆建、建筑物功能置换、保留修缮，以及整治改善、保护、活化，完善基础设施等办法实施的更新方式。以针灸式有机更新推行“微整治、微绿网、微渗透、微体验”创新改造工作思路，将会增强老旧小区对不断变化的环境、干扰和灾害的应对能力，以提升社区弹性，从而实现由运动式社区改造向多样化、创新性的社区有机更新的转型。

微改造路径以社区微整治改造为核心，以提高土地混合使用、梳理社区空间、营造公共开放空间、优化社区慢行系统为主要改造手段。其基于“共谋、共建、共享、共治、共管”的工作机制，围绕老旧小区的实际问题和文化基因，采用“小规模、渐进式”改造措施，满足社区改造的功能性、基础性需求，实现服务差异化、富余化、无障碍化、亲情化、智能化和医疗全程化的“六化”适老化建设目标，以提升健康社区和韧性社区的构建基础。

5.4.7 通过生活圈构建激活老旧小区

“15 分钟社区生活圈”，是以社区居民居住地为中心向外扩展，步行可达，由居民家庭以外惯常的非工作活动空间所呈现的一定方向和距离特征的生活范围。生活圈建设的核心内容是以居民的步行能力为尺度范围，完善基础设施和公共空间的配置水平。城市生活圈的规划变革是以人为核心，以人为城市生活的规划对象，以引导人朝着理想生活奋斗为规划目标，是一种统筹处理多样化人的需求的综合性规划策略。

老旧小区生活圈的公共服务设施和空间配置，应该聚焦强化社区医院、社区服务、养老设施等关键社区空间资源。比如山东省就出台了鼓励各地积极探索土地出让支持大片区统筹改造或跨片区组合改造的政策措施。老旧小区“15 分钟生活圈”内城镇低效用地再开发整理腾出的土地，可优先用于建设社区服务设施。

5.5 老旧小区嵌入式配套商业设施的运营模式

社区是由多重要素关联且复杂的社会体系，需要多元复合的治理策略，具体到产权复杂、问题叠生的城乡结合部老旧小区来说，更需要多元治理主体从服务资源、社区功能、治理体系等方面，以多样化的行动策略和治理形式拓展其嵌入式治理的复合维度。现阶段，城乡接合部老旧小区因治理目标和内容不同大致可分为以下 3 种嵌入式治理行动策略。

5.5.1 基于基础性改造需求的资源型嵌入策略

城乡接合部老旧小区由于建设年代久远，普遍存在社区基础设施薄弱、公共服务资源配置不均衡、安全隐患多且维修困难等社区“老龄化”问题，给城市管理和居民生活带来各种难题。近年来，政府特别重视老旧小区提档升级，如 2019 年，我国将老旧小区改造纳入保障性安居工程范畴并对部分老旧小区内多种基础设施以及小区内部配套公共服务设施的建设和改造给予一定的中央预算内资金支持。2020 年我国应急管理部提出未来 3 年内将针对老旧小区、城乡接合部等地区存在的突出风险开展消防安全专项整治活动，升级改造此类地区的消防设施。由此，多元治理主体在嵌入城乡接合部老旧小区治理时，也大多围绕老旧小区硬件设施先天不足及物质损耗、设备年久失修等问题，通过人才、资金等具体的资源补缺活动优化社区物质空间，促进老旧小区的“逆生长”。简言之，资源型嵌入策略，就是指上述这种多元治理主体在嵌入社区治理时以社区基础性改造需求为导向，改善社区居住条件的治理活动，这一策略常常展开为以下两类具体行动。

（1）基于市政资源的社区基础设施完善。具体到各地实践来说，其一，地方政府以当地城市更新需求、卫生城市创建和复审要求、物联网安防小区试点及其他城乡接合部老旧小区专项整治等为契机，借助本地公共维修基金，集中整治老旧小区违章搭建、环境卫生，并通过粉刷外墙、修整社区道路、新增电瓶车充电棚和健身器材等基础设施、添置公共座椅和绿化带等公共环境设施等，能在短时期内实现老旧小区外观美化和城市面貌改善，如镇江市依托“技防村居”为众多城中村老旧小区安装监控摄像头。其二，由地方政府与社区共同出资，或由居民基于自治理念众筹，通过修复建筑本体、改造楼体保温层、更新社区供水供气供暖管网和消防设施、提升楼顶防渗漏功能、加装电梯和夜间照明设施、增设安全设施等方式，致力于解决老旧小区房屋质量和居住品质较差的问题。例如，贵阳市由市、区财政共同出资，为玉田坝小区建设和改造老年活动房、小区值班室和公共绿化池等，并与社区业主民主协商，探寻可持续的物业管理规范和收费性服务模式。

（2）围绕老旧小区资源性补给的多元塑造。具体表现在：一方面，寻求并拓宽优化老旧小区立面和形态的资金渠道，基于市场化机制，鼓励以企业投资、捐资冠名等方式吸引社会力量参与治理。一般可通过增设立体停车库、加装公共信息设施和文娱设施、改造社区景观绿化系统等形式，来改善老旧小区的宜居性基础设施和公共活动空间。另一方面，基于绿色化、适老化、信息化等现代社区改造理念，按照“谁投资、谁受益”原则，吸纳专业改造主体利用屋顶光伏、噪声处理、污染处理、可再生能源等改造技术和施工工艺，对老旧小区进行小成本、短周期的微改造，如建设透水性的海绵路面、增设防滑和无障碍设计、更换节能玻璃窗等，以增强社区自身的安全性和节能性。

5.5.2 超越行政化治理倾向的功能型嵌入策略

以物质空间改造为主的传统城乡接合部老旧小区治理模式，不仅使居委会和街道承担了大量地方政府和主管部门下达的改造任务，导致社区治理的行政嵌入现象普遍存在，还因其对于社会资本、社区服务的重视明显不足，致使社区业委会等自治组织缺位，资源型嵌入模式难以影响到深层次社区治理体系和治理能力，甚至在部分社区中出现“反增长组织”以抵制更新进程。伴随着城市扩张、城市中心区各种服务功能的外溢，以及老旧小区治理逐渐从强调指标、效率转向强调功能和居住品质，提升治理资源配置效率、完善社区功能便逐渐成为创新老旧小区治理的重要路径。在此背景下，旨在完善城乡接合部老旧小区软件服务功能、提升老旧小区治理的自治性和回应性的功能型嵌入策略应运而生。这种策略在治理中融入养生、生态等社区建设理念，通过以下 3 个维度，力求将多元治理主体的专业、技术优势与社区文化培育、社区颜值提升等功能需求相融合。

(1)发挥街道、社区党组织的引领作用。为激活社区自治活力，提升老旧小区公共空间及其设施利用率，实现社区服务就近可及，部分城乡接合部的社区党组织和街道办尝试动员市场、社会组织、居民等社会力量参与社区教育、社区卫生、社区环境保护等公共事业项目，并引导其利用社区公共活动场所错峰开展儿童科教、社区养老、社区医疗和精神关怀等主题活动。部分街道和社区党组织还通过在社区闲置地带设置警务点、社区文化宣传栏及休憩空间，增补或延伸社区绿色空间，定期巡察社区违章建筑、卫生死角和消极空间等形式，引导老旧小区基于区位优势与资源优势对社区内闲置空间进行再开发。例如，衢州市南滨花园为破解小区脏乱差等问题，以“创建为民、创建惠民”为宗旨，通过规划停车位、统一建造非机动车停车棚、集中设置晾衣架等形式提升社区的治理秩序。

(2)基于专项治理项目吸纳优质社会资本。伴随养老服务、社会救助、社区医疗等社区建设与养护的市场化和社会化发展，地方政府和街道将城乡接合部老旧小区管理职能、服务职能及其他辅助性职能转移给社会组织，吸纳优质社会资本参与治理的现象也日趋普遍。例如，北京市针对城乡接合部重点地区开展消防安全集中督导检查专项行动，以“交叉互查”的方式督导社区居委会及周边集体土地出租大院、平房院落等落实火灾防控措施；杭州市西溪街道探索“我们的家园共同体”共建共享新方式，搭建群众自治圈和社会共治圈，均取得良好成效。现阶段，为发挥多元治理主体在绿色建筑、环境治理、社区绿化等方面的专业优势，延伸老旧小区改造的投资主体和收益链，促进社区经济、生态、历史和美学功能活化的专项服务项目种类日趋多样化，如针对社区孤寡老人、留守儿童、残障人士等困难群众和特殊群体的公益性帮扶服务；针对社区卫生死角和外墙刷新、下水道清污、架空线梳理等环境卫生管理需求聘请专业清淤公司的市场化服务；针对居民多样化需求的个性化定制服务等。除保障社区基本功能外，部分老旧小区还将现代化社区治理技术与周边生活服务商业配套和经营性项目相结合，通过引导市场主体开发社区服务 APP 和信息平台等方式，如提供人脸识别开门、无线抄表、在线缴费、出租屋管理及休闲娱乐的广告发布、车牌识别等便民服务，以完成老旧小区向智慧社区的转型升级。

(3)广泛动员社区精英参与治理。随着社区自治组织和社区精英在解决城乡接合部老旧小区内治理秩序混乱问题、调节利益矛盾等方面治理优势逐渐显现，越来越多地区开始重视本社区治理精英的治理功能，并鼓励社区积极尝试社区物业公司、业主自管服务组织等自管物业形式，自主组建社区志愿者及专业技术人才服务队，如邻里矛盾调解协会、心理咨询中心、治安巡逻队、设施维护维修服务队等，挖潜社区自治功能。例如，吉林市昌邑区民主街道在开展老旧小区违法建筑自拆和助拆工作过程中，除了召开专题会议、细化社区工作台账、张贴拆违通知、借助街道公众号和微博推送拆违工作动态以外，还通过吸纳社区志愿者、发挥社区党员先锋模范作用、动员网格长发动楼道长和老党员等方式，为顺利完成工作打下坚实的群众基础。

5.5.3 寻求社区内源性发展的融合型嵌入策略

对于存在于复杂治理情境的城乡接合部老旧小区来说，外部嵌入资源与内部治理需求的有机融合对于老旧小区治理的可持续化发展尤为重要，而缺乏治理体系建构、忽视社区情境的治理创新势必导致嵌入式治理的“水土不服”。从我国老旧小区改造试点及部分城乡接合部老旧小区治理创新的成功经验来看，服务菜单、民意表达工作室、开放空间会议、共同缔造工作坊、微自治等创新实践正是由于很好融合了治理需求与外部资源而成效显著。融合型嵌入策略，是多元治理主体为应对城乡接合部中城市、农村和外来人口三元矛盾，适应老旧小区治理环境变革要求，保障社区治理过程中硬件设施完善、软件常态高效、设计理念先进、治理体系完善，进而实现老旧小区有颜值更有内涵的理想发展方式，同时也是老旧小区治理创新成功经验的共同特征。相比于前两种行动策略，这种策略以地方知识共享为抓手，更加强调治理项目的社会回应性及治理技术的适配性，在社区公共性营造与社区共同体意识培育等层面，力求嵌入性治理路径的自主嵌合与老旧小区的内源性发展。此类策略具体表现为以下 3 个层面。

(1)树立先进治理理念，传承社区特色文化。为摒除多元主体嵌入老旧小区改造过程中的机会主义和偏利化、机械杂糅的治理倾向，部分成功转型的老旧小区在推进治理创新时，除了将绿色化、适老化、信息化等现代化社区改造理念融入治理过程，还尝试通过构建多元共建共治共管、分类分层分步骤的治理模式，搭建社区交流平台和文化长廊等方式培育和传承社区文化、突出社区特色。例如，合肥市庐阳经济开发区以本地“城市管理提升年”为契机，按照改、整、管的原则，整合城管、社区、物业等人员开展环境综合整治，并通过定人、定岗、定责，把城市文明创建工作延伸到老旧小区的每个楼栋；重庆市渝中区不仅制订了结合本区域特点和具体情况的实施方案，还在老旧小区改造中注重传承街区文化特色；广州市越秀区坚持因地制宜，通过修复和清洗建筑立面、拆除违法建设、建立文物径等多种方式，彰显老旧小区的丰富历史文化资源。

（2）推进治理流程再造，培育社区共同体。无论是资源型嵌入，还是功能型完善，都需要政府、物业服务企业、社会组织、老旧小区居民在发挥其专业技能和优势资源的同时，构建开放、互补的治理系统。成功的老旧小区治理实践，常依托于现代化服务与物业管理制度、规范化的改造审批流程和政社联动的社区网格化治理机制等常态化治理机制，保障本社区既有治理流程与嵌入式治理内容的有机结合。例如，2019年十堰市张湾区提出创建全国文明城市“百日攻坚补短板”专项行动实施方案，并在十大专项整治活动中注重志愿服务的规范化、制度化、常态化建设。此外，部分城乡接合部老旧小区还通过编制社区管网档案、成立业主大会和业委会、完善治理项目验收评价体系等社区营造形式增进社区居民的归属感和凝聚力。例如，四川攀枝花仁和区档案馆为深入推进老旧小区综合整治，在了解了全区老旧小区改造工作的基本情况和档案资料的收集整理情况后，对街道办和社区工作人员进行了档案业务培训和相关档案服务。

（3）注重地方性知识和治理技术，强调嵌入式治理的兼容性。因地制宜地推进老旧小区治理需要在尊重地方性知识的基础上利用现代化治理技术挖潜社区的既有治理基础。为有效平衡老旧小区综合改造的供需关系，部分城市的城乡接合部老旧小区为减少和杜绝简单、粗暴的改造形式，同时避免因大拆大建引发的社会矛盾，切实解决多元治理项目零散等问题，开始从城市总体规划和老旧小区自身宜居节能、智慧治理的改造需要出发，通过编制改造项目总体规划、细化社区治理指导细则、完善社区物业备案程序、加强治理过程安全质量管理等形式，提升社区治理创新的前瞻性、预判性；通过实地调研、分类访谈、设置投诉监督渠道等形式，增强嵌入式治理路径与老旧小区治理情境的兼容性。例如，朝阳市红山街道在推进社区违建拆除过程中，鼓励街道干部下沉一线，对多个老旧小区进行网格化整合归并，基于“一区一策”“一楼一策”等方式提升社区治理的精细化和科学化。

5.6 典型案例

5.6.1 太原市小店区老旧小区的资源型嵌入模式

太原市小店区老旧小区，针对社区居民的基础性改造需求，采用资源嵌入型模式，对老旧小区中的基础性商业设施进行配套改造。

1. 社区总体改造概况

2018 年 6 月开始，为了推进创建全国文明城市，太原市委、市政府把创建文明城市与改善民生深度融合，以背街小巷、老旧小区等“九乱”整治为突破口，按照创城标准，集中连片对军西院、中煤七处小区、电建二公司中院等 427 个老旧小区配套商业设施，老旧小区“脏乱差”现象得到有效遏制。太原市小店区从 2018 年 6 月开始推进老旧小区改造配套商业设施工作，小店区根据住房城乡建设部、国家发改委、财政部《关于做好 2019 年老旧小区改造工作的通知》(建办城函〔2019〕243 号）等有关要求，结合实际，将统筹“三供一业”、节能改造等工作，进行改造范围更广、改造内容更全、改造标准更高的系统性提档升级。按照“实施一批、储备一批、谋划一批”的原则，从 2020 年开始，小店区逐步分批实施老旧小区改造工作，重点从商业设施铺设、小区环境优化、商业设施服务功能提升等基础性改造需求入手，其配套社区商业设施的模式是资源型嵌入模式，其包括以下两个方面的内容。

（1）基于市政资源的社区基础设施完善。对于老旧小区内的道路、供排水、供气、供热、安防、消防、绿化照明、围墙、线缆入地等基于市政配套资源的社区基础设施，小店区从 2020 年开始，按照示范引领，以点带面的原则，采取 EPC 模式先行打造坞城街办建校小区、平阳路街办山汽小区、营盘街办同苑小区等基础设施落后、居民改造意愿强烈的 200 个老旧小区（涉及 885 栋楼、4.012 1 万户，小区总建筑面积约 372.14 万 m^2），总投资达到了 18.4 亿元，通过改造，解决了社区居民“急难愁盼”的社区基础性商业设施配套问题。

（2）围绕老旧小区资源性补给的多元塑造。小店区针对老旧小区在停车位、社区老人居家养老以及托儿等方面的现实困境，通过社区资源性补给措施，为老旧小区配套社区居养老设施、托幼设施、社区生鲜市场设施、商业停车场设施等，尤其是为了满足新能源汽车充电的需求，在老旧小区安置充电桩，完成了对老旧小区资源性补建的改造，提升了小店区的城市整体风貌，提高了居民生活品质。据统计，截至 2021 年年底，小店区已有 206 个小区陆续开始资源性社区商业设施的补建施工，73% 的小区已基本完成双线入地、外墙保温、窗户更换、水暖改造、立面更新等工程建设。

2. 存在的问题

小店区老旧小区改造主要针对的是社区基础性设施改造，工程体量大、涉及面广，这使小店区的老旧小区改造配套商业设施工作中存在以下4个方面的问题。

（1）统筹协调机制有待进一步完善。2018年开始，小店区委、区政府成立了老旧小区改造领导组，建立了相关的协调机制，但是在具体的改造实践活动中，很多需要协调的工作落实还到位。一是由于老旧小区配套商业设施工作，涉及市、区多个单位，加之受“三供一业”的影响、老旧小区节能改造，部分老旧小区改造推进较为缓慢，需要市、区两级共同联动。二是部分项目审批手续繁杂，尤其是电梯加装、新建立体商业停车库审批手续更为复杂，结果是区级统筹难指导，部门街道、社区难实施。三是施工过程中需要协调电力、供水、供暖、通信等管道线路设施运营单位同步实施，各管道（管线）经营单位之间协调难度大。

（2）基层社会治理有待进一步创新。老旧小区改造需要统筹协调社区居民委员会、业主委员会、产权单位、物业服务企业等共同推进改造。一是目前老旧小区普遍缺乏基本的物业管理条件，大多处于低管理或无管理状态，管理机制缺失，致使老旧小区各类违章搭建，车辆乱停乱放，环境卫生脏乱差，小店区全区617个老旧小区中，大部分是无物业管理或物业管理不健全的小区。二是社区是基层治理的基本单元，也是推进老旧小区改造工作的关键，但因社区受到编制、待遇等多种因素影响，部分社区在老旧小区改造推进上进退维谷、心有余而力不足。

（3）居民宣传发动有待进一步加强。尽管小店区全区各街办、社区就老旧小区改造工作，通过入户走访、问卷调查及发放《致居民的一封信》等方式广泛征求居民意见，但目前对老旧小区改造工作不了解、不参与的居民仍然不在少数。一是大多数社区仍然是居委会倾向于包办一切，居民参与意识不强，责任意识仍然模糊，对小区改造工作不参与也不关心，坐等政府推动。二是由于老旧小区情况各异，居民需求差异等原因，对改造的内容、标准等方面在落地时往往却陷入“众口难调”的困境。三是部分居民担心改造会影响自身利益，不理解、不配合，如担心拆除违章建筑；一、二楼居民担心电梯加装影响采光和通风等。

（4）资金筹集渠道有待进一步拓宽。小店区全区老旧小区改造资金需求总规模较大，目前正在多渠道筹措资金，但仍然存在资金总体不足、居民和社会资金不愿投、后期管护资金缺失等问题。一是小店区全区老旧小区改造资金主要依赖上级专项经费、政府财政投入及发行专项债券筹集，加上项目的公益属性，引入企业进行市场化改造难度较大。二是小店区小区居民普遍缺乏共建共治共享和购买服务的观念，部分居民存在等靠思想，过分依赖政府财政投入，不愿承担改造费用，特别是电梯加装费用高层住户和低层住户出资分摊比例和后续维护养护费用协商难度大，争议较多。

5.6.2 太原市黎氏阁社区的功能型嵌入模式

太原市黎氏阁社区基于专项治理需求，有效吸纳社会资本，超越了城市老旧小区行政化治理倾向，践行了老旧小区改造配套商业设施的功能型嵌入模式。

1. 黎氏阁幸福购物中心的商业运营模式

黎氏阁幸福购物中心位于太原万柏林区西中环与南内环西街立交桥北侧西华苑三期，在 1.5 km 商圈范围内，拥有常住居民近 10 万人，该小区始建于 1995 年，属于太原市的老旧小区。黎氏阁社区周围的居民人数多，人口密集，而且周边生活消费的市场零散，多为路边小摊小贩，商贩占道经营的现象曾经一度影响到了当地的交通。为了解决这些问题，黎氏阁社区通过街道的引领作用，引入社会资本，在街道和居委会的引领与监督下，由社会资本开发社区的商业，配备生鲜水产、美食餐饮、居家养老等商业设施，将黎氏阁社区改造成为黎氏阁幸福购物中心，这突破了老旧小区改造中行政治理嵌入过多的问题，实现了社区商业的蓬勃发展。

作为太原市西进战略内容之一的黎氏阁幸福购物中心，其以丰富周边社区商业为中心的功能型嵌入模式，具有如下特点。一是突破传统的以基础服务为主体的商业模式，在满足周边社区居民的日常所需的基础上，通过整合，构建儿童生活、生鲜水产、美食餐饮、政务公益、居家养老等功能，形成了“基础服务 + 主题特色 + 公益服务”的社区商业模式。二是黎氏阁幸福购物中心不仅是一个商业服务中心，更是一个综合服务中心，通过开发便民大食堂、居家养老院、观光夜市街、培训教育园、政务公益便民坊等特色商业项目，真正成为一站式社区生态化的综合服务中心，形成了便民、利民、惠民的新型社区商业模式。三是黎氏阁幸福购物中心不仅是一个商业服务中心，更是一个社会服务中心。其持续开展丰富的商业文化活动，不断增强了社区居民的“黏性”，成为居民赖以生活的精神家园，呈现出了一种“守望相助、出入相友”的街坊文化。黎氏阁幸福购物中心是经过两年的筹备，借鉴国际、国内的先进经验，采用“基础服务 + 多主题”发展的创新模式，走出的一条适合本地社区商业快速发展的新路子。

2. 黎氏阁幸福购物中心改造中存在的问题

黎氏阁幸福购物中心在功能型嵌入改造中，也存在一定的问题，需要在以后的工作中予以改进。

（1）政府缺乏对社区商业建设的前置规划意识，造成资源浪费较为严重。太原市居民小区建设习惯于将商业设施沿入口道路和城市道路两侧展开，商业设施功能单一、规模较小，不能充分满足周边居民的需求，而且位置分散，造成了土地资源的浪费，其主要的问题表现在两个方面。一方面，社区商业网点布局不合理，造成商户生意冷清。一些社区商业街规划了多条通道，形成很多内街。人流量大的主干道或者是社区的出入口处，因其能够满足商户充分展示商品、居民方便购买的需求而成为商户抢租的黄金旺铺。而位于内街的商户则经营冷清。另一方面，政府缺乏前置规划意识，房地产商在设计楼体时重视住宅的价值，只考虑到了住宅的户型设计，底商商铺内部柱网过密、柱体过大，造成某些业态因建筑原因无法进驻，如修建时没有考虑到烟道，导致餐饮业态进入困难；上下水规划不合理，导致美容美发等业态不能引入等。社区商业的完整性不够，就无法满足社区居民多样化的消费需求。

（2）社区管理机制存在许多弊端，造成社区服务设施档次不高。社区治理管理不到位、某些领域的工作运行机制不够科学、社区社会治安综合治理队伍素质低、社区治安自我管理制度不完善等造成社区商业经营无序，严重影响社区的品质。商铺的业主为了追逐租金收益最大化，只选择承租能力较强的一些业态，并不考虑承租人的品牌实力、服务内容是否与市场需求相对应，因此出现了一些业态在社区商业中心扎堆经营的怪现象。而这些单一的业态过于集中，不仅不利于社区商业配套服务的完善，而且常常导致经营无序，不利于提升社区生活的品质。老社区商业网点主要还是以农贸市场、粮杂店、小型专业店、小餐饮店、小美容美发店居多，存在设施陈旧、档次偏低、功能不完善等诸多问题。

（3）社区商业市场监管不到位，造成必备业态生存空间被逐步挤压。因为缺乏市场监管，近年来，一些店铺房东一味追求利益最大化，商业地产的租金连年上涨，与居民日常生活息息相关的必备业态如美容美发、早餐店、蔬菜水果店等无法找到地段、面积、租金都合适的商铺，而一些与居民日常生活消费关联度不高的业态诸如房产中介、烟酒茶行却在社区周边遍地开花，进而出现了社区商业业态不齐全、布局不合理的现象。而部分商铺由于租金高涨而撤租或关闭，经常出现“开关”商铺，由此造成商铺资源闲置，特别是关系到居民生活基本需求的菜篮子便民店、早餐店、家庭用品维修店等民生型、微利型行业的生存空间被逐步挤压，因此难以长期生存并逐渐消失，这都给社区商业的健康发展带来了负面影响。

3. 基于成功范例改善山西省太原市社区商业发展的对策和建议

近年来，人们在思想文化、生活方式、价值观念等方面逐渐发生了变化，不再满足于温饱方面，更加注重生活的品质，希望拥有优美的居住环境、便利的休闲娱乐设施、良好的社区文化氛围。因此大力推进新型社区商业邻里中心建设，完善社区商业功能和服务，提升品位和形象，是太原市城市发展的新形势、新要求。社区商业的发展应与公益服务有机结合起来，以有效降低社区居民生活和社会发展的经济成本和社会成本，提升社区综合服务水平，促进和谐社区建设。

（1）注重社区商业的前置规划，凸显政府的主导作用。在社区商业的规划改造和发展中，如果没有政府的干预和引导，社区将没有明确的发展方向。所以我们强调政府的积极引导作用，比如，政府在建设社区公共设施或者娱乐设施方面应该起到决定作用，在社区文化的建设中应给予建议或意见，促进推广一系列文化活动，提高居民文化水平，丰富社区文化生活，此外就是提供社区政务公益服务。西华苑幸福购物中心的做法值得借鉴。其全面考虑居民日常生活所需要的服务等，吸纳政府有关职能部门、金融机构、传媒企业等入驻，集聚有关政府部门的服务功能，结合电商经营模式，打造全市最大、功能最完善的社区商业综合体，为社区居民提供“一站式”服务，凸显“公益”“便民”特色。

（2）加强社区服务的基础建设，增强社区商业的便民性，加快社区服务体系建设。加快社区服务体系建设有利于社区的和谐，离不开体制的优化改革。一是需要强力实施社区事务分类服务。加快社区公共服务体系建设，首先要解决的问题就是政府的引导作用要落实到位，政府公共服务要全面覆盖到整个社区。二是要求所有政府部门的功能都严格控制在一定范围内，将专业、健康的职能外包出去，实现公共服务的专业化和市场化。加强社区治安综合治理。要全面提升维护辖区治安稳定、化解矛盾纠纷和服务居民群众的综合能力，积极推动社会治安综合治理各项措施的落实，为社区商业的稳定发展创造良好的治安环境。当前工作重点，一是齐抓共管，把社区治安作为社区建设的保证；二是认真开展普法教育和安全教育，提高社区居民法律意识；三是进一步建立完善维护稳定工作的制度和机制；四是着力抓好综合治理基础工作；五是加强对社区治安综合治理矛盾纠纷及不稳定因素的排查。

（3）营造浓厚的社区意识，突出社区商业的文化性。邻里文化是社会道德的基础，是建设和谐社会的起点和基本任务。从人性的角度，居民之间需要生活在一个形态文明、功能文明、素质文明的社区，人与人之间更加亲切、更为融洽。社区居民长期生活在一个相对固定的小区，必然需要与周围的居民发生交往，尽管这种关系有疏有密，但在一个社区里相对比较稳定，形成一种强空间、弱交流的小社会。改善这种关系需要一个居民彼此相互交往的场所和媒介。因此在发展社区商业的同时，要增加其文化性，将社区作为基本单位，将家庭作为基本对象，将老人和小孩为切入对象，例如，在购物中心内引入儿童生活体验馆，突出儿童生活主题，与民政局合作，提供贴心的养老服务等，将购物中心建成社区居民沟通交流的场所，让服务和商品成为沟通的载体，通过一系列主题文化活动，培育“友善亲和、关爱互助、和睦相处、文明幸福”的社区街坊文化。黎氏阁生活广场西华苑店的经营宗旨就是通过整合多行业、多业态的商业资源，建设以街坊文化为基础的、以便利为特色的家庭幸福生活购物中心。

社区文化的建设要尽可能做到人性化，增强人文关怀，传达给社区居民一种积极向上的精神，让居民在社区中感受到惬意的生活，领略到浓浓的人文气息。因此，社区文化要不断完善和维护。文化活动的开展应采用多种多样的新方式，避免枯燥无味，以利于吸引越来越多的居民参与进来，要体现小区的特点，减少文化活动的雷同，增加创新元素。同时，政府要起到积极的引导作用，鼓励社区居民积极参与其中，增进邻里之间的交流，促进社区和谐发展。

（4）推动社区服务的产业化，保证社区商业的经济性。社区服务产业化就是运用市场经济的手段来促进社区服务的可持续发展，具体来讲就是通过经济效益来保证社区服务效益的实现。社区服务有了经济基础的保障，就可以使其品质上规模、上档次，社区居民的需求就可以得到最大程度的满足，久而久之形成其自身发展的良性循环。这就需要政府在职能上有所转变，在某些经济领域下放权力，促使社区服务为了适应市场经济而谋求适合自身特色的可持续发展道路。财力是社区服务组织运行和具体项目实施的支撑。首先，政府应加大对社区商业服务产业化的投入。比如对社区服务设施建设项目的审批费用予以减免，对服务项目的税收、规费等予以减免。其次，从招商引资方面政府可根据项目特性制定优惠政策，创造投资环境，鼓励社会企业以多种方式投资兴办公益性、服务性设施，从而通过政府管理机制上的改革推动社区商业服务的产业化发展。黎氏阁幸福购物中心就拥有投资、策划、营销、运营、拓展等方面的专家和团队，它以开放的模式对各类企业进行专业培训和指导，成为一个创业孵化器，帮助商户整合资源，开发顾客市场，提升经营业绩，使好品牌、好模式得到快速发展。

总之，随着国民经济的不断提高，居民对社区消费和服务的需求也在不断变化并提出新的要求。社区商业已经成为城市商业发展的一个新的增长点，在今后的经济发展中将扮演十分重要的角色。

5.6.3 天津老旧小区配套商业设施的混合型嵌入模式

天津市老旧小区配套商业设施，采取的是混合型嵌入模式，一方面是改造老旧小区陈旧的商业设施，以满足老旧小区居民对社区基础性设施、适老性设施、健康生活、邻里交往等方面的实际需求；另一方面，也要对老旧小区目前急需的一些新的商业设施进行补建，包括充电桩、垃圾分类设施等。天津市老旧小区改造配套商业设施采取混合型嵌入模式的原因、措施如下。

1. 原因分析

（1）经济发展程度不同，导致问题差异化。由于天津市内六区和其他区的经济发展程度存在较大差异，致使天津社区商业情况复杂，呈现明显的差异化，主要表现为：市内六区属于社区商业发展成熟区，所面临的主要问题是如何在现有建设条件和发展基础上对社区商业进行升级优化，更好地满足居民生活需求和时代发展的转变；周边区的社区商业发展相对滞后，线下分散、线上有限。但土地供给相对充足，所面临的主要问题是如何更合理地设置业态，为居民生活提供便利。

（2）整体规划配套不佳，导致布局杂乱化。目前，我国对社区商业还没有一个明确的规划配套标准，对社区商业服务设施的分类和规定不够细化，致使天津社区商业缺乏科学统一的整体规划。天津市内六区的社区商业大多是住宅小区底层自然形成的，犹如“天女散花”，规模有限；周边区的社区商业布局分散，档次偏低，这种规划配套状况主要是市场选择的结果。甚至许多社区商业都是家庭店、夫妻店，经营粗放，竞争力不强，布局杂乱，很难高质量地满足社区居民生活需要。

（3）运营管理调控不适，导致业态同质化。天津社区商业的运营管理长期以来主要以市场自行调控为主，政府的管控力度不足，而且与所辖社区缺乏及时有效的沟通协调，致使社区商业没有统一的运营调控指导，在利益驱使下容易造成业态向高利润行业转变，而与居民生活息息相关但不适应市场竞争的行业逐渐减少和消亡，业态同质化现象严重、发展不均衡等问题比较明显。如有些社区沿街房成了地产中介一条街，或者超市、水果店等数量过多，这种非互补的社区商业结构布局不仅难以满足居民生活需求，而且会造成行业间的恶性竞争。

（4）科技利用有限，导致无法实现资源共享。在科技高速发展的今天，社区居民的生活方式和需求日益多元化、个性化。天津社区商业业态品牌连锁化率较低，大部分仍以个体工商户或小卖部为主，线下单一的社区商业服务方式很难满足居民需求。而且很多日常需求的服务由于场所缺失或者收入较低，很难在固定的店面找到，如开锁、搬迁、疏通管道等服务，往往需要通过墙面小广告或流动的摊位来解决，服务品质很难保证。部分社区虽然引入电子商务平台，但是发展较为被动，覆盖面不高，信息数据难以实现互联互通，很难形成社区商业与高科技相互融合的局面。

（5）文化韵味不足，导致情感维系困难。随着社会变迁的加剧，人们的情感需求愈发迫切。相比于远距离消费，社区商业应具备有温度的情感连接优势。但由于城市的发展和市容市貌的要求，很难再见传统销售的业态，人们更加怀念传统淳朴热闹的市井生活。从而导致社区商业中的文化韵味逐步与人们的生活渐行渐远。因此，未来最为理想的社区商业不仅要有高效便捷的服务体系和平台，还应留一点空间或有代表性的场所，保留或培育曾经最真实的市井文化。

2. 天津老旧小区配套商业设施的混合型嵌入措施

结合天津社区商业发展实践，尤其是新时期凸显的问题，为满足老旧小区居民的实际需求，以更好地保障基层民生，增强人民群众的获得感和幸福感，天津市老旧小区配套商业设施的混合型嵌入措施如下。

（1）因地制宜，制订合适的发展方式。根据天津各区社区商业配套情况，建议因地制宜地制订以下发展方式。①“增补优化”方式。对于市内六区社区商业发展较为成熟，建设条件有限的区域，建议在原有设置基础上选取合适空间对缺少的业态进行增补，对不完善的业态进行优化。重点是对市场竞争中流失较为严重的业态，如修鞋店、裁缝店等进行增补，可以考虑给予政策补贴。对于确实无空间增补的业态可以利用网络平台解决。②“集中新建”方式。“新区是保持新兴中等城市快速发展的主要动力，是城市未来发展的重点。”针对有建设条件和未来新建的区域，建议在设置之初进行统一规划。特别是对必备业态应根据业态的类别、规模、布置要求等进行细化，制定详细的配置方案；对于辅助功能的业态，应结合群众的个性化需求，尽量追求高标准、高品质，以适应未来发展的需要。

（2）结构优化，统筹合理的规划布局。社区商业的规划布局应该全盘统筹、兼顾周边。①契合实际发展。社区商业必须统筹考虑与社区发展相契合，结合社区的发展方向、结构布局、道路交通等因素，以及商业设施、公共设施、生态景观等要素，形成合适的规划布局。②符合居民习惯。社区商业是属地型商业，应该充分结合居民的生活习惯、活动特点、出行规律等因素，设置于居民上下班、日常活动的主要活动路线上，与社区内的服务设施、开放空间等形成合理的社区规划布局。③服务范围合理。社区商业应该考虑所能承载的服务人群数量和居民日常出行所能接受的距离。通过对社区商业相关规范和实践案例的研究总结，发现社区商业一般为 2 万 ~3 万人的规模、半径约为 1 km 范围提供服务较为合适。④统筹周边情况。

社区商业设置前应该充分调研周边已建成业态及其发展情况。如果周边社区商业基础较差，则应将其纳入服务半径以内；如果周边社区商业已有较好的发展，则应考虑避免相互竞争。

（3）明确要求，选择科学的运营方式。社区商业运营涉及多个利益主体，要建立有效的可管、可调、可控的社区商业发展体系，避免业态的同质化，必须在遵循运营规律的基础上选择合适的运营方式。①政府主导的运营方式。对于需要“增补优化”但无建设条件的业态，建议由政府出面选取合适的运营场所，然后交由社区代表居民对开发主体作出选择和条件要求，在确保社区商业社会属性的同时，兼顾公益性功能，对于待“增”的必备业态优先考虑。②市场主导的运营方式。需要“集中新建”的业态，建议由运营公司统一建设运营，政府可以提供优惠政策，建成后部分物业可以进行出售以减轻运营公司的资金压力，保证后期发展的稳定。③部门协调的运营方式。因大部分业态需要多部门审批管理，建议由社区统筹负责业态的综合配置，或与引入的专业商管团队协商进行标准化拓展及运营，这将是社区商业未来发展的主要运营方式。

（4）转型升级，推动“线上＋线下”发展模式。社区商业只有不断转型升级，才能满足居民从“自己到店”向“货品、服务配送到家”的需求。为此在业态设置上要有适度超前意识，重点打造“线上下单、服务到家”的发展模式。新形势下社会需求的多样化表达是对社区商业的供应、配送、交付方式，甚至是产品包装方式的一次大考。原本只会去菜市场买菜的人，也被迫学会了使用电商。“线上＋线下”发展模式不仅可以将实体商业与电商企业完美对接，建立起社区综合服务平台，而且可以为社区居民提供多样化的服务。尤其与有实力的大型企业合作，社区商业可以充分借鉴其先进的管理经验，利于提高服务效益。此外，社区商业可以为不会使用物联网的人提供终端服务。不仅可以使群众快捷地享受各种缴费、购票等服务，而且可以完成民生、公益、金融和卫生服务等功能，更好地为群众提供与时代同步的载体和渠道。

（5）更接地气，重视社区商业文化建设。根据社区商业的特点，社区商业设置应该很好地接地气，不适合过度高大上。接地气可以使社区居民有归属感，这也是社区商业建设的特色要素。建议社区商业业态设置应尊重传统文化和地方特色，最大限度地对原有常规化的社区商业体系进行优化，彰显文化内涵，尽力做到以下几个方面。①依托社区公共服务集中区域，划定与周边业态协调的空间，打造传统文化一条街。比如，聚集当地传统特色美食以及耳熟能详的传统手工艺等，形成集聚效应。②“在消费升级的背景下，居民对商业综合体的需求不再是单纯购物，而是更加注重从实体商业环境中得到文化、情感的满足。”因此，在实体店中加入更多体验化、社交化的文化元素，使购物成为一种放松心情、交流情感的方式。③把社区商业建成构建和谐邻里关系的活动场所，使居民对社区商业产生情感依赖，促使社区消费区别于线上购物模式。

综上所述，社区商业发展是一个复杂的系统，涉及的社会层面广，存在问题更是多样。只有运用城市治理的理念，综合多学科、多领域，进行系统的梳理、协调，才能提出一套合理的改进完善措施，更好地有效促进天津社区商业的健康有序发展。

5.6.4 烟台市芝罘区老旧小区配套商业设施的混合型嵌入模式

与天津市一样，烟台市芝罘区老旧小区配套商业设施，采取的是混合型嵌入模式，其优点是政策完备、区位优势明显、交通便利、老旧小区商业设施改造具有一定的基础，然而，其在统筹推进基础性商业设施更新改造、功能性社区商业设施补建过程中，也面临着硬件和软件方面的制约因素。本部分主要介绍烟台市芝罘区老旧小区改造配套商业设施的现状、制约因素、采取混合型嵌入模式的思路。

1. 山东省烟台市芝罘区老旧小区社区商业发展现状

（1）山东省烟台市芝罘区的老旧小区改造过程中，关于社区商业发展、社区商业设施配套的扶持政策比较全面：一是商务部出台了《关于加快我国社区商业发展的指导意见》；二是山东省出台了《山东省社区服务体系建设规划》；三是烟台市出台了《烟台市市区商业网点发展规划》《烟台市商业分级设置规范》《烟台市零售业态规范》《烟台市人民政府关于鼓励市区特色商业街发展的意见》等文件。

（2）区位优势明显。烟台市芝罘区位于山东半岛东北部，辐射山东省内腹地；毗邻韩国、朝鲜和日本，全区面积 179.2 km^2，有 55 km 的海岸线，辖 13 个街道园区，总计 68 万余人口。芝罘区交通便利，是山东省重要的水陆交通枢纽，海、陆、空相衔接的立体交通运输体系完备，邮电通信网络具备光缆、微波、卫星通信 3 种技术手段。住宅小区内的金融机构、学校、医院、购物、文化体育、休闲娱乐等公共设施齐全，可全方位提供舒适、周到的商务和生活服务。

（3）社区商业发展的基础较好。近年来，随着产业结构“退二进三”战略的全面实施，芝罘区高度重视社区商业建设，把发展社区商业作为全区重要工作内容，作为贯彻落实科学发展观和改善民生的重要举措。

一是社区商业业态比较齐全，项目品质优良依据居民生活配套需要，合理布局，陆续引进知名商业连锁品牌。

二是特色商业街建设富有成果。芝罘区积极构建以商务办公、金融服务、休闲旅游、餐饮娱乐为中心的特色产业中心，培育城市商业中心和特色街区，提高居住环境和生活档次，诸如滨海广场国际商业步行街、朝阳历史文化街、齐鲁古玩文化街等，因分工明确而形成商业聚集效应。三是社区商业网点开发有序，全区目前可利用的社区商业载体面积充裕，一批商业发展载体在近期出现集中交付使用的现象，为社区商业健康发展奠定了良好的基础。

2. 制约因素

（1）软件方面。一是宣传推介不足，社区商业影响力有待提高。由于地区发展水平不均衡，居民的消费水平以及消费需求各不相同，民众对于社区商业发展的需求也呈现较大的差异.城区居民对商业街和商业中心更为青睐;相比之下,乡村居民消费水平有限,传统商业业态即可满足其消费需求,高水平的社区商业受利不大,加之对社区商业宣传推介工作不到位,社会民众对社区商业发展了解不足,严重削弱了配置商业发展的土壤。二是利益驱使严重,开发商掌控产权,限制建设主动性。商业载体产权往往控制在开发商和业主手上,由于政府对开发社区商业规划缺乏硬性规定,开发商追求经济利益最大化,忽略社区商业配套建设,社区商业载体缺乏,给社区商业发展增加难度。

(2)硬件方面。一是开发模式单一,商业配套匮乏。一直以来,芝罘区特色商业街逐渐发展壮大,渐成规模,相比之下,社区底商和社区中心规模较小,业态缺乏灵活性。芝罘区多数社区商业因建筑面积限制,缺乏发展大型综合商业设施的硬件条件,业态相对单一,严重影响了社区商业的发展。二是信息技术滞后,业态转型缓慢。随着经济的发展和消费需求的升级,现代社区商业的建设迫切面临传统业态转型升级的考验。信息技术的落后、专业人才队伍的匮乏以及现代社区消费文化的缺失势必会影响传统商业业态的提档升级,影响产业结构的优化调整。

3.芝罘区混合型嵌入模式的发展思路与方向

(1)加强统筹规划,做好顶层设计。在发展的过程中做好顶层设计工作,坚持把协调有序、科学合理、严格执行的统筹规划模式放在加快发展社区商业的首要位置。科学合理考虑基础性社区商业设施的布局以及区位特点,根据住宅小区的大小规模以及离散程度,做好基础性社区商业设施的规划,为社区商业的发展留下足够的空间,通过严格的规划约束投资人和开发商的行为,制定科学合理的社区商业发展规划,满足居民宏观上的综合性消费需求,同时防止过度开发导致的恶性竞争。

(1)建立连锁品牌优势,促进经营管理规范化。在社区商业发展中整合社区商业资源,加快社区功能型商业设施的补建工作,提升社区商业企业的服务水平与服务质量最行之有效的方法即是连锁品牌商业企业参与社区商业建设。目前,国内外的知名连锁品牌商业大型企业已经在我国的社区商业模式中占有一席之地,从社区商业的发展经验来看,在成熟的社区商业中连锁品牌企业扮演重要的角色,是社区商业中心的主要载体。应通过社区商业企业的连锁化经营,实现标识、管理、价格、采购、配送和标准方面的“六统一”,实现社区商业经营管理规范化和商品(服务)标准化,降低经营管理成本,提高经济效率。

(3)强化宣传推介工作力度,着力提升社区商业影响力。政府要高度重视社区商业的宣传推介工作,在四方信息共享平台的基础上,积极整合多方资源,丰富载体,创新形式,开发社区商业规划、开发、招商、运营、管理、环评等一条龙对外宣传窗口，形成长效机制，着力提升社区商业的影响力和辐射力，增强民众的关注度和认可度。前期通过发放招商宣传单页、悬挂招商横幅、发布网络招商信息、举办招商说明会、参加社区商业招商专场会等多种途径，进行全方位、立体式宣传，广泛捕捉项目信息，择优选择重点项目信息，落实专人跟踪、洽谈，全程协助办理相关手续，推进优质项目尽早落户开业。后期通过信息平台积极发布实时商业资讯，贴近群众，贴近生活，创新服务，最大限度地方便居民生活。

5.7 提高老旧小区更新商业设施运营模式的对策

老旧小区改造是一项复杂的系统工程，面对量大面广、设施老化、管理弱化的城市既有住宅建筑，光靠政府唱“独角戏”肯定不行，既要发挥政府在改造中的主导作用，更要激发广大社会力量和居民群众的积极性，全力构建共谋、共建、共管、共享的工作格局。在大力推进老旧小区改造的同时，从以下几方面进行探索。

（1）强化组织领导，注重整体联动。推进城镇老旧小区改造，涉及方方面面，需要多个部门密切配合，协调联动。一是凝聚改造合力，进一步强化区级抓总、部门统筹、街办配合、居民参与的总体格局，将改造工作与日常工作深度融合，细化到人、到事，做到同谋划、同部署、同落实，真正形成政府统筹、条块协作、各部门齐抓共管的工作机制。二是强化包联督办，通过分片包联，建立健全区领导包联督办制度，包联区领导加大对老旧小区改造项目计划制订、目标任务、工作进度的调研督导，协调推进，确保改造任务落地落实。三是统筹协调推进，定期召开由市、区两级政府相关部门、产权单位、管线单位等组成的老旧小区改造联席调度会，分析老旧小区改造推进情况，协调解决改造工作中遇到的困难和问题，确保改造顺利进行。四是开展联合执法，以老旧小区改造为契机，结合文明城市、文明社区创建，由城管、执法等有关部门，对社区违建、违停等开展集中联合执法活动，为老旧小区前期改造和后续管理奠定良好基础。

（2）科学统筹谋划，精准靶向施策。老旧小区改造是一个系统性工程，必须坚持规划先行。一是科学规划设计，结合实际，因地制宜、突出重点，科学编制《小店区老旧小区改造规划》，明确改造的原则、内容、标准、期限及投入保障、责任分工、组织实施等，系统规范老旧小区改造工作。二是把握改造重点，结合创城实地点位标准，结合“两进两拆”“三清五治”专项整治，从群众呼声最强烈的停车难、雨污水堵塞、环境卫生差、小区治安无保障等问题入手，按照“面子”“里子”并重，地上地下并行的原则，综合连片改造，定向精准发力，在创城中促进老旧小区改造，在老旧小区改造中彰显创城成果。三是抓好模式建设，在全面启动的基础上，按照示范引领、先行先试的理念，高起点、高标准、高质量打造一批功能完善、环境整洁的宜居宜业小区；打造一批具有一定规模、达到一定水平、具备示范推广效应的“试验田”，为全区探索成功经验，通过示范点的“复制”推广，达到以点带面，带动全面推进。四是延续城市文脉，根据城市自身建设、发展现状、历史文化、自然环境、城市特点等情况，把老旧小区改造与彰显城市风貌结合起来，把改造整体设计与小区原有历史文化结合起来，努力打造一批主题鲜明、文化色彩浓厚的特色小区，在改善居住条件、提高环境品质的同时，展现城市特色，延续历史文脉。

（3）创新老旧小区改造的资金筹措方式，实现改造资金共担。老旧小区改造需要充分运用“美好环境与幸福生活共同缔造”理念，坚持多元筹资方式，积极拓展改造资金来源渠道。一是建立共担机制，按照政府主导、社会参与、居民共担原则，可通过财政投入、奖补，产权单位出资、居民合理分担及市场化运作等多渠道筹集资金，建立由政府、居民、社会力量多方合理共担的筹集机制，形成多方共同支撑的老旧小区改造体制。二是创新筹集渠道，按照市场化方式，可通过盘活小区资源，激活小区“造血功能”，吸引市场资金、民间资本参与投资改造和建设运营，引入有资质、信誉好、有经验的企业参与老旧小区改造，采用“EPC+PPP”模式合作开发建设，并给予合理的投资收益。三是整合专项资金，将文明城市创建、“三供一业”改造、节能改造等老旧小区专项资金进行合理有效整合，建立以区为主体统筹使用的资金模式，发挥集中财力办大事优势，统一设计、统一实施、统一验收、统一移交，避免反复开挖，层层分包、转包。四是抢抓政策机遇，可依托发改、财政等部门积极争取中央专项补助资金，发行地方政府专项债券方式筹措改造资金。同时，根据老旧小区改造资金筹措和工作进度情况，加强对资金的监管和审计，提高资金使用效益。

（4）发挥社区基层党建的引领作用，提升基层社区治理的效能。老旧小区改造，既是民生项目，也是社会治理工程。老旧小区改造不仅仅改造的是硬件设施和小区生活环境，更重要的是做好改造小区的后续管理。一是深化党建引领，要充分发挥基层党组织的战斗堡垒作用和广大党员先锋模范作用，统筹协调社区居民委员会、业主委员会、产权单位、物业服务企业等共同推进改造，共商共治社区，带动社区治理水平提升。二是创新治理模式，进一步整合辖区资源，坚持老旧小区改造与基层社会治理相结合，创新党建引领基层治理体制，逐步推进基层党组织设置创新，推动小区党支部建设，探索推行“支部建在小区上、服务沉到家门口”治理模式，推动物业服务企业和业委会成立党组织，纳入社区治理体系。三是坚持建管并重，进一步健全党组织领导自治、法治和德治相结合的长效管理机制，在加快推进老旧小区改造的同时，街办和社区党组织引导群众自治共管，帮助老旧小区先期成立业主委员会或自治组织，确定物业管理单位，做到前期改造和后期管理无缝衔接。同时，探索通过小区公共服务设施运营和物业管理收益，健全后期运营机制。

（5）强化老旧小区改造的宣传工作，积极发动社区群众。老旧小区改造关系群众切身利益，做好宣传发动工作至关重要，进一步运用各种形式、手段、载体，引导舆论、做好居民群众的宣传发动。一是加大宣传力度，充分利用网络宣传、新媒体等传播优势加大对老旧小区改造的重大意义、政策法规、具体举措及好经验、好做法的宣传推广力度；大力刊播优秀项目、典型案例等先进典型事迹，展示改造成效，营造社会各界支持，群众积极参与的浓厚氛围。二是搭建议事平台，利用“互联网＋共建共治共享”等线上线下互动手段，搭建老旧小区改造议事协商平台，主动了解居民诉求，及时回应居民关切，发动居民积极参与改造方案制定、配合施工、参与监督和后续管理、评价和反馈小区改造效果等，强化居民参与，在改造内容上实现“政府配菜”向“居民点单”转变。三是开展主题活动，充分利用街办、社区贴近群众的优势，以“美好环境与幸福生活共同缔造”为理念，广泛开展形式多样的老旧小区改造捐资捐物、投工投劳等主题活动，激发居民参与改造、参与监督的主动性、积极性，充分调动小区关联单位和社会力量的支持和参与，努力形成共建共治共享的良好氛围。

总之，老旧小区改造的是环境，凝聚的是人心。只有不断深化居民群众参与，引导居民从“要我改”向“我要改”、从“要我管”向“我要管”的观念转变，通过老旧小区改造这把“钥匙”，打通基层治理的痛点、难点，充分激发群众自治活力，提升社区治理效能。

5.8 小结

本章主要研究老旧小区改造统筹商业设施更新的运营模式。本章首先分析了老旧小区社区商业的功能及其定位，并结合新形势下消费者个性化需求的变化、社区连锁商店的兴起、数字化发展背景等，提出新形势下老旧小区社区商业运营的关键点；其次，从基础性改造、适老性改造、健康社区构建、邻里交往需求、社区微改造、居民生活圈构建等方面，分析了老旧小区改造统筹商业设施更新的运营模式；再次，本章分析了老旧小区嵌入式配套商业设施的运营模式，并选择具有典型性的太原市小店社区、黎氏阁社区商业、天津老旧小区统筹商业设施运营、山东省烟台市芝罘区老旧小区统筹社区商业设施配套的运营模式；最后，本章从强化组织领导、科学统筹谋划、多渠道融通资金等方面，提出了创新老旧小区统筹商业设施运营模式的对策与建议。

第6章　老旧小区配套商业设施的实施方案

6.1　老旧小区配套商业设施实施方案制定的必要性分析

6.1.1　实施方案的内容

实施方案是指对某项工作的目标要求、工作内容、方式方法及工作步骤等作出全面的计划和安排。老旧小区改造统筹商业设施更新的实施方案，应该合理制定社区商业配套的目标、具体的配套内容、配套方法以及具体的工作步骤等。

实施方案可以分为2种：两步法和三步法。两步法的实施方案，主要是指方案的实施还不清晰，即只确定模糊的目标，工作内容、方式方法以及工作步骤都不太清楚；只粗略地制定工作步骤，没有明晰相应的责任主体等。"三步法"实施方案的实施目标比较清晰，责任主体划分清楚，工作内容、方式方法以及工作步骤都比较清楚，其实施方案还会制定相应的实施标准、奖惩方法等。这类实施方案可以在工作中直接执行，作为工作的脚本。

对于老旧小区改造统筹商业设施更新项目，如果地方政府的实施目标不清晰，相关责任主体的责任还没有明确，此时其实施方案通常采用两步法。该方法适用于老旧小区改造统筹商业设施项目的初期阶段。如果地方政府实施目标清晰、工作步骤清楚、实施标准明确，一般是通过详细的三步法制定具体的实施方案。两步法和三步法实施方案在老旧小区改造统筹商业设施项目中都可以使用，只是2种方法的适用范围不同。

6.1.2　必要性分析

现阶段，我国各地的老旧小区在改造过程中，面临着很多问题，这些问题的来源都比较复杂，需要通过具体的实施方案予以解决。

（1）基础设施薄弱带来的环境卫生问题。城镇老旧小区大多建于20世纪八九十年代，基础设施相对薄弱，加之建设年代久远、物业管理匮乏，小区内便出现了污水管网堵塞、道路破损、垃圾随意堆放等情况。老旧小区环境卫生问题一直是城市管理的难题。一方面，在环境卫生方面，老旧小区的地下排水系统一般比较脆弱，一些老旧小区地下排水系统存在管网破损、下水道堵塞引起污水倒流、小区内常年积水等问题，严重影响居民的正常生活，导致环境中存在各种病原体，而这会给一些传染病的传播带来可乘之机。而老旧小区配套商业设施后，将带来大量的流动人口，这会给老旧小区的环境卫生带来更大的压力，因此，旧小区改造时加强对室内外污水排水管网的改造尤为重要。另一方面，老旧小区的垃圾回收处理也是难题，尤其是商业设施的垃圾回收问题。老旧小区普遍存在租房户较多、人员流动性大、物业费收取不畅等情况。在环境卫生方面，缺乏物业服务，缺乏管理管控措施；在垃圾回收处理方面，存在垃圾桶和垃圾车随意放置、垃圾遍地且清运不及时、建筑垃圾与生活垃圾混放、垃圾道内积存的垃圾臭气熏天等极其恶劣的问题。老旧小区改造配套商业设施后，社区商业的发展会带来大量的商业垃圾，包括商超废弃物、大量的废弃口罩、消毒用品等，这些商业垃圾会加重社区垃圾的回收处理负担。因此，对老旧小区垃圾回收处理方面的改造也是老旧小区改造统筹商业设施更新中必须重视的问题之一。

（2）老旧小区的社区商业公共活动空间有限。老旧小区公共空间资源缺乏、活动场地不充足、绿化率也较低，现有的公共活动空间也存在设施陈旧单一、缺乏人性化设计等问题。同时由于没有合理的规划布局，仅有的一些活动空间还被居民堆放杂物或改成自家菜园子。近些年，随着健康理念的深入，人们更加注重加强体育锻炼，增加户外活动的时间，但很多老旧小区及其周边都缺少能够开展公共活动的良好环境，亟待提升和改善。

（3）老旧小区的社区商业公共服务配套设施少。大部分老旧小区的社区服务水平不高，服务项目较单一，在社区养老托幼、卫生医疗、文化体育、便民设施配套等方面与新建小区仍存在较大差距。而配套社区商业设施后，如果遇到重大公共卫生事件时，医院、商场、公共交通等均停止常规服务，小区周边缺少社区医院、超市、便利店等服务配套，日常所需的蔬菜、水果、肉禽等生活物资去哪里买，家里老人有慢性病的去哪里买药等问题均凸显出来。

（4）老旧小区一般缺乏物业管理，社区商业没有氛围，社区治理不到位。很多老旧小区物业费收缴困难，物业公司无法维持正常的经营和运转，工作人员数量少，甚至没有物业公司和服务人员，仅有的物业服务也只是对公共环境的基础清扫和维护。在老旧小区改造中，如果社区配套了相应的商业设施，在小区物业缺位的情况下，社区商业设施的运营管理就没有主体进行监督，社区商业更是难以发挥作用，这时一旦出现问题、矛盾，往往会将解决问题的重任交到街道、社区手上。由于社区基层人手不够，很难做好群众工作。因此在老旧小区配套社区商业设施时，物业和老旧小区长期以来积累的问题就暴露出来。

6.2 老旧小区改造统筹商业设施配套的“两步法”实施方案及其案例

笔者在对国内多个案例进行调研的基础上，选择安徽安庆市、湖南湘潭市以及广西南宁市作为典型案例，分析老旧小区改造统筹商业设施配套的“两步法”实施方案。

6.2.1 安庆市城镇老旧小区改造的“全方位”实施方案

安庆市老旧小区改造统筹商业设施配套的具体目标任务还不清晰，但是其在“第一步”确定了指导思想、任务目标后，其实施内容则比较全面，涉及商业设施配套的种类、资金来源、改造部位等“全方位”的实施方案，具体情况如下。

（1）指导思想。针对城镇老旧小区配套设施有短板、功能不完善、公共及社会服务不齐全等问题，在符合城市总体规划的前提下，修复基础设施，完善基本功能，全面改善居住环境和质量，逐步健全现代社会服务体系，切实增强人民群众的获得感、幸福感和安全感。

（2）任务目标。2020 年度计划改造老旧小区 101 个，建筑面积 242.23 万 m^2，惠及 25 414 户，涉及 947 栋楼。其中，城区计划改造老旧小区 30 个，建筑面积 167.71 万 m^2，惠及 18 650 户，涉及 474 栋楼。县（市）计划改造老旧小区 71 个，建筑面积 74.52 万 m^2，惠及 6 764 户，涉及 473 栋楼。

（3）实施内容。改造类型分为基本型、完善型和提升型。优先补齐小区功能短板，拆除违建，解决供水、排水、供气、供电、道路、通信、停车等需求的，为基本型改造；在保基本的基础上，实施加装电梯，房屋维修改造，配套停车场及充电桩、活动设施、物业服务、智慧安防设施等，为完善型改造；进一步改善公共服务和公共环境，包括增设社区养老、托幼、医疗、家政、体育设施、智能信包（快件）箱等便民商业设施，为提升型改造。在具体的工作实施过程中，依据政府主导、居民参与，补齐短板、突出重点，成片改造、分步推进，严格程序、规范实施等原则，按照首先摸底调查确定任务，然后具体实施全面完工，最后监督考核不断完善的流程来进行。

（4）有关改造过程中的费用问题。老旧小区改造要多渠道拓宽资金来源，吸引社会力量参与。各地要建立以财政投入为主、管线单位自行承担、积极争取中央、省老旧小区改造补助资金为补充的多渠道资金来源。鼓励社会资本参与改造、骨干物业服务企业按程序接管老旧小区，投资改造部分公共设施。鼓励倡导居民个人出资，或以物业专项维修资金续筹等形式，以及其他渠道筹集资金。采取小区居民利益捆绑开发(赋予小区特许经营权、建设停车位)、商业捆绑开发(与城镇其他优质项目打捆)等政策激励。

(5)改造应注重防护类需求。防护类需求包括砌女儿墙、更换管网、粉刷墙面等。2022年3月24日,碑林区仁厚庄小区内改造项目启动。新形势变化给改造小区带来了一些启示,经过现场勘查,对小区安防监控系统进行了重新规划,在原先的计划上增加了许多布控点位。

在新形势下,老旧小区遇到了不少难题。如房屋年久失修、缺少监控设施、生活环境差等。以老旧小区改造为契机,综合考虑防护的需求,让硬件设施建设和应急管理等防护准备工作先行,进而提升老旧小区应对突发重大公共卫生事件的能力,对社区管理具有重要的现实意义,也为老旧小区改造提供了新的思路。

住宅外窗更换属于老旧小区改造居民出资项目,但是大多数居民为了提升房屋的居住舒适度,想借着老旧小区实施建筑节能改造的机会同时更换自家窗户。施工企业了解到社区居民的这一需求,通过市场调研、实地考察、层层把关,引入了专业的门窗公司为社区居民提供品质优良、价格低廉的窗户更换服务。

6.2.2 湖南湘潭市老旧小区改造的实施方案

2020年2月,湖南湘潭市印发了《湘潭市支持市城区老旧小区改造十条措施》,通过“两步法”实施方案,为老旧小区改造统筹商业设施更新。与安庆市不同,湘潭市的“两步法”实施方案又分为十条措施。其中,前五条措施是从前期的规划设计、老旧小区改造程序、审批手续、融资、资产盘活等方面,确定湘潭市老旧小区改造的总体任务目标,这规范了湘潭市老旧小区改造的“第一步”实施方案;后五条措施主要是从责任主体界定的角度,分配了各政府单位、社区居民、金融部门、物业公司以及基层党组织在老旧小区改造中的责任、功能。湘潭市老旧小区改造的“第二步”实施方案,重点是老旧小区改造中各行动主体的责权划分。具体来说,湘潭市老旧小区改造统筹商业设施更新的“十条措施”如下。

(1)优化规划设计。实施集中连片改造,原则上在单个社区范围内,将地理位置相邻、历史文化底蕴相近、产业发展相关的老旧小区合理划定片区改造单元,科学编制片区修建性详细规划。按照“一片区一方案”要求,重点完善“水、电、路、气、网、梯、安、治”等基本功能,量力而行建设“菜、食、住、行、购”“教、科、文、卫、体”“老、幼、站、厕、园”等公共配套服务设施。对涉及调整控制性详细规划的,按程序审批后纳入相应控制性详细规划成果更新。对不符合土地利用总体规划,但确需实施改造的,按有关规定修改土地利用总体规划。

(2)规范改造程序。严格按照宣传发动、自愿申报、制定方案、小区公示、市区两级评审、依法招标、项目审批、施工建设、后续管理等程序，依法依规组织实施老旧小区改造。申报改造前，必须征求小区 80% 以上业主的意见，且获得其中 80% 以上的业主同意，统一签订《自愿改造老旧小区协议》，承诺自愿支持小区改造、接受物业管理、缴纳物业管理费和房屋维修基金、拆除违法建筑，并就小区内公共资源利用达成一致意向。

（3）简化审批手续。将立项、融资、财政投资评审、施工许可、消防审查验收、质量监督、竣工验收备案等项目建设审批监管权限及招标人的具体确定，下放至市城区人民政府、园区和示范区管委会；对各城区暂无专业能力承接的权限，鼓励通过政府购买服务的方式，委托第三方提供技术支持。市直机关各有关单位要加强事中、事后监督指导，开辟项目审批“绿色通道”，按照“一窗受理，一表审批”的要求，实行并联审批；建立“先建后验”预许可机制，老旧小区改造项目建设的申报主体作出承诺后，经审查同意，即可办理施工预许可手续。

（4）统筹政策资金。整合政策资源，加大财税返还支持力度，落实非税收入减免，对确实无法实现资金平衡的老旧小区改造项目，允许其利用土地收益通过预算统筹安排实现资金平衡。

（5）盘活存量资源。允许按照“不征不拆、只征不拆、少量征拆”的方式，将行政事业单位、国有企业的闲置低效划拨土地及房产、国有零星空闲土地，按程序在调增容积率、改变土地用途后建设公共配套设施。其中，非经营性配套的土地划拨性质不变，经营性配套用地应办理土地有偿使用手续。行政事业单位、国有企业利用划拨土地建设配套经营性设施，且不改变土地使用权人的，可以协议方式办理出让；原则上面积小于 3 亩（1 亩 ≈666.6 平方米）、无法单体规划、须整合建设片区配套经营性设施的零星地块，也可以协议方式办理出让。土地出让条件可依据规划对地块产业要求，公共服务、公益设施等配建和产权移交内容进行明确；土地出让底价可在市场评估基础上综合考虑产业导入、公共服务配套等因素合理确定。允许老旧住宅楼居民在符合国家技术标准并确保房屋质量安全的前提下，自愿加层置换社区管理及配套服务设施用房，原土地用途为划拨的保留划拨用地性质，原土地用途为出让的不增收出让价款。对改造加层、利用低效土地新建不动产的，不动产登记机构应开辟“绿色通道”，支持办理不动产登记。

（6）落实单位分担。供电、供水、排水、燃气、通信、广电等单位，要积极支持和配合地方有关部门，优先安排涉改老旧小区相关线路和设施的改造迁移，承担不低于管线改造迁移总费用 50% 的管线改造费用，与老旧小区改造工作同步设计、同步施工、同步验收，此项工作纳入对管线单位的绩效考核并给予奖补。允许行政机关、企事业单位将公房出售资金用于本单位已出售公房的改造；鼓励国有企业等原产权单位结合“三供一业”改革，共同承担原职工住宅小区的改造。

（7）鼓励业主出资。允许居民按照规定提取住房公积金用于老旧小区既有住宅加装电梯和鉴定为 B 级危房的户内改造；鼓励个人出资实施电梯加装、门洞内装修改造、楼宇对讲门安装等改造；允许小区业主在符合规划的前提下，自愿筹资适当增加住房面积。通过荣誉墙、功德牌、好人好事评选等方式，鼓励片区内的党员干部、人大代表、政协委员、楼栋长、爱心人士、企业和改造后受益的商家等进行捐赠，积极参与老旧小区改造。

（8）创新金融服务。鼓励政策性银行和商业银行探索开发适合老旧小区改造的特色金融产品，通过发放老旧小区改造贷款、经营性物业贷款、住房公积金贷款等多种形式，采取优惠利率（不高于本行棚户区、城中村改造等同类贷款平均利率）、扩大授信额度、简化审批流程等措施，加大对参与老旧小区改造的市、区两级所属投融资公司、社会资本方、物业服务企业和个人的信贷支持。鼓励和引导政府融资担保资金向配套老旧小区改造的企业融资提供担保。鼓励通过发行企业债券等直接融资方式提供专项资金支持，满足老旧小区改造项目建设及后期运行资金需求。

（9）健全物业管理。建立社区党支部、居委会、小区业主委员会和物业服务企业等多方参与的小区管理联席会议制度，推动物业管理全覆盖，提升小区治理水平。实施物业管理的小区，由业主委员会（或小区业主代表）与物业服务企业协商确定收费标准，原则上不低于 0.5 元 /m²；建立物业专项维修基金补缴、续筹机制，按照 1 000 元 / 户的标准归集，用于后续物业维修。实行物业服务承接经营激励机制，支持鼓励参与老旧小区物业服务的企业参加其他物业管理项目的投标。

（10）强化党建引领。街道党工委要落实主体责任，派出精干力量担任党建工作指导员，推动“支部建在小区”，实现老旧小区党组织全覆盖。社区党组织要强化直接责任，组织党员干部带头支持改造，充分发挥党支部的战斗堡垒作用和党员的先锋模范作用，以小区党建工作引领其他群团组织、社会组织及广大居民积极参与老旧小区改造。强化激励约束，将涉改小区基层党组织、党员干部的表现情况作为基层党建考评、党员民主评议、年度绩效考核的重要依据，激励各级党组织和党员干部担当作为。

6.2.3 南宁市老旧小区的“先自治，后改造”实施方案

与全国大多数老旧小区一样，广西南宁市老旧小区大多数没有业委会和物业公司。那么，其在确定老旧小区改造的任务目标、实施主体等实施方案的内容时，往往会陷入找不到切入点的困境。针对这些问题，广西南宁市老旧小区改造探索

了“先自治，后改造”的“两步法”实施方案。

第一步：创建老旧小区改造的“老友议事会”。由于没有业委会和物业公司，老旧小区改造的意愿征集、费用估算以及目标任务确定等工作，都无法开展。为了解决这个问题，广西南宁市老旧小区改造中，提出了“先自治、后改造”的工作模式，创新提出成立业委会的过渡性居民自治组织——“老友议事会”。“老友议事会”立足于老旧小区的现实环境，以老旧小区中老邻居、老朋友、老街坊之间的感情为依托，倡导社区居民自发成立“老友议事会”这个社区自治组织。“老友议事会”以“协商·共治·家园”为宗旨，服务于老旧小区改造全过程，包括小区居民宣传发动、意愿征集、改造方案讨论确定、居民出资归集及后续长效管理等。同时，引进国内社区协商领域的专业团队，对社区工作人员和老友议事代表进行培训，帮助居民学会议事规则方法，提升参与意识和能力，确保“老友议事会”规范、高效、持续性地议事。从南宁市“老友议事会”的实践情况来看，通过“老友议事会”积极协调，改造意见统一难、改造费用收缴难、改造后期维护难等问题得到快速解决。例如：南宁市皮鞋厂第二生活区、南宁市城市内河管理处宿舍“老友议事会”，仅用 10 余天，就小区内配套生鲜商业设施问题，完成小区居民 100% 出资部分资金的归集；而南宁市财政局宿舍改造项目，通过多次召开“老友议事会”专题会，就小区内是否增加商业停车位问题达成一致意见。可以说，“老友议事会”的创建，作为“两步法”实施方案的第一步，推动了城市基层社会治理由社区向居民的有效延伸，为打通城市老旧小区基层社会治理的“最后一公里”提供了成功案例。

第二步：解决老旧小区改造的资金问题。南宁市老旧小区存量大，户均投入约 2 万元，急需大量的资金。南宁市老旧小区改造统筹商业设施更新，采取了多渠道融资方法（第四章已详细介绍了南宁市老旧小区改造中的“中央补助 + 平台公司”融资的多渠道融资方法）。具体来说，南宁市在老旧小区改造中，引入国有企业平台公司（南宁威宁集团）统一运营，通过在全市范围内统一老旧小区改造标准，由平台公司发行专项债的方式实现资金的融通，有效地解决了资金不足的问题，缓解了政府的财政压力。改造后，老旧小区的商业环境大大改善。具体的措施包括：公共区域空间较为充裕的老旧小区内，重点发展银发经济，在小区内配套社区养老院、托幼所、诊所、助餐公司等商业设施；对于体量小甚至为独栋的老旧小区，重点打造智慧经济和绿色经济，积极探索“特许经营权 + 智慧物业”模式，或通过广告位招租、小区光伏发电板设置等商业设施配套方案，促进社区商业的发，实现老旧小区的社区延伸目的。

通过以上分析可以看出，老旧小区改造统筹商业设施更新的“两步法”实施方案，在实践中表现方式也不一样：安庆市强调的是“全方位”实施方案；湘潭市重点在“第二步”的行动主体责任划分；南宁市的工作亮点在于“第一步”的“老友议事会”制，可以在老旧小区改造统筹商业设施配套目标、任务模糊的情况下，发动社区群众，征集志愿并付诸实施。但是，这3个典型案例在实践中都取得了成功，其共同点就是因地制宜、从实际出发、精准施策，在“两步法”框架指导下创新实施方案，这三地的实践经验也值得全国其他地方学习。

6.3 老旧小区统筹商业设施配套的“三步法”实施方案及其案例

确定老旧小区改造的主要内容、创新改造方式和融资模式、创新支持政策和配套措施。

6.3.1 山东泰安市城镇老旧小区改造方案

山东泰安市城镇老旧小区改造中，通过“三步法”为老旧小区配套商业设施，包括：确定老旧小区改造的主要内容、创新改造方式和融资模式、创新支持政策和配套措施。具体内容如下。

1. 确定老旧小区改造的主要内容

（1）编制老旧小区改造计划。市、县（市、区）政府要对老旧小区全面调查摸底，建立老旧小区数据库。坚持居民自愿、自下而上的原则，确定拟改造项目及时序，逐级生成县、市、省老旧小区改造总体计划（2020—2025）和分年度计划。

（2）因地制宜制定改造标准。制定《全省老旧小区改造提升技术导则》，分基础、完善、提升三类，对老旧小区和周边区域的改造内容进行丰富和提升。基础类改造主要是拆违拆临、安防、环卫、消防、道路、照明、绿化、水电气暖、光纤、建筑物修缮、管线规整等，突出解决基础设施老化、环境脏乱差问题；完善类改造主要是完善社区和物业用房、建筑节能改造、加装电梯、停车场、文化、体育健身、无障碍设施等；提升类改造主要是完善社区养老、托幼、医疗、家政、商业设施以及智慧社区等。由市、县（市、区）确定老旧小区改造标准。

（3）引导小区群众积极参与。加强社区党建工作，提高基层治理水平，坚持共同缔造原则，广泛发动群众共谋共建共管共评，实现改造成果共享。社区党组织、居委会组织业主委员会等基层组织，征求居民意愿，确定改造项目、内容及改造完成后的物业管理模式，实行“一小区一策”。引导居民通过住宅专项维修资金、小区公共收益、捐资捐物等渠道出资改造，促进住户户内门窗、装修等消费。

（4）强化专营设施协同改造。老旧小区内入户端口以外需要改造的供水、供电、供气、供暖、通信、有线电视等专业经营设施，产权属于专营单位的，由专营单位负责改造；产权不属于专营单位的，政府通过“以奖代补”等方式，支持专营单位出资改造，与老旧小区改造同步设计、同步实施。改造后的专营设施产权移交给专营单位，并由专营单位负责维护管理。政府对相关专营单位、负责人的经营考核中应充分考虑企业此类支出负担。

（5）完善社区服务设施。集约高效利用土地，深入挖掘小区内空间资源，整合小区周边零星碎片化土地，利用机关企事业单位的空置房屋等社会资源，在老旧小区内及周边健全社区养老、托幼、医疗、停车场、体育健身、文化、应急救援站等公共服务设施，完善家政、助餐、便民市场、便利店等社会服务设施，按规定标准建设完善社区党群服务中心。

（6）提高项目审批效率。简化老旧小区改造项目审批，征求居民意见编制的改造方案，由县（市、区）住房城乡建设、发展改革、财政、自然资源和规划部门联合审查批准。在不新增建设用地、不新增污染物排放的情况下，优化老旧小区改造土地、环评等手续。

（7）加强工程建设管理和物业管理。鼓励以街道或社区为单位对区域内的老旧小区联动改造，统一设计、招标、建设和竣工验收，确保工程质量和施工安全。建立老旧小区改造评价机制和信息管理系统。推行社区党组织领导下的社区居委会、业主委员会、物业服务企业共商事务、协调互通的管理模式。建立分类施策的老旧小区物业管理模式，改造后的老旧小区实现物业管理全覆盖。

2. 创新改造方式和融资模式

按照不增加政府隐性债务、保持房地产市场平稳健康发展、培育形成相对稳定现金流、引入社会资本的原则，结合城镇低效用地再开发，在多元融资上下功夫，创新老旧小区及小区外相关区域“4+*N*”改造方式和融资模式。

（1）大片区统筹平衡模式。把一个或多个老旧小区与相邻的旧城区、棚户区、旧厂区、城中村、危旧房改造和既有建筑功能转换等项目捆绑统筹，生成老旧片区改造项目，加大片区内 D 级、C 级危房改造力度，做到项目内部统筹搭配，实现自我平衡。

（2）跨片区组合平衡模式。将拟改造的老旧小区与其不相邻的城市建设或改造项目组合，以项目收益弥补老旧小区改造支出，实现资金平衡。

（3）小区内自求平衡模式。在有条件的老旧小区内新建、改扩建用于公共服务的经营性设施，以未来产生的收益平衡老旧小区改造支出。

（4）政府引导的多元化投入改造模式。对于市、县（市、区）有能力保障的老旧小区改造项目，可由政府引导，通过居民出资、政府补助、各类涉及小区的资金整合、专营单位和原产权单位出资等渠道，统筹政策资源，筹集改造资金。

（5）鼓励各地结合实际探索多种模式。引入企业参与老旧小区改造，吸引社会资本参与社区服务设施改造建设和运营等。

3. 创新支持政策和配套措施

（1）加强规划统筹。市、县（市、区）住房城乡建设、自然资源和规划部门组织编制老旧片区改造实施方案，测算所需投资和未来收益，合理划分改造区域，优化资源配置，策划、设计可以产生现金流的老旧片区改造项目。对在小区内及周边新建、改扩建社区服务设施的，在不违反国家有关强制性规范、标准的前提下，可适当放宽建筑密度、容积率等技术指标。

（2）探索土地支持政策。鼓励各地积极探索土地出让支持大片区统筹改造或跨片区组合改造的政策措施。把大片区统筹改造和跨片区组合改造与城镇低效用地再开发项目统筹谋划，并结合实际给予相应政策支持。老旧小区"15 分钟生活圈"内城镇低效用地再开发整理腾出的土地，优先用于建设社区服务设施。

（3）创新财政资金政策。积极争取中央补助资金，各级财政在预算中统筹安排资金用于老旧小区改造，可采取投资补助、项目资本金注入、贷款贴息等方式，发挥财政资金引导作用。省财政对纳入省项目库的承担全国老旧小区改造试点任务或"4+*N*"融资试点任务的项目择优给予奖补资金支持。调剂部分地方政府一般债券用于老旧小区改造；严格执行专项债券用于有收益的公益性资本支出的规定，对符合条件的老旧小区改造项目可通过发行地方政府专项债券筹措改造资金。各地整合涉及老旧小区的民政、城市建设和管理、文化、卫生、商务、体育等渠道相关资金，统筹投入老旧小区改造。既有住宅加装电梯涉及公有住房的，由其产权单位按居民约定比例出资。

（4）创新不动产登记做法。小区内增加公共建筑的，立项前与小区业委会、居委会等相关方达成权属协议，在产权明晰的基础上，探索所增加公共建筑不动产登记的具体做法。

（5）加大信贷支持。国家开发银行山东省分行、中国农业发展银行山东省分行在依法合规、风险可控的前提下，加大对老旧小区改造项目的金融服务力度，优化贷款流程和授信进度，提供信贷资金支持。支持商业银行、基金公司等金融机构创新金融产品，改善金融服务，为老旧小区改造项目及居民户内改造和消费提供融资支持。

经过以上"三步法"，最终形成山东省泰安市的改造方案，具体包括以下内容。

1）改造内容

（1）基础类。按照应改尽改的原则，着力解决基础设施老化、环境脏乱差问题。对老旧小区水、电、气、暖等专营设施进行改造；完善门禁系统、监控摄像头等安防设施；配合环卫部门设置封闭式垃圾桶等设施；设置消防给水、消防设施，达到《建筑设计防火规范》要求；修整小区内道路，同步改造雨污水管道，修复或安装路灯；清理整治公共绿地，补栽花草树木；建筑物楼顶防水处理、楼道墙面粉刷；管线规整、拆违拆临等。

（2）完善类。完善配套服务设施，提升小区环境品质。实施建筑节能保温改造；增设体育健身、无障碍设施；配建社区和物业用房，按要求设置微型消防站；有条件的小区增设电梯、停车位，修建停车棚，建设电动车、电动汽车充电设施等。

（3）提升类。利用公共空置房屋等社会资源，在小区内及周边健全社区养老、托幼、医疗、应急救援站等公共服务设施，完善家政、助餐、便民市场、便利店等社会服务设施，建设完善社区党群服务中心，推进智慧社区建设，打造“15 分钟生活圈”。

2）工作步骤

（1）编制改造计划。在全面摸排老旧小区情况的基础上，建立老旧小区数据库，编制老旧小区改造计划，确定拟改造项目及时序。

（2）制定改造方案。因地制宜制定老旧小区改造方案，商定具体改造内容、资金来源及改造后物业管理模式。

（3）组织项目实施。按照既定老旧小区改造方案，依法依规组织工程设计、财政评审、工程招标和施工。水、电、气、暖、通信等专营单位协同开展小区内以及与小区直接相关的基础设施联动改造。鼓励以街道或社区为单位对区域内的老旧小区进行联动改造。项目完工后，组织相关单位进行竣工验收，经居委会、业主委员会确认后移交管理。

（4）健全物业管理。推行社区党组织领导下的社区居委会、业主委员会、物业服务企业共商事务、协调互通的“四位一体”管理机制。建立分类施策的老旧小区物业管理模式，实现改造后的老旧小区物业管理全覆盖。

3）费用问题

（1）积极争取上级补助资金。对纳入省项目库且承担全国老旧小区改造试点或“4+*N*”融资试点任务的项目，择优争取省级奖补资金；严格执行专项债券用于有收益的公益性资本支出的规定，对符合条件的老旧小区改造项目，积极争取地方政府专项债券资金额度。

（2）创新财政政策。各级财政部门要在预算中统筹安排资金用于老旧小区改造，可采取投资补助、项目资本金注入、贷款贴息等方式，发挥财政资金引导作用。

（3）整合民政、城市建设和管理、文化、卫生、商务、体育等方面涉及老旧小区的相关资金，统筹用于老旧小区改造。引导老旧小区产权单位多渠道筹集资金，主动参与老旧小区改造。对既有住宅加装电梯涉及公有住房的，由其产权单位按居民约定比例出资。老旧小区内入户端口以外需要改造的水、电、气、暖、通信、有线电视等专业经营设施，产权属于专营单位的由其负责改造；产权不属于专营单位的，由各县（市、区）、功能区通过“以奖代补”等方式，支持专营单位出资改造，与老旧小区改造同步设计、同步实施，改造后的设施产权移交专营单位，由其负责维护管理。

（4）按照“一区一策”的原则，引导小区居民通过住宅专项维修资金、小区公共收益、捐资捐物等渠道出资参与老旧小区改造。鼓励社会资本在具备条件的老旧小区投资参与养老、托幼、医疗等公共服务设施和助餐、超市等社会服务设施建设。以花园社区为例：当地政府从环境治理和完善服务功能的基础做起，拿出专项资金，优化小区内部通行道路，实现弱电管线全部入地，进行雨污水管网铺设和环卫设施更新。通过改造治理，社区内增加绿地花园 30 多亩，建设了 100 多个健身场所和商业服务网点，规划上千个汽车和自行车公用车位，居民享受到了现代化小区便捷与服务。花园小区先后完成了修补路面 300 多 km，安装玻璃近 20 万 m^2，增修路灯 3 600 多盏，规划停车位 8.2 万个，安装民用充电桩 600 个、新建供排水设施 434 km 等城市道路改造、美化亮化、停车设施、居住环境、服务项目 20 多个。

6.3.2 山东淄博市老旧小区改造的“分门别类”实施方案

山东淄博市老旧小区改造中的商业设施更新，采取“三步法”实施方案中的“分门别类”实施，其“三步法”实施方案体现在：改造范围与目标确定、改造内容的“分门别类”、统筹实施方案的确定。山东省淄博市的老旧小区中，具有确定的改造范围与明晰的目标任务，改造内容实施的是“分门别类”改造方案。改造内容分为两个方面：公共服务类改造和室内装修类改造，其中，公共服务类改造又可以进一步划分为基础类商业设施改造、完善类商业设施改造以及提升类商业设施改造。具体的实施方案如下。

1. 确定改造范围和改造目标

山东省淄博市确定了老旧小区的改造范围，老旧小区是指 2005 年 12 月 31 日前在城市或县城国有土地上建成，失养失修失管严重、市政配套设施不完善、公共服务和社会服务设施不健全、居民改造意愿强烈的住宅小区。老旧小区改造是指对老旧小区及相关区域的建筑、环境、配套设施等进行改造、完善和提升的活动（不含住宅拆除新建）。

2020—2022 年，淄博市全市共计划改造老旧小区 201 个、8.02 万户、874.36 万 m^2。

其中2020年实施34个、1.99万户、205.67万m^2；2021年实施98个、2.91万户、298.23万m^2；2022年计划实施69个、3.12万户、370.45万m^2。到2022年年底，确保完成2005年12月31日前建成的、符合条件的老旧小区改造任务，建设宜居整洁、安全绿色、设施完善、服务便民、和谐共享的“美丽和谐社区”。

2. 确定改造内容

淄博市老旧小区改造主要包括公共服务类改造和室内装修类改造。其中，公共服务类改造又分为三类：基础类改造、完善类改造和提升类改造。

1）公共服务类改造

（1）基础类改造。

①引入商业化的物业公司，由物业公司对私搭乱建的违章建筑物、构筑物依法进行拆除。

②小区主要出入口（或进出通道）、主要道路、停车场和公共区域等重点部位安装智能门禁、车辆识别、人脸识别、视频监控等安防设施。小区监控范围要覆盖居民活动的主要公共区域、楼栋四周，有条件的可安装全景监控设备。

③小区改造要保证消防通道通畅，设置消防通道标识、消防栓等，消防通道宽度要满足消防设计规范要求。

④小区屋面修缮应将屋面防水改造、保温节能改造、外立面美化改造结合进行，并符合相关要求。

⑤墙体保温改造应符合《民用建筑节能条例》要求。外立面改造应与居住区整体风貌相协调。

⑥应设置单元防盗门，配置门禁系统，有条件的安装人像识别智能门禁、视频系统。住宅楼公共部位窗户应安装牢固无缺失。楼道内应配置声控或触控灯具。

⑦小区道路改造应结合现状条件，并完善无障碍通行设施，设置车辆行驶标示牌和标线，对破损、缺失井盖进行更换。

⑧小区应根据现状对原有绿地进行提升改造，采用乔灌木和地被植物相结合的方式，对裸露土地进行绿化补植，优化绿地空间布局，改善居住景观环境，提升绿地服务功能。

⑨应完善小区照明系统，除设置路灯外，可设置庭院灯、草坪灯等，亮度应符合相关规范要求。

⑩小区应按照本地垃圾分类的要求，配备垃圾分类收集和宣传设施。

⑪小区排水管网须进行雨污分流改造，建设必要的生活污水预处理设施。

⑫有条件的老旧小区应根据现状条件重新规划停车位（场、库），鼓励引入第三方商业停车厂，配置一定比例的电动汽车充电设施。

⑬应明确非机动车停车区域，因地制宜设置非机动车停车棚（区），规范非机动车停车标识，集中安装电动自行车充电设施。

⑭小区内供水管道改造应按国家现行标准的有关规定执行，改造后应保证水质、水量、水压稳定可靠。对小区内存在安全隐患和不满足规范要求的配电系统、电气设备进行改造，对小区内违规架设的电线、通信光缆、有线电视等线路进行规范梳理、落地。小区供热改造宜以一个集中供热小区为单位，实施全面节能改造。小区改造应同步实施光纤入户工程及一户一表改造工程。对小区内存在隐患的燃气管线进行改造。

（2）完善类改造。

①应根据有关规定设置社区管理服务用房和物业服务用房，保障社区服务和管理正常运转。

②应因地制宜、合理集中建设室外体育健身设施。集中的室外公共商业活动场地附近宜设置公共厕所。

③智能信包箱、快递柜等商业设施的设置位置和数量应符合邮件和快递送达设施的相关要求。

④文化设施的设置应以人为本，综合考虑，符合国家、省、市的相关规定。

⑤老旧小区改造过程中，应预留加装电梯空间。

（3）提升类改造。

老旧小区改造应统筹考虑社区养老、抚幼、卫生、文教、家政、体育健身、残疾人康复、信息平台等社区商业设施。

2）老旧小区的室内装修类改造

城市老旧小区改造统筹商业设施更新中，鼓励老旧小区底商对室内进行装修，在此过程中，应充分尊重居民意愿、充分调动居民户内门窗更换、社区底商室内装修的热情。各区县建设行政主管部门可与装修公司对接，为社区底商或社区居民提供装修方案，供居民自主选择。

3. 统筹实施方案

统筹实施方案包括：改造任务安排、引导居民参与、落实具体项目、提高审批效率以及创新相关政策5个方面。

（1）合理安排改造任务，适当提高改造标准。各区县政府要对老旧小区全面调查摸底，建立老旧小区数据库。坚持居民自愿、自下而上的原则，确定拟改造项目及时序，生成老旧小区改造时间表，逐级生成区县2020—2022年老旧小区改造计划和分年度计划。要坚持基础类应改尽改、完善类能改则改、提升类有条件就改，适当拓展内容提高标准。（市住房和城乡建设局牵头；各区县人民政府负责

落实）

（2）引导居民积极参与，完善社区服务设施。加强社区党建工作，推行社区党组织领导下的社区居委会、业主委员会、物业服务企业共商事务、协调互通的治理模式，提高基层治理水平。坚持共同缔造原则，广泛发动群众共谋共建共管共评，实现改造成果共享。集约高效利用土地，挖掘小区空间资源，整合小区周边零星碎片化土地，优先用于建设社区服务设施。（市民政局、市住房和城乡建设局按职责分工负责；各区县人民政府负责落实）

（3）落实“三供一业”项目，制定有效改造方案。对“三供一业”移交的老旧小区，符合老旧小区改造标准的，要纳入老旧小区改造年度计划。各区县政府要结合“三供一业”项目特点和前期改造实际情况，制定有针对性的改造方案，逐步实施改造。（市民政局、市财政局、市住房和城乡建设局按职责分工负责；各区县人民政府负责落实）

（4）提高项目审批效率，加强工程建设管理。优化老旧小区改造项目审批流程，压缩审批时限，提高手续办理效率。在不新增建设用地、不新增污染物排放的情况下，优化老旧小区改造土地、环评等手续办理。各区县建设行政主管部门要加强老旧小区改造施工现场管理、规范施工流程和标准，确保工程质量和施工安全。（市发展改革委、市财政局、市自然资源局、市住房和城乡建设局、市行政审批服务局按各自职责分工负责；各区县人民政府负责落实）

（5）创新支持政策，从加强规划统筹和资金保障两个方面，为老旧小区改造统筹商业设施更新提供政策支持。①加强规划统筹。按照“一区一策”的原则，编制老旧小区改造实施方案，测算所需投资及收益，合理确定改造内容，优化资源配置，策划、设计可以产生现金流的老旧小区改造项目。各区县可委托城市投资公司等作为老旧小区改造的建设单位，具体负责老旧小区改造工作，承担主体责任（市自然资源局、市住房和城乡建设局按职责分工负责；各区县人民政府负责落实）。②资金保障。山东省淄博市针对老旧小区、分门别类制定了详细的多元渠道融资方案，统筹安排市级以上奖补资金、政府专项债券、政策性银行贷款，积极引导居民参与，并将老旧小区统筹商业设施更新资金纳入政府年度预算。具体情况本书已经在第四章中详细介绍，此处不再赘述。

6.3.3 北京市劲松北社区的“劲松模式”

北京市劲松街道从2018年7月开始，以劲松北社区为试点，从劲松北社区的实际情况出发，通过居民需求征询、市场化运营、居民体验购买的“三步法”实施方案，稳步推进老旧小区改造统筹商业设施更新，并于2019年年底完成了改造更新工作,“劲松模式”成为国内老旧小区改造的经验范本得以推广。

北京市劲松北社区老旧小区改造统筹商业设施更新中,“劲松模式”的“三步法”实施方案的探索,源于以下3个问题。

(1)改造任务艰巨。北京市劲松北社区位于北京东三环劲松桥西侧,隶属朝阳区劲松街道管辖,始建于20世纪70年代,是改革开放后北京市第一批成建制楼房住宅区,共分为一至八区,楼龄超过了40年,各类矛盾错综复杂。在其老旧小区改造中,既需要多方争取支持,又需要面对多个施工部门,仅靠街道、社区,难以完成如此艰巨的改造任务,后续的长期管护就更难以为继。

(2)资金不足。老旧小区改造统筹商业设施更新的任务艰巨,改造资金的需求量也同样比较大。根据以往的经验,不少老旧小区的改造都是因为资金缺口大等问题导致推进缓慢,效果不佳。而劲松街道的方法就是“引入社会资本”。2018年7月,朝阳区开始尝试引入社会资本,从老旧小区改造的设计规划到施工和后期商业设施配置、物业管理,全流程引入社会企业参与老旧小区的综合整治。在经过征求民意、社会招标、洽谈协商等环节之后,劲松街道最终选择了一家综合评分最高的企业——愿景集团有限公司,围绕公共空间、智能化商业设施、商业业态、社区文化四大类30多项进行改造。专业企业全流程参与,效率的问题解决了;约3 000万元社会资本进入,社区示范区2万m^2的改造完成了。

(3)实现市场化下的老旧小区商业设施可持续运营困难。劲松北社区的既有房屋中,10%是收取物业费的商品房,10%是直管公房,80%是未收取物业费的房改房。劲松街道和愿景集团有限公司签订战略合作协议,率先落地社会力量参与的市场化机制,改变“政府兜底、街道代管”的局面,改为“政府兜底、街道代管、企业运营”,由愿景集团有限公司负责改造后老旧小区商业设施的可持续运营。

具体来说,“劲松模式”的居民需求征询、市场化运营、居民体验购买“三步法”实施方案内容如下。

(1)居民需求征询,包括3个方面。①汇集居民需求:作为老旧小区的典型代表,改造前的劲松北社区小区设施老旧,缺乏绿地和文体、停车设施,且没有物业公司管理,居民、街道以及居委会之间的矛盾历来已久。2018年以前,劲松北社区虽已开展过抗震加固、外墙保温等改造工程,但改善居住条件的需求仍然很多。面对居民改善社区环境、增加商业设施和便民服务网点的呼声,街道主动启动编制小区改造方案,在各个环节充分汇集居民诉求。②包楼问需:依托“居委会—小区—楼门”治理网络,在街道的带领下,居委会以包楼包院的方式,主动开展需求征集,下发问卷2 380份,一楼一院开展群众问需会10余场,集中征求群众意见。③议定方案:发挥“五方联动”平台和社区“党建共同体”的组织优势,组成包括各代表40

余人、党员占比 80% 的议事小组，开展共商议事 15 次，对项目设计思路、初步改造意向、完善服务业态等方案进行专题讨论。

（2）市场化运营。北京劲松北社区配套商业设施“三步法”实施方案中，最大的亮点是政府与企业合作，通过 PPP 融资（具体详见本书第四章）实现市场化运营。具体来说，其市场化运营可分为两个方面：一方面，老旧小区改造配套商业设施后的 3 年中，区政府将物业运营权交给愿景集团有限公司，让愿景集团通过物业运营权获得老旧小区改造中的投资回报平衡；另一方面，区政府授权愿景集团有限公司，利用老旧小区中闲置的空间，配套开发符合社区居民需求的商业设施，包括社区养老设施、健康医疗设施、托幼服务设施等，提高老旧小区配套商业设施后的社区商业活力，实现可持续运营。

（3）居民体验购买。劲松北老旧小区配套商业设施后，新的物业公司明码标价，引导社区居民购买物业服务，并形成良好的物业缴费、管理习惯；同时，劲松北老旧小区中老年人多，居家养老服务大受欢迎，社区养老设施、健康医疗设施的利用效率大大提高，满足了社区居民的需求，形成了浓厚的社区商业氛围。

6.3.4 岳阳市老旧小区改造项目分类及改造费用分摊表

2019 年，岳阳市发布了《岳阳市城区老旧小区改造工作实施方案》，形成分类别确定改造项目、改造内容及标准及改造费用的“三步走”实施方案（具体见表 6-1）。具体来说，岳阳市“三步走”实施方案工作有以下 3 个亮点。

（1）岳阳市将供水、供电、交通、停车场、文化休闲等商业设施，归于老旧小区“环境及配套设施”的范畴，这些都属于老旧小区的“楼外设施”；将照明、电梯、室内修缮等归于“建筑物本体设施”；在“公共服务设施”中，除了物业管理设施外，顺应数字经济的发展潮流，岳阳市增加了“互联网社区”网络设施；尤其是在“社区治理体系”中，岳阳市将“社区治理体系”的建设作为老旧小区的“软设施”进行配套。

（2）在具体的“改造内容”方面，对于一些能够制定标准的改造内容，岳阳市通过制定明确的标准，规范老旧小区配套的商业设施，例如：在“停车商业设施”的改造标准制定方面，明确提出“合理设置交通标识、标线及充电桩设施”；在“楼道修缮设施”方面，强调“对楼道出入口进行坡化处理”。这些对老旧小区配套商业设施标准的制定，有利于规范各类设施的建造与运营规范，有利于后期老旧小区的可持续发展。

（3）岳阳市“三步走”实施方案最大的工作亮点是，针对老旧小区配套的各类商业设施，岳阳市按照实事求是和“谁受益、谁出资”的原则，明确了改造费用及各行动主体的费用分摊规则(见表6-1)。例如,对于“供水、供电、供气”设施,岳阳市规定“计费表前部分的改造费用由管线单位承担,区级财政以奖代补20%,市级财政不奖补”;对于建筑物本体设施,岳阳市则根据“谁受益,谁出资”的原则,规定“改造费用原则上由居民、原产权单位承担,区级财政可适当补贴并落实资金,市级财政不予奖补”。

岳阳市的“三步走”实施方案,在老旧小区改造配套商业设施中取得了比较好的效果,社区居民、原产权单位以及政府等在工作中责权明确,不仅实现了老旧小区改造统筹商业设施更新工作的顺利完成,也提高了老旧小区的治理效能,实现了老旧小区改造的可持续发展。

表6-1 岳阳市老旧小区改造项目分类及费用分摊表

<table>
<tr><th>类别</th><th>序号</th><th>项目名称</th><th>改造内容及标准</th><th>改造费用分摊规则</th></tr>
<tr><td rowspan="4">一 小区环境及配套设施</td><td>1</td><td>供水</td><td>对破损、老旧的供水管道及设施进行更新改造,确保水压稳定:实行“一户一表”抄表到户</td><td rowspan="3">计费表前部分的改造费用由管线单位承担,区级财政以奖代补20%,市级财政不奖补;计费表后部分由居民承担。各管线工程施工涉及路面开挖、恢复工程统一由各区组织实施,建设费用由区财政承担</td></tr>
<tr><td>2</td><td>供电</td><td>对破损、老旧的供电线缆进行更新改造;对设计供电容量不足的,进行增容改造,确保电压稳定;对供电线缆进行规整,原则上全部入地,对存在安全隐患的供电设施进行迁改:实行“一户一表”,抄表到户</td></tr>
<tr><td>3</td><td>供气</td><td>未通管燃气的小区建设天然气管道,实现管道燃气入户;对破损、老旧、不符合标准规范的管道设施进行更新改造</td></tr>
<tr><td>4</td><td>弱电</td><td>对通信、有线电视、治安监控等弱电管线进行规整,原则上全部入地,统一走管,并对原有明线进行拆除,恢复相关部位原貌</td><td>管线迁改费用由管线单位分摊承担,区级财政以奖代补20%,市级财政不奖补;共同管道的建设费用由财政承担。各管线工程施工涉及路面开挖、恢复工程统一由各区组织实施,建设费用由区财政承担</td></tr>
</table>

续表

类别	序号	项目名称	改造内容及标准	改造费用分摊规则
一 小区环境及配套设施	5	排水	对雨污合流管道进行改造，实现雨污分流；对破损、老旧、不符合标准规范的管道设施进行更新改造；对污水管道以及化粪池进行全面的疏通清淤，接入市政污水主管网；对雨水管道进行全面的疏通清淤，接入市政雨水主管网	居民、原产权单位等承担的改造费用原则上不低于10%，其余部分由财政承担
	6	通行设施	改造或新建小区内通道，同步考虑坡道建设；人行道应采用透水铺装	
			小区外进出通道可结合实际需要，以及周边区域交通微循环一并实施改造。小区内的车行道尽量采用沥青路面	改造费由区财政承担
			增加无障碍设施，包括无障碍坡道、人行道盲道、无障碍停车位、无障碍出入口等	
	7	停车设施	原停车设施被改变用途的，先进行整治，恢复停车功能；优化布局，合理增设停车泊位，鼓励建设生态停车场及智慧停车系统；有条件的可建设立体停车设施；合理设置交通标识、标线及充电桩设施	居民、原产权单位等承担的改造费用原则上不低于10%，其余部分由区财政承担
	8	消防设施	应检查修缮小区公共部分原有的消防设施，同时消防水源应与生活饮用水独立分开；对存在消防隐患的部位进行整改，疏通消防通道，更换、增设消防设施，优化设施布局	
	9	安防系统	设置小区出入口，增设道闸、门禁及系统监控系统，符合要求的可与天网工程建设平台联网	
	10	环卫设施	重新布局和增设垃圾分类收集设施，对于原有楼内的垃圾道进行拆除	
	11	路灯	根据实际需要，更换、维修、增设路灯等小区公共照明设施，鼓励进行节能改造	
	12	文体活动设施	结合小区实际，合理布局，改造、增设居民文体活动场地，增加运动健身设施	
	13	绿化美化	合理平衡功能性用地与绿化用地的关系，充分保留利用原有树木，合理布局小区绿化；对老旧、破损围墙进行修改造，结合历史文化及党建工作建设特色文化墙	

续表

类别	序号	项目名称	改造内容及标准	改造费用分摊规则
二 建筑物本体	14	屋面防水	对漏水、渗水的屋面进行防水改造	改造费用原则上由居民、原产权单位承担，区级财政可适当补贴并落实资金，市级财政不予奖补
	15	楼道修缮	对楼道、扶手等进行修缮更新，对楼道出入口进行坡化处理	
	16	楼道照明	更换、维修或增设楼道内公共照明设施，鼓励节能改造	
	17	单元门禁	更换、维修或增设单元门禁系统	
	18	加装电梯	鼓励有条件的小区加装电梯（由市自然资源和规划局牵头制订《岳阳市既有住宅增设电梯的管理规定》）	
	19	立面整治	对脏污、破损的外立面进行清洗、修复，可适度粉刷或改造。对室外空调机建议统一加装室外空调机隔板	
	20	楼内管线	楼内给水、排水管道，可进行更换；小区雨污分流从源头进行改造	
三 公共服务设施	21	功能用房	具备相关条件的，可统筹完善功能用房（物业用房、值班室等）	居民、原产权单位等承担的改造费用原则上不低于10%，其余部分由财政承担
	22	互联网社区	完善社区网格化平台建设，结合5G建设，打造智能化社区，鼓励引入共享图书室、无人超市、快递驿站、互联网医疗等服务设施	—
四 社区治理体系	23	党组织建设	建立完善发挥党组织领导核心作用和党员先锋模范作用的机制，成立小区党支部或党小组，强化基层党组织功能，把加强党的建设贯穿于老旧小区改造及基层社会治理的全过程	—
	24	自治管理	创新居民自治管理模式，推动成立业主委员会或居民自治小组，引导居民合理选择自治管理或物业管理，不断巩固改造成果，推进小区后续理专业化、常态化	—
	25	协商机制	构建完善的居民议事及共同协商处理小区事务的机制，实现政府治理、社会调节、居民自治良性互动，打造共建共治共享的社会治理格局	—

6.3.5 浙江老旧小区改造

杭州市拱墅区和睦街道位于杭州城北老工业区，辖区内有4个老旧小区，分别为和睦社区、华丰社区、李家桥社区、化纤社区。和睦街道老龄化程度高，户籍人口 1.3 万余人，其中 60 岁以上老年人约 4 300 人，占户籍人口数的 30%，而 70 周岁以上的空巢、独居老人又占到老年人数的 1/4 左右。但是和睦街道基础教育资源丰富，基础教育氛围浓厚。基于此，和睦街道以“一老一小”为切入点，推进老旧小区配套商业设施工程与社会资本的融合，补齐老旧小区配套商业设施的短板。

1）深化交流对接，助推旧改工程与社会资本深度融合

“一小”方面，和睦街道的“三步法”改造如下。第一步是确定改造范围与目标。和睦街道的基础教育配套设施丰富，具有启航中学、和睦小学、和睦幼儿园等基础教育配套，可有效解决 4~16 岁学龄儿童上学问题，而且这些小学都位于和睦新村社区，因此和睦街道以和睦新村老旧小区为改造范围，以往以此为依托，吸引社会力量参与。第二步是确定改造内容，和睦街道确定的老旧小区配套商业设施项目的内容包括和睦幼儿园及其周边商业设施、和睦小学及其周边商业设施。第三步是确定改造方案。“这一步”是和睦街道老旧小区旧改的亮点所在，和睦街道依靠其原有丰富的基础教育设施，积极筛选引导高品质、高效率、高标准的社会力量进入其旧改工程。通过招标采购，和睦街道引入的第三方运营机构——华媒控股旗下国际教育品牌，由其来运营华媒维翰幼儿园，并将华媒维翰幼儿园纳入杭州市拱墅区婴幼儿照护项目改造提升工程中。结合和睦新村老旧小区改造工程，政府与华媒控股共为和睦新村老旧小区配套约 1 200 m^2 的综合性服务场馆设施，包括托幼所、培训课堂、亲子空间、小剧场、阳光屋顶花园等，将幼儿教育高端运营理念与社区商业设施配套项目结合，有效地推动了杭州老旧小区改造工程的质量提升与理念创新。

2）多方探索挖掘，牵手社会资本助力攻坚克难

“一老”方面，和睦街道根据实际情况，通过多方探索挖掘，拓宽与企业合作的渠道，牵手社会资本，共同推动老旧小区改造配套商业设施项目。其“三步法”如下。第一步是确定改造范围：和睦街道的老年居民较多，为方便老年人生活，从 2019 年开始，和睦街道探索与社会资本的合作方式，共同确定改造范围为辖区内所有老旧小区的“适老化改造”。第二步是确定改造内容：和睦街道以和睦新村老旧小区改造配套商业设施为契机，积极与公羊会、慈继医院、平安智慧城等企业合作，共投资 1 000 多万元，将改造内容确定为和睦新村老旧小区的社会智慧健康养老设施体系。第三步是确定实施方案：和睦街道与多个企业合作，通过招标采购，确定由浙江华越设计股份有限公司作为旧改 EPC 总承包单位，其实施方案分两个方面打造智慧健康养老设施体系。一方面，以“颐乐和睦”四字打头的“四街三园”“移步换景、且游且憩”，为老年人提供适宜的社区居家养老配套设施；另一方

面，以“阳光老人家”居家养老服务为体系的“一平台、二厅堂、三中心、四队伍”，可休可健、宜乐宜养，使社区老年居民可享受到高品质的居家养老服务体系。

在我国，老旧小区改造的市场空间主要存在于大中城市的老城区，改造的工作量巨大。同时每个社区的情况也有所不同，要依据小区的具体情况因地制宜地制定实施改造方案，不能一刀切，要在统一的规划下具体问题具体分析。需要遵循的原则是因城、因社区施策，基于实现老旧小区改造中社会效益和居民感受双赢的目标。很多城市老年人居住比较多的老旧小区，需要一些公共活动场所，就是步道、口袋公园。老人住的地方多的小区，对于加装电梯等适老化改造的要求也比较强烈，还有养老、助餐服务等。年轻人多的老旧小区，对于停车设施、托幼服务、便民商店、快递服务点的需求较多。考虑到很多老旧小区面临“老龄化”人口居多的情况，全国人大代表姜明建议，要把社区养老作为一项重要的功能纳入老旧小区的改造中。如在城镇老旧小区改造中增加改造用房，用作建立“养老陪护中心”“社区养老医疗护理站”等康复护理机构。近些年，老旧小区改造一直以财政资金为主导。从目前的实践来看，除中央财政补贴、地方政府专项债外，银行信贷也是旧改的重要资金来源。2022 年 4 月 14 日，国务院常务会议要求建立政府与居民、社会力量合理共担改造资金的机制，中央财政给予补助，地方政府专项债给予倾斜，鼓励社会资本参与改造运营。老旧小区改造，对于社会资本来说，最大的难题是赢利模式。由于改造不是拆迁旧房重建，因而不存在通过卖新房获得盈利的可能；投入新装电梯、新建医疗幼儿养老设施、修建道路等公共设施的资金，未来只能靠物业费、停车费来获得回报。老旧小区改造不是一种政府补贴的福利行为，而是一种政府支持的商业行为。

商务部消费促进司负责人王斌于 2022 年 4 月 18 日在国务院联防联控机制新闻发布会上表示，各级商务部门采取了一系列措施促进社区商业发展，主要是 4 个方面。一是加快推动社区便利店的发展。2021 年年底，商务部会同 13 个部门联合印发了指导意见，部署指导各地优化便利店的网点布局，大力推进便利店品牌化建设。二是支持社区菜市场的建设改造。中央和地方财政积极支持农产品冷链物流，推进菜市场、农贸市场、社区菜店等农产品零售终端的建设改造，提升建设管理的标准化、规范化水平。三是促进社区生活服务业的发展。积极推进城乡便民消费服务中心的建设，整合餐饮、洗染、美容美发、家政、培训、快递、维修等消费服务功能。四是创新社区新业态、新模式。推动各地积极推广自助结算、扫码支付等智能技术进行便利店的数字化改造，整合实体便利店与线上资源，开展全渠道的经营，强化“互联网 + 便利店”建设，探索推行社区体验式电商、社区无人售货、无接触配送等新模式的发展。现在已涌现出盒马鲜生、叮咚买菜、美团“安心餐厅”、京东到家等一大批促进社区消费的创新模式。

6.4 老旧小区商业设施配套建设的对策建议

综合以上分析，老旧小区商业设施配套建设的对策建议分为两方面：一方面是总体指导建议，强调宏观指导性意见；另一方面是具体的实施方案修补意见。

6.4.1 总体指导建议

1. 社区商业配套设施规划阶段，以“宜居”为追求目标

社区商业设施的配套建设要综合考虑街区分布、人口总量等“宜居”因素，可借鉴苏州邻里中心的设计理念，采用“大社区、大组团”的理念进行新镇中心、邻里中心、邻里商店的功能定位和规划设计。在规划过程中，要充分考虑商业的布局与社区交通、社区活动中心、医疗中心、社区俱乐部、体育活动中心、中小学、幼儿园等进行互动式、集中式配套。总之，一个设计完好的邻里社区商业中心既能便民、利民，满足和促进居民综合消费，也能成为社区活动的场所，使居住者的生活变得方便、高效。

一般来说，社区商业总体配置量最好控制在 2 m^2/ 人左右，不超过 3 m^2/ 人，这样既能满足社区需求，也能让各业态经营者能够获利，避免恶性竞争，稳定经营。比如上海的顾村馨家园社区规划人口 5 万左右，配套社区商业就在 10 万 m^2 左右。

社区商业业态组合的规划中，要注重主力型商业、必备型商业、特色型商业等多层次的组合，可参考新加坡的邻里中心（Home by Home）的业态组合、功能定位，配备相应的商业配套设施和社区生活服务功能。同时，为了形成社区的地标性、文化特色的主体商业，比如新镇中心、邻里中心，在建筑物的风格设计、环境设计等方面要形成自己的特色，既满足业态功能，又形成了社区的独特风格。

2. 社区商业配套的产权所有人与建设主体的选择要突出可控、集中和专业经营的特点

过去的社区商业多半是“打碎了卖”的模式，属于各自为政、自负盈亏，没有整体规划与引导，在一个社区能做成，另外一个社区或许就不成，形不成模式，并没有真正的借鉴意义。笔者在调研中发现，很多老旧小区改造过程也遇到产权多样化、经营主体鱼龙混杂等问题，这使社区商业业态、功能转型过程中无法真正实现整体规划和业态创新。

因此，为了能更好地实施社区商业规划，必须加强政府对大型居住区社区商业配套的物业产权的掌控力。可以采用政府或政府授权部门、授权公司整体回购

的模式，从而将社区商业物业的产权掌控在手里。比如上海顾村镇政府对顾村大型居住区采取了商业物业回购的创新模式，实现对社区商业物业可控、可持续发展、保质增值的目标。同时，在社区商业的建设主体选择、合作模式等可以采取多种合作方式，比如自营、整体租赁、合作、委托管理等模式。选择的原则是要建立竞争机制，能够让在社区商业规划、招商、开发、运营等方面具有领先经验且专业能力强的建设主体推进整体规划的实施，比如，大型商业集团、苏州邻里中心、永乐街等。

3. 社区商业的招商、运营阶段要强化“择商”理念，分层推进，全过程协调和服务

现阶段，我国商业的发展趋势呈现连锁化、规模化、特色化、品牌化的特征，人们的消费习惯已经逐步转变为以便利性、就近消费为主。很多餐饮、休闲、健身、娱乐业等连锁品牌其社区店的经营情况及增长情况远远好于城市传统中心门店，一些经营管理优秀的品牌企业已经将社区网点作为开拓市场的主要渠道，这也为社区商业的发展提供了良好的资源和机会。因此，社区商业设施配套的招商、运营要突出“择商”理念，在充分进行市场调研的基础上，锁定具有特色性、差异化、成功潜力的经营管理优秀的零售品牌作为社区商业招商的潜在目标，确保招商能体现品牌共振效应，使社区居民可以享受到优质的商品和服务。

大型居住区的建设正如火如荼，各项商业配套的建设和管理都创造了很多好的模式和办法，商业配套建设也是其中重要的组成部分。如何才能使大型居住区这类城市边缘区成为人们的美好家园，需要我们深刻理解以人为本的“宜居”理念。大型居住区将成为一个实现城市居民多样化生活需求的“第一生活圈”，人们在此安居乐业，享受便捷、优质、内涵丰富的服务。

6.4.2 实施方案的完善对策

1. 继续加强社区商业基础设施改造

要继续加强“保基本”的配套设施的改造力度，继续完善与居民生活密切相关的水、电、气、路等市政基础设施，同时应将垃圾分类设施一并纳入改造，将“保公共卫生安全”纳入老旧小区商业设施配套的原则中。

2. 提升社区商业设施的空间质量

老旧小区改造工作应关注老百姓的生活品质，在城市建设中，一定要贯彻以人民为中心的发展思想，合理安排生产、生活、生态空间，努力扩大社区商业公共活动空间，让社区成为居民宜业宜居的乐园。①先行开展统筹规划。在对老旧小区公共空间进行改造前，应当对小区及其周边进行现场勘察，充分了解实际情况。老旧小区通常都是非封闭式管理，小区内外的空间连通性较高。针对老旧小区公共

活动空间不足的问题，不仅要在小区内进行改造提升，还应结合周边空间资源甚至城市整体区域资源，对整个城市的老旧小区进行未来3年的统筹规划设计，实现“一张蓝图干到底”。②深度挖掘社区商业资源，提高商业设施质量。对老旧小区商业设施进行配套之前，应整合社区商业资源，积极对外招商，引入品牌运营商，进一步提高设施质量，以营造良好的社区商业氛围。同时结合小区实际情况和“15分钟生活圈”的要求，建设集休闲、健身等功能于一体的“口袋公园”，打造小区的“室外会客厅”。还可以结合小区文化特色，在小区入口等位置适当建设绿化节点，提升小区品质，为小区居民提供更多的休闲健身活动的空间。以公共空间为切入点进行老旧小区改造，使小区居民既得“里子”又有“面子”，深度挖掘空间资源，“见缝插针”培养社区的商业氛围，提高市民的生活品质和幸福感，同时也使社区成为城市活力激发的基本单元。③完善社区商业的公共服务设施，打造社区经济新业态。住房城乡建设部部署城镇老旧小区改造工作时，多次提到要在老旧小区改造基础上，积极发展社区养老、托幼、医疗、助餐、保洁等服务。尤其是老龄化日益严重的现阶段，社区商业网点的建设配套可以为社区居民提供就近消费的可能性，也可以为社区商业发展提供新的消费群体。

3. 打造社区商业综合体

社区便利店是离居民最近的服务设施，社区便利店可开通线上采购平台，线上下单，线下自提或由便利店进行配送，可以满足通勤上班人员就近消费的便利化购物需求，同时也可以降低疫情传播风险。因此，老旧小区改造统筹商业设施更新，要建立集社区商业、社区医疗、社区养老于一体的社区综合体。在老旧小区中，中老年人比较多，老年病、慢性病的患者也多，这时布点更多、空间更分散的“社区医院”“社区公共卫生服务所”等服务机构的作用就凸显出来。其在特殊时期也能配合物业、社区工作者为居家隔离的居民提供心理咨询、居家问诊等线上服务。在社区养老方面，随着老龄化时代的到来，老旧小区中的老年人在其子女不在身边的情况下，经常得不到有效照顾，再加上很多老人不会使用智能手机，不会线上采购，生活得不到基本的保障。而社区养老、社区嵌入式医养结合机构能够满足更多老年人的刚性需求。另外，社区食堂、社区市民驿站、社区老年活动中心也能满足老年人的基本生活和休闲活动需求。

4. 构建“共谋、共建、共管、共评、共享”的社区治理格局

过去基层“最后一公里”的社区治理存在很多短板，近几年的老旧小区改造也显示出很多问题，但也因此扩大了社区治理的覆盖面，提高了社区管理的能力。下一步应积极探索社区治理新模式，形成以社区自治组织为主体的利益代表组织，发动群众参与改造工作。同时，通过样板社区的打造，带动更多的社区居民主动提诉

求，发挥居民的组织协调作用，培养居民参与管理的积极性，实现“自下而上”的改造，同时样板社区的打造，还能促使居民主动维护社区商业设施的更新改造成果，建立社区商业设施长效管理的机制，形成“共谋、共建、共管、共评、共享”高度自治的社区治理新模式。

5. 引入智慧化、大数据技术，提高改造标准

在大数据的背景下，老旧小区改造引入智慧化、大数据商业设施，包括物联网技术和全供应链技术等，在商业设施的日常运营中，保持货物的供应和保证需求数据及时同步上传，准确预判社区商业的具体情况。老旧小区的居民可以通过互联网和新闻媒体获知全国性以及各省市的情况，但却无法及时准确地获知自己社区商业供应情况。未来，老旧小区配套商业设施实施方案中，商业设施配套工作应进一步提升改造标准，依托“5G 技术”，建设集小区门禁系统、智慧通行证、信息推送、可视对讲、远程监控、智能安防、智能家居、社区服务、社区管理、停车系统、远程医疗辅助、在线问诊、风险监测、实时天气数据播报等功能于一体的智慧化社区云平台，在平时或特殊时期都能给社区居民带来良好的用户体验和安全感，打造更多的“智慧社区”和“云 +AI 社区”。

6.5 小结

实施方案是老旧小区改造配套商业设施的工作计划书。老旧小区改造统筹商业设施更新的实施方案，应该合理制定社区商业配套的目标、具体的配套内容、如何配套的方法以及具体的工作步骤等，总结如下。①本章分析了老旧小区改造配套商业设施更新实施方案的定义，比较了“两步法”实施方案与“三步法”实施方案，并论证了实施方案研究对于老旧小区改造统筹商业设施更新的必要性。②本章分别分析了老旧小区改造统筹商业设施更新项目的“两步法”实施方案、“三步法”实施方案及其典型案例。③本章提出了老旧小区改造统筹商业设施更新的实施方案改进对策建议。本章的研究既可以为各地方城市老旧小区改造统筹商业设施更新提供案例参考，也可以为各地方城市修改老旧小区改造统筹商业设施更新的实施方案提供必要的对策与建议。

第7章 老旧小区改造项目招标采购的评标办法创新

老旧小区改造统筹商业设施更新的配套方法、运营模式以及实施方案是建立在老旧小区改造项目招标采购顺利实施的基础之上的。现阶段，我国老旧小区改造项目统筹商业设施的运营，采用的是政府招标采购的方法。只有优化老旧小区改造项目的招标采购方法，才能选择到最合适的投资商和运营商，从而更好地为老旧小区改造中统筹商业设施更新提供供给主体。因此，构建我国老旧小区改造的招标采购方法是十分必要的。

7.1 指标体系的构建

7.1.1 指标体系构建原则

1. 科学性原则

评标指标体系的构建必须严格遵循科学研究的原则，具体体现在两个方面：一是评标指标内容的科学性，指标应实际反映出潜在特许经营者的资金实力、技术实力、资质能力、相关老旧小区改造项目施工经验以及联合体投标情况等；二是老旧小区改造统筹商业设施项目招标采购的评标方法科学性，应尽量减少人为因素的影响、提高评价结果的稳定性，降低误差率，以实现科学评价的目的。

2. 系统性原则

评标指标体系的构建应坚持系统性原则，一方面，应该从老旧小区改造项目的设计、招标、评标、施工、运行维护管理、项目移交等各个阶段，对老旧小区改造统筹商业设施项目招标采购进行全面评估；另一方面，应对老旧小区改造项目的经济效益、社会效益以及环境效益等方面进行系统的、综合的分析与评价。

3. 代表性原则

指标体系中每一个指标都要具有一定的代表性，例如，净现值指标是老旧小区改造项目财务能力的代表指标，净资产规模是老旧小区改造项目净资产的代表指标，所有的招标在老旧小区改造项目的特许权招标采购中，要具有代表性。而且老旧小区改造统筹商业设施项目招标采购的评标指标体系，应代表老旧小区改造项目的实际情况，要与一般的项目区别开来，以体现老旧小区改造项目具体的特色。

4. 一致性原则

评标指标体系的构建，必须满足老旧小区改造的实际情况，符合老旧小区改造项目建设中的经济效益要求、社会效益要求以及环境效益要求，体现出老旧小区改造项目在建设过程中的政府期望水平，不能与政府的实际期望水平相背离。

5. 可比性原则

各个指标的选择在时间和空间上应该具有可比性。一方面，各个评标指标的量纲应该具有可比性，使不同的潜在特许经营者之间具有可比性；另一方面，从时间顺序来说，不同时间段上的潜在特许经营者的相应指标也应具有可比性，从而使同一个潜在的特许权经营者的相应指标具有可比性。

7.1.2 指标体系构建的步骤

评标指标体系的选择，是创新老旧小区改造统筹商业设施项目招标采购评标方法的基础，指标体系构建的方法包括文献综述法、问卷调查法以及梳理统计法等，这些指标体系各有所长。为保证构建的指标体系切实可行，本书采用问卷调查法构建评标指标体系，具体的指标体系构建步骤如图 7-1 所示。

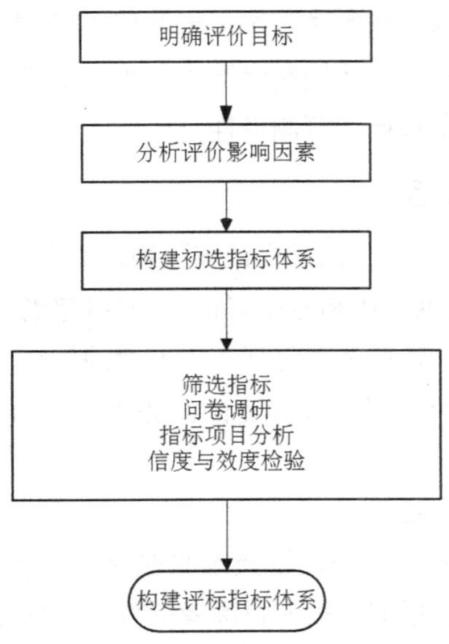

图 7-1 老旧小区改造统筹商业设施项目招标采购评标指标体系的构建步骤图

对图 7-1 中的 5 个步骤解释如下。

（1）明确评价目标。本书提出的老旧小区改造统筹商业设施项目招标采购评标的目标，是对潜在特许权招标采购人的技术、资信以及资金综合实力评价的最大化，而不是其中的单一运作期限最短、技术最先进等。

（2）分析评价影响因素。在确定了老旧小区改造统筹商业设施项目招标采购的评标目标后，应该进一步通过专家咨询或问卷调研，分析老旧小区改造统筹商业设施项目招标采购的影响因素，为老旧小区改造统筹商业设施项目招标采购的评标指标体系初选奠定基础。

（3）构建初选指标体系。在分析了老旧小区改造统筹商业设施项目招标采购的影响因素之后，应对影响因素进行初步的筛选，在筛选的基础上，通过文献综述或专家打分，对各个指标进行打分，得到符合指标要求的初选指标集。初选指标集要尽可能简练、简单，使人明白，容易量化，为下一阶段的指标筛选奠定基础。

（4）筛选指标。在老旧小区改造统筹商业设施更新项目招标采购的初选指标体系构建的基础上，本书拟根据初选的指标体系设计调研问卷，然后对各个调研问卷的题项进行设计打分，再根据打分标准进行调研，并在调研的基础上，通过数理统计法，例如 T 检验法、因子分析法等对指标体系进行新一步的信度与效度检验，最终得到招标采购评标指标体系。

（5）构建评标指标体系。在老旧小区改造统筹商业设施更新项目招标采购的评标指标体系筛选和信度与效度检验的基础上，对老旧小区改造统筹商业设施更新项目招标采购的初选指标体系进行进一步的梳理，对指标名称进行细化，尽量使指标可以量化、通俗易懂等，从而提高老旧小区改造统筹商业设施更新项目招标采购的评标指标体系中各个指标的可测量性。

7.1.3 评价指标的初选

为了确保老旧小区改造统筹商业设施更新项目招标采购评标的初选指标体系的科学性，本书通过文献综述和专家咨询，初步确定老旧小区改造统筹商业设施更新项目招标采购的评标指标体系包括 4 个方面的指标，即：采购投标者的资信指标、采购投标者的技术指标，采购投标者的商务指标、联合体投标指标。这四个方面指标包含的具体指标如下。

1. 采购投标者的资信指标

（1）采购投标者的资质水平。资质水平是老旧小区改造项目必须强调的指标，其与一般项目类似，包括潜在采购投标者的资质文件、通过的质量认证、环境与安全认证等。

（2）采购投标者的业绩实力。采购投标者的业绩实力是指近 5 年采购投标者从事的与本 PPP 项目相关的项目实施情况，可为政府部门或其代理人提供相应的从业证明材料等。

2. 采购投标者的技术指标

（1）老旧小区改造项目公司的组建与管理方案。该指标是老旧小区改造项目特有的指标，不同于一般项目采购投标考虑的指标，在老旧小区改造项目建设与运营管理过程中，需要成立老旧小区改造项目公司，由老旧小区改造项目公司管理项目的建设与运营管理。老旧小区改造项目公司的组建管理方案，应用量化的形式注明各个部门的出资比例、进度安排以及投资情况等。

（2）老旧小区改造项目建设方案。PPP 项目一般为基础设施项目，老旧小区改造项目的施工建设方案，应综合考虑该老旧小区改造项目建设的技术、进度以及质量控制方案。同时还应考虑该老旧小区改造项目的社会效益、经济效益以及环境效益。

（3）老旧小区改造项目运营维护方案。PPP 项目的招标采购不同于一般项目，老旧小区改造项目招标采购必须包括项目的运营维护阶段，所有采购投标者必须在投标文件中注明老旧小区改造项目的运营维护方案，包括质量维护方案、安全管理方案以及进度管理方案等。

（4）信息化数字化管理方案。在“互联网 +”时代，信息化与数据化成为工程建设项目必须看重的因素，特别是随着 BIM（建筑信息模型）的推广与应用，老旧小区改造项目的技术方案必须积极采用信息化与数字化技术，提高采购投标人的数字管理能力。

（5）老旧小区改造项目移交方案。不同于一般项目，老旧小区改造项目运作期限结束后，应移交给政府部门或其代理人，这就要求采购投标人在投标阶段，必须对其老旧小区改造项目移交方案进行评标，主要包括老旧小区改造项目移交时候的责任人、合同签订期限、老旧小区改造项目移交时的程序、老旧小区改造项目移交的工作内容、进度安排等。

（6）老旧小区改造项目采购投标者的技术实力。可以反映老旧小区改造项目采购投标人技术实力的指标，主要是指在基础设施领域内，采购投标人曾获得的行业内各类技术方面的专业奖励等。

3. 采购投标者的商务指标

（1）老旧小区改造项目采购投标者的资金实力。政府部门引入社会资本的原因在于利用社会资本的资金与技术优势，而老旧小区改造项目采购投标者的资金实力，可以通过其资产负债表中的净资产金额来表征，也可以使用总资产规模来表征。

（2）老旧小区改造项目的资金筹措方案。老旧小区改造项目后续资金通过老旧小区改造项目公司筹措和运营，本指标通过 PPP 项目投标者的融资方案的合理性、科学性以及授信额度等进行衡量。

（3）老旧小区改造项目特许经营期内的财务状况。在老旧小区改造项目的特许经营期内，应合理计算该老旧小区改造项目的净现值与内含报酬率，通过这两个指标的计算，评价老旧小区改造项目特许经营期内的财务状况。当然，有些老旧小区改造项目也通过净利润指标进行衡量。

（4）老旧小区改造项目报价合理性。老旧小区改造项目报价不能过高，导致项目成本过高，也不能报价太低，从而产生低价中标的情况。

（5）老旧小区改造项目的保险计划合理性。该指标主要衡量特许经营期内该 PPP 项目的风险控制方案制定的合理性，以及针对风险控制方案所制订的保险计划的科学性。

4. 老旧小区改造项目联合体投标情况

（1）老旧小区改造项目联合体投标人的资金实力。通常来说，老旧小区改造项目由于投资规模比较大，其潜在的采购投标人通常都是联合体投标，所以需要评价老旧小区改造项目联合体投标标的净资产规模、各自的出资情况等，以表征联合体投标的资金实力。

（2）老旧小区改造项目联合体内各企业的资质水平。老旧小区改造项目联合体内各个企业的资质水平，主要通过各个企业的资质水平、信誉高低、参与企业水平以及协议的合理性等指标进行衡量。

7.1.4 问卷设计

在老旧小区改造统筹商业设施项目招标采购的初选评标指标体系构建的基础上，设计调查问卷，并将调查问卷发放给老旧小区改造统筹商业设施项目招投标的从业人员进行打分，对问卷进行搜集、整理的基础上，依据打分数据进行独立样本 T 检验和因子分析，从而对老旧小区改造统筹商业设施项目招标采购的初选评标指标体系进行筛选。

（1）问卷打分标准的设计。根据初选指标体系，设计指标打分标准为 Likert 5 打分法，对老旧小区改造项目资信指标、老旧小区改造项目技术指标体系、老旧小区改造项目商务指标体系、老旧小区改造项目联合体情况指标体系的 13 个指标，分别进行打分。例如，对于商务指标体系中的“老旧小区改造项目采购投标者的资金实力”指标，如果被调查者以为，该指标对老旧小区改造项目的“商务能力”非常重要，可以真实反映老旧小区改造项目的商务能力，那么最高可打“5”分，如果觉得一般重要，则可以打“3”分。某一个指标的分值越高，表明该指标对老旧小区改造项目越重要。反之，该指标对老旧小区改造项目不重要。

（2）调查问卷数据整理。本调查在江西省黎川县人民政府的支持下，发放问卷400份，共收回400份，问卷回收率100%。经过初步筛选，剔除所有打分一样的问卷和有缺项漏填的问卷等，最终符合调研要求的问卷一共有378份，有效问卷率为94.5%。对问卷数据进行整理，形成描述性统计表，见表7-1。

表7-1 描述性统计表

指标类别	评价指标	最大值	最小值	均值
资信指标	采购投标者资质水平	5	3	4.32
	采购投标者的业绩实力	5	3	3.85
技术指标	老旧小区改造项目建设方案	5	2	3.54
	老旧小区改造项目公司的组建与管理方案	5	2	3.68
	老旧小区改造项目运营维护方案	5	2	4.12
	信息化数字化管理方案	4	1	2.31
	老旧小区改造项目采购投标者的技术实力	5	3	3.91
	老旧小区改造项目移交方案	5	3	4.22
商务指标	老旧小区改造项目采购投标者的资金实力	5	4	4.53
	老旧小区改造项目的资金筹措方案	5	4	4.64
	PPP特许经营期内项目的财务状况	5	3	4.06
	老旧小区改造项目报价合理性	5	3	3.87
	老旧小区改造项目保险计划	4	2	3.65
联合体情况指标	PPP联合体投标人各企业单位的财务情况	4	3	3.22
	PPP联合体各企业单位的组合情况	4	3	3.18

7.1.5 信度与效度检验

考虑到老旧小区改造统筹商业设施项目招标采购评价指标体系是通过文献综述构建的，所以表7-1中的指标体系构建的人为主观性较大，需要对其进行信度、效度检验，以验证各个指标的科学性，以及是否符合老旧小区改造项目的特征。本书选择使用SPSS 22.0软件检验表7-1中各个指标的数据，以保证的老旧小区改造统筹商业设施项目招标采购评价指标的科学性与合理性。

（1）根据表7-1中指标体系，本书选择使用独立样本T检验对表7-1中各个指标进行检验。设计原假设 H0:“方差相等假设”,备择假设 H1:“方差不等假设”。如果表 7-1 中某个指标达不到独立样本 *T* 检验的标准,则拒绝原假设,接受备择假设,说明其 *P* 值不显著。具体来说,使用 SPSS 22.0 对 13 个指标的数据进行独立样本 *T* 检验,最终得到的独立样本 *T* 检验的结果见表 7-2。

表 7-2 13 个指标的独立样本 *T* 检验

测量问项 独立样本 *T* 检验		方差相等的 Levene 检验		方差相等下的 *T* 检验		
		F 值	显著性 Sig	*T* 值	自由度	显著性 Sig
X1	方差相等假设	11.654 8	0.000	11.986 1	29	0.000
	方差不等假设			11.798 1	24.336 1	0.000
X2	方差相等假设	8.654 5	0.000	9.333 1	29	0.000
	方差不等假设			9.765 1	24.689 1	0.000
X3	方差相等假设	7.958 4	0.000	10.369 1	29	0.000
	方差不等假设			10.765 1	17.663 8	0.000
X4	方差相等假设	9.228 4	0.000	11.365 1	29	0.000
	方差不等假设			9.793 1	28.665 4	0.000
X5	方差相等假设	6.648 5	0.000	8.796 1	29	0.000
	方差不等假设			10.478 1	29.154 3	0.000
XA	方差相等假设	3.668 4	0.000	6.230 1	29	0.214
	方差不等假设			8.098 1	27.196 2	0.123
X6	方差相等假设	10.321 8	0.000	10.770 1	29	0.000
	方差不等假设			9.769 1	27.634 2	0.000
X7	方差相等假设	9.648 7	0.000	12.409 1	29	0.000
	方差不等假设			8.709 1	28.391 8	0.000
X8	方差相等假设	8.225 7	0.000	9.167 1	29	0.000
	方差不等假设			8.230 1	29.184 3	0.000
X9	方差相等假设	9.165 4	0.000	9.338 1	29	0.000
	方差不等假设			10.125 1	28.094 7	0.000
X10	方差相等假设	8.368 4	0.000	9.393 1	29	0.000
	方差不等假设			11.136 1	28.197 1	0.000
X11	方差相等假设	10.298 4	0.000	8.367 1	29	0.000
	方差不等假设			9.339 1	27.913 4	0.000

续表

测量问项 独立样本 T 检验		方差相等的 Levene 检验		方差相等下的 *T* 检验		
		F 值	显著性 Sig	*T* 值	自由度	显著性 Sig
XB	方差相等假设	9.671 6	0.000	6.770 1	29	0.079
	方差不等假设			9.769 1	27.612 8	0.068
X12	方差相等假设	8.294 1	0.000	13.698 1	29	0.000
	方差不等假设			12.769 1	30.268 7	0.000
	方差不等假设			10.369 9	27.198 4	0.000
X13	方差相等假设	8.394 7	0.000	12.368 1	29	0.000
	方差不等假设			9.135 1	30.842 7	0.000

备注：表 7-2 中的"方差相等假设"为 *T* 检验中的原假设 H0，而"方差不等假设"为 *T* 检验中的备择假设 H1。

从表 7-2 中各指标的独立样本 *T* 检验，可以发现：①除了第 6 个指标（表 7-2 中的 XA：老旧小区改造项目信息化数字化管理方案）和第 13 个指标（表 7-2 中的 XB：老旧小区改造项目保险计划），其他 11 个指标独立样本 *T* 检验得出的所有 *T* 值显著性水平都小于 0.05，这表明，此次指标体系设计中，第 6 个指标和第 13 个指标不具有很明显的鉴别度，应该将其剔除，而只保留剩余的 11 个指标；②表 7-1 中剩余的 11 个指标需要进行通过使用 SPSS22.0 软件进一步检验指标的信度和效度。

（2）13 个指标的信度检验分析。指标的信度检验是对各个指标的稳定性进行分析，具体来说，其目的在于检验所设计的指标是否可以真实反映老旧小区改造项目的本质。本书通过 α 系数法使用 SPSS22.0 对表 7-2 中的 13 个指标进行信度检验，最终信度检验的结果见表 7-3。

从表 7-3 中的 13 个指标信度检验结果可以看出，这 13 个指标的信度检验 Cronbach' s α 系数达到了 0.716，超过了 0.4 的临界值，说明这 13 个老旧小区改造统筹商业设施项目招标采购的评标指标体系，可以真实反映老旧小区改造项目的情况。

（3）13 个指标的效度分析。信度检验之后，接下来对 13 个指标进行效度检验，以检验调查问卷数据的真实性。本书通过因子分析法，使用 SPSS22.0 软件对 13 个指标进行效度检验，SPSS22.0 软件效度检验的结果见表 7-4。

表 7-3 13 个指标的信度检验结果

	如果项目删除后的规模平均数	如果项目删除后的规模差异	纠正后的总相关系数	Cronbach's α 系数如果该项目删除	Cronbach's α 系数
X1	1.221 5	0.267 8	0.256 4	0.732 8	0.716
X2	4.356 7	0.654 5	0.643 8	0.641 9	
X3	3.286 4	0.721 8	0.741 9	0.776 1	
X4	3.356 7	0.502 4	0.556 7	0.634 9	
X5	3.169 4	0.520 6	0.495 2	0.731 5	
X6	3.627 5	0.316 2	0.305 7	0.682 7	
X7	3.687 4	0.741 6	0.726 3	0.775 6	
X8	3.268 5	0.620 4	0.604 8	0.687 1	
X9	2.954 8	0.732 1	0.713 5	0.745 2	
X10	3.269 4	0.352 6	0.321 8	0.602 4	
X11	4.126 8	0.428 5	0.301 6	0.621 7	
X12	3.134 6	0.369 4	0.351 6	0.652 8	
X13	3.246 1	0.621 8	0.615 4	0.634 8	

表 7-4 13 个指标效度检验的结果

项目	初始特征值			提取的初始特征值		
	总量	方差百分比	累计方差百分比	总量	方差百分比	累计方差百分比
X1	1.468 1	5.393 1	6.185 1	1.258	4.274	49.628 4
X2	1.963 1	4.457 1	11.864 1	1.947	4.365	52.128 4
X3	1.471 1	4.764 1	17.765 1	1.669	4.812	63.554 1
X4	1.197 1	4.244 1	22.207 7	1.352	10.774	72.116 2
X5	1.705 1	3.366 1	28.058 7			
X6	1.423 1	3.825 1	32.635 1			
X7	1.356 1	4.285 1	36.597 7			
X8	1.216 1	4.816 1	40.896 9			
X9	1.272 1	5.018 1	44.806 8			
X10	1.188 1	3.993 1	48.335 9			
X11	1.118 1	3.755 1	52.156 2			
X12	1.139 1	3.169 1	56.325 1			
X13	1.152 1	3.348 1	65.897 1			

在表 7-4 中因子分析的效度检验基础上，可以得到因子分析陡坡图，如图 7-2 所示。

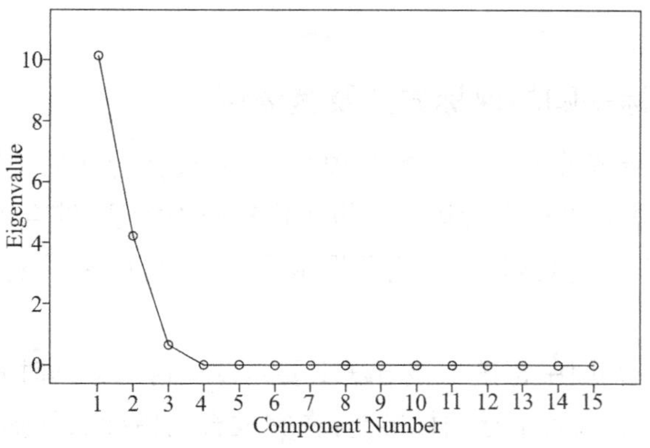

图 7-2 因子分析陡坡图

对表 7-1 中指标体系进行信度与效度检验后，通过 T 检验删除了第 6 个指标（信息化数字化管理方案）和第 13 个指标（保险计划），其余 13 个指标具有一定的科学性和合理性，不同指标之间具有较好的鉴别度，同时也符合老旧小区改造统筹商业设施项目招标采购的实际情况。经过信度与效度检验后的指标体系见表 7-5。

表 7-5 老旧小区改造统筹商业设施项目招标采购评价指标构建

指标类别	评价指标
资信指标	采购投标者资质水平（X1）
	采购投标者业绩实力（X2）
技术指标	老旧小区改造项目建设方案（X3）
	老旧小区改造项目公司的组建与管理方案（X4）
	老旧小区改造项目运营维护方案（X5）
	老旧小区改造项目采购投标人的技术实力（X6）
	老旧小区改造项目移交方案（X7）
商务指标	老旧小区改造项目采购投标者的资金实力（X8）
	老旧小区改造项目的资金筹措方案（X9）
	PPP 特许经营期内项目的财务状况（X10）
	老旧小区改造项目报价合理性（X11）
联合体情况指标	老旧小区改造项目联合体投标人各企业单位的财务情况（X12）
	老旧小区改造项目联合体各企业单位的组合情况（X13）

7.2 老旧小区改造统筹商业设施项目招标采购评标方法创新

7.2.1 传统招标采购的评标方法及其弊端

老旧小区改造统筹商业设施配套项目，需要选择合适的施工方，这就需要科学合理的评标方法。以往学者运用最短运作期限中标法、综合评价法以及多目标决策法等，选择老旧小区改造统筹商业设施项目采购的潜在中标人，这些方法的特点如下。

（1）最短运作期限中标法。该方法主要是以项目的运作时间作为施工方是否可以中标的依据，而且其中标的标准是：在完成合同指标的基础上，项目运作期限最短者中标。最短运作期限中标法在老旧小区改造统筹商业设施项目配套的评标中具有明显的优点：简单方便，能尽量缩短施工期限，可以使老旧小区改造项目在保证工作质量的前提下，短时间内配套商业设施。但是其缺点也很明显，一些施工方为了在投标时胜出，往往会刻意压缩工期，从而牺牲项目质量。

（2）综合评价法。该方法是对最短运作期限法的补充。最短运作期限法以"工作期限"作为单一指标，容易忽视其他质量指标的影响，而综合评价法则综合考虑工作期限、质量、资金成本、居民满意度以及社会影响等，其从多维度对招标采购项目进行评标，评标效果更好。其缺点是：综合评价法无法有效协调多维度评价指标之间的相关关系，无法消除多个评价指标之间的共线性问题等。

（3）多目标决策法。该方法是对综合评价法的补充。多目标决策法继承了综合评价法的多维评价优势，同时通过数学方法消除了不同评价指标之间的多重共线性，可有效协调多维度评价指标之间的相关关系。然而多目标决策法在招标采购的评标中也有一些缺点，包括：指标权重需要事先设定、指标权重确定过程中的人为因素涉及较多等。这使多目标决策法在实际评标过程中需要用到数学方法，例如，数据包络分析法（Data Envelopment Analysis，DEA）、多目标规划法、神经网络分析法等，其中数据包络分析法（DEA）的应用范围最广，本书也使用数据包络分析法（DEA）探讨老旧小区改造统筹商业设施的评标方法创新。

7.2.2 数据包络分析法及其在招标采购评标应用中的弊端

数据包络分析法（Data Envelopment Analysis，DEA）是一种典型的非参数评价方法，Charnes 和 Cooper 等于 1984 年提出了数据包络分析法，经过多年的发展，数据包络分析法在测算同质决策单元的相对效率并对其有效排序的方面得到了广泛的应用，并在各个领域得到了推广。Charnes 和 Cooper 提出的数据包络分析法包括 2 种，分别为 DEA-BCC 模型和 DEA-CCR 模型，两种模型具有不同的使用范围。假设有 n 个老旧小区改造统筹商业设施项目招标采购人，其投入指标有 m 个，产出指标有 r 个，从而可构建如下的 DEA-BCC 模型如式（7-1）所示：

$$\begin{cases} \max h_0 = \sum_{r=1}^{s} u_r y_{r0} \\ \text{s.t.} \sum_{i=1}^{m} v_i x_{i0} = 1 \\ \sum_{r=1}^{s} u_r y_{ri} - \sum_{i=1}^{m} v_i x_{ij} = 1 \\ i = 1,2,\ldots,m; r = 1,2,\ldots,s; j = 1,2,\ldots,n \\ u_r \geqslant 0, v_i \geqslant 0 \end{cases} \tag{7-1}$$

其中，x_{ij}为决策单元投入指标，y_{rj}为决策单元的输出指标，而u_r、v_i分别代表投入指标、输出指标的权重系数。

DEA 模型在老旧小区改造统筹商业设施项目的评标中，具有如下优点：第一，DEA 模型可从综合性角度，实现对所有决策单元的优劣进行全面的比较与评价；第二，DEA 模型不要事先假设各评价指标的权重。层次分析法、综合评价法以及多目标决策法都需要事先设定各个评价指标的权重大小。而 DEA 模型是一种非参数方法，无须事先确定指标权重的大小，从而减少了评价指标权重计算中的主观性。

但是，DEA 模型应用到老旧小区改造统筹商业设施项目招标采购中时，也存在以下问题。

第一，老旧小区改造统筹商业设施项目招标采购中，往往通过资格预审的投标单位较少，这导致决策单元过少，从而检验无法通过。

第二，DEA 模型在决策单元的综合效率评价时，往往会出现多个效率值为 1 的情况，这会导致老旧小区改造统筹商业设施项目招标采购的投标人无法正常排序。

第三，DEA 模型强调从投入产出角度评价各决策单元的得分，但是老旧小区改造统筹商业设施项目招标采购评标中，侧重于评标指标体系评价，这些指标体系为“静态”指标，不符合 DEA 模型“投入产出”的分析角度。

基于此，本书将对传统 DEA 模型进行改进。

（1）针对决策单元有可能较少的问题，引入效率值为 1 的虚拟决策单元，以增加决策单元组数。

（2）针对有可能多个决策单元的效率值为 1 的问题，将传统 DEA 模型改进为超效率 DEA 模型，以改变多个老旧小区改造统筹商业设施项目招标采购的投标人评分效率值同时为 1 的情况。

（3）以各位评标专家的“满意度”（likert5 打分法测定的满意度）作为各个老旧小区改造统筹商业设施项目招标采购投标人的“产出”值，而将表 7-5 中的 13 个评价指标作为投入值，这样就可以从投入产出角度测评各个投标人的得分。

7.2.3 考虑虚拟决策单元的超效率 DEA 模型创新

结合老旧小区改造统筹商业设施项目招标采购的具体情况，其具有如下特点。

首先，老旧小区改造项目可以符合资格预审条件的企业一般比较少，通常大于 3 个小于 7 个，这导致 DEA 模型运用过程中，会出现决策单元（老旧小区改造统筹商业设施项目采购招标者）过少而有可能出现假设检验不能通过的情形，所以，在实际的老旧小区改造统筹商业设施项目招标采购中，当通过资格预审的投标者比较少时，应设计虚拟决策单元，以保证 DEA 模型可以通过检验。

其次，在老旧小区改造统筹商业设施项目招标采购的评标过程中，老旧小区改造项目招标采购必须满足“政府期望”的标准。因此，应该引入虚拟决策单元，将虚拟决策单元作为“政府期望”，这样虚拟决策单元就成为 DEA 模型中的最优决策单元，所有的决策单元都与代表“政府期望”的最优决策单元进行对比，从而计算出各个老旧小区改造项目招标采购人相对于“政府期望”的相对效率，并对其排序。

本书对 Charnes 和 Cooper 的 DEA-BCC 模型进行改进，将代表“政府期望”的虚拟决策单元引入到 DEA 模型中，对式（7-1）进行改进，构建引入虚拟决策单元的超效率 DEA 模型：假设有 n 个老旧小区改造统筹商业设施项目招标采购人，其投入指标有 m 个，产出指标有 r 个，从而可构建如下的 DEA-BCC 模型如式（7-2）所示：

$$\begin{cases} \max h_0 = \sum_{r=1}^{s} u_r y_{r0} \\ \text{s.t.} \sum_{i=1}^{m} v_i x_{i0} = 1 \\ \sum_{r=1}^{s} u_r y_{ri} - \sum_{i=1}^{m} v_i x_{ij} = 1 \\ i = 1,2,\ldots,m; r = 1,2,\ldots,s; j = 1,2,\ldots,n \\ u_r \geqslant 0, v_i \geqslant 0 \end{cases} \tag{7-2}$$

根据式(7-2)，DEA 模型中第 j 个决策单元相对于“政府期望”的相对效率值 h_j 如式(7-3)所示：

$$h_j=\frac{\sum_{r=1}^{s}u_r y_{rj}}{\sum_{i=1}^{m}v_i x_{ij}},i=1,2,\cdots,m;\ r=1,2,\cdots s;\ j=1,2,\cdots n \tag{7-3}$$

其中，x_{ij}为决策单元投入指标，y_{rj}为决策单元的输出指标，而u_r、v_i分别代表投入指标、输出指标的权重系数。

CCR 模型是 DEA 模型中最常用的模型方式，该模型的数学规划表示方式可表示如式(7-4)：

$$\max h_{j0}=\frac{\sum_{r=1}^{s}u_r y_{rj0}}{\sum_{i=1}^{m}v_i x_{ij0}}$$

$$\text{s.t.}\quad \frac{\sum_{r=1}^{s}u_r y_{rj}}{\sum_{i=1}^{m}v_i x_{ij}}\leqslant 1, j=1,2,\cdots,n \tag{7-4}$$

$$u\geqslant 0, v\geqslant 0$$

上述规划模型是一个分式规划，使用 Charnes － Cooper 变化，令：

$$t=\frac{1}{v^T x_0}$$

$$w=tv \tag{7-5}$$

$$\mu=tu$$

可将上述分式模型转化为如下的线性规划模型：

$$\begin{cases}\max h_{j0}=\mu^T y_0\\ \text{s.t.}\quad \mu^T y_j-w^T x_j\leqslant 0\\ \quad w^T x_0=1\\ \quad w\geqslant 0,\mu\geqslant 0\end{cases} \tag{7-6}$$

在该模型中，若$\mu^T y_0=1$且w_0和μ_0均大于零，则称 DMU_{j0} 为 DEA 有效；若$\mu^T y_0>1$，则称 DMU_{j0} 为弱 DEA 有效；若$\mu^T y_0<1$，则称 DMU_{j0} 为非 DEA 有效或 DEA 无效，并可根据各个决策单元 DMU 值的效率值大小对其排序。

7.3 实证分析

7.3.1 案例概况

江西省抚州市黎川县从 2018 年开始探索老旧小区改造工程，2020 年 3 月，黎川县人民政府正式启动改造 9 处老旧小区。

（1）黎川县凌云小区改造。凌云小区位于人民路南侧，东至凌云巷，南至花市街，西至港州路，总用地面积 29 600 m²，涉及建筑 15 栋，居住户数为 475 户。

（2）黎川县前步小区改造。前步小区位于团村路东侧，北至日峰路，东至港州路，南至黎滩河，总用地面积 21 300 m²，涉及建筑 17 栋，居住户数为 455 户。

（3）黎川县进士小区改造。进士小区位于人民路北侧，西至王福巷，东至肖家巷，北至人民新路，总用地面积 37 700 m²，涉及建筑 15 栋，居住户数为 410 户。

（4）黎川县磨市小区改造。磨市小区位于人民路北侧，西至肖家巷，东至银光路，北至人民新路，总用地面积 38 800 m²，涉及建筑 17 栋，居住户数为 461 户。

（5）黎川县龙岗小区改造。龙岗小区位于人民路南侧，西至余家巷，东至光辉巷，南至黎滩河，总用地面积 20 400 m²，涉及建筑 18 栋，居住户数为 521 户。

（6）黎川县高山小区改造。高山小区位于人民路南侧，西至光辉巷，南至黎滩河，总用地面积 16 800 m²，涉及建筑 15 栋，居住户数为 395 户。

（7）黎川县同善小区改造。同善小区位于人民路东侧，西至姚家巷，北至人民新路，总用地面积 30 400 m²，涉及建筑 18 栋，居住户数为 505 户。

（8）黎川县启星小区改造。启星小区位于人民路北侧，东至姚家巷，西至日峰路步行街、北至人民新路，总用地面积 23 000 m²，涉及建筑 18 栋，居住户数为 501 户。

（9）黎川县船山小区改造。船山小区位于花市街南侧，西至港州路，东至花市街，南至黎滩河，总用地面积 34 500 m²，涉及建筑 16 栋，居住户数为 438 户。

黎川县老旧小区改造建设期 27 个月（2020 年 3 月至 2022 年 6 月）。整体工程分三期建设：一期为凌云小区及前步小区，共有居住户数为 930 户，建设期 5 个月（2020 年 3 月至 2020 年 8 月）；二期为进士小区、磨市小区及龙岗小区，共有居住户数为 1 392 户，建设期 12 个月（2020 年 4 月至 2021 年 4 月）；三期为高山小区、同善小区、启星小区及船山小区，共有居住户数为 1 839 户，建设期 14 个月（2021 年 4 月至 2022 年 6 月）。

黎川县老旧小区改造项目在招标过程中要求的潜在特许经营者必须满足的条件如下。

（1）法人资格．必须是在中国境内依法注册成立的企业法人（包括中国港澳台注册公司）。

（2）资质要求。潜在特许经营者必须具有住房城乡建设部颁发的住宅项目建筑施工总承包一级以及以上的资质条件。

（3）财务能力。潜在特许经营者的注册资本不得低于50亿元人民币，而且近3年（2016—2018年）的财务状况良好，没有亏损的情况，没有被审计师警告的情况，没有重大不良资产的处理情况。

（4）商业信誉。潜在特许经营者的信誉良好，在近3年的商业经营中没有重大违法违规行为，而且近3年的企业会计资料中没有虚假记载、银行或其他金融机构没有重大信用不佳记录。

黎川县老旧小区改造项目的招标人为黎川县人民政府。潜在招标采购人中标后，有招标采购人和投标人共同成立项目公司，该项目公司由双方共同出资组建，招标采购人应在投标文件中注明老旧小区改造项目公司的组建方案和资金筹措方案，同时应在投标文件中详细列出该老旧小区改造项目特许经营期内的财务状况、保险计划、项目移交方案等。该项目发布资格预审通知后，虽有6家公司投递了资格预审文件，在严格的资格预审程序后，符合资格预审要求的企业一共有5家，本书分别使用A、B、C、D、E代表这5家企业。这5家投标企业都不是单独投标的，都是联合体投标，这也符合现阶段我国老旧小区改造项目投标的实际情况。经过调研，笔者搜集到这5家企业的资信能力指标、技术能力指标、商务能力指标以及联合体投标情况指标等数据，具体的数据搜集过程见下文。

7.3.2 数据搜集

经过资格预审，黎川县老旧小区改造统筹商业设施项目招标采购中有5位投标人符合上述投标资格。组建的评标专家组一共有7人，运用likert5级评分法，对老旧小区改造统筹商业设施项目招标采购评标的指标体系进行打分，同时评标专家组对5个投标人的总体满意度打分，最终得出5位投标人在13项指标和总体满意度上的平均得分情况，见表7-6。

表7-6 五个投标人各指标的平均得分

指标	投标人A	投标人B	投标人C	投标人D	投标人E
采购投标者资质水平（X1）	3.52	4.21	4.13	3.38	4.41
采购投标者业绩实力（X2）	4.89	2.75	3.49	3.55	4.28
老旧小区改造项目建设方案（X3）	3.67	3.24	2.18	3.21	2.58

续表

指标	投标人A	投标人B	投标人C	投标人D	投标人E
老旧小区改造项目公司的组建与管理方案（X4）	3.67	3.25	3.58	4.21	3.21
老旧小区改造项目运营维护方案（X5）	3.64	3.52	4.05	3.29	4.05
老旧小区改造项目采购投标人的技术实力（X6）	3.91	3.28	3.64	4.22	3.84
老旧小区改造项目移交方案（X7）	2.95	3.15	2.75	4.16	3.37
老旧小区改造项目采购投标者的资金实力（X8）	3.51	2.58	2.27	3.05	2.75
老旧小区改造项目的资金筹措方案（X9）	2.64	3.14	3.24	3.18	2.87
PPP 特许经营期内项目的财务状况（X10）	3.17	2.21	2.28	2.31	3.08
老旧小区改造项目报价合理性（X11）	3.19	3.25	3.37	3.18	2.27
老旧小区改造项目联合体投标人各企业单位的财务情况（X12）	2.87	2.28	3.09	2.78	3.19
老旧小区改造项目联合体各企业单位的组合情况（X13）	3.85	2.68	2.49	3.07	3.47
总体满意度情况（Y）	4.24	3.28	3.54	3.27	4.18

备注：笔者搜集整理所得。

对所有的指标数据进行分析，形成各个指标的描述性统计表见表 7-7。

表 7-7 指标原始数据的描述性统计表

指标	均值	最大值	最小值	C.R.	P
采购投标者资质水平（X1）	3.93	5	1	4.548	***
采购投标者业绩实力（X2）	3.792	4	2	4.945	***
老旧小区改造项目建设方案（X3）	2.976	4	1	2.439	***
老旧小区改造项目公司的组建与管理方案（X4）	3.584	5	2	3.804	***
老旧小区改造项目运营维护方案（X5）	3.71	4	2	4.98	***
老旧小区改造项目采购投标人的技术实力（X6）	3.778	4	2	3.94	***
老旧小区改造项目移交方案（X7）	3.276	5	2	6.965	***
老旧小区改造项目采购投标者的资金实力（X8）	2.832	4	2	8.513	***
老旧小区改造项目的资金筹措方案（X9）	3.014	4	2	8.572	***
PPP 特许经营期内项目的财务状况（X10）	2.61	4	2	8.875	***
老旧小区改造项目报价合理性（X11）	3.052	4	2	10.04	***
老旧小区改造项目联合体投标人各企业单位的财务情况（X12）	2.842	4	2	9.145	***
老旧小区改造项目联合体各企业单位的组合情况（X13）	3.112	4	2	7.107	***

备注：*** 表示 1% 显著性水平下显著。

在评标专家打分基础上，接下来将通过引入虚拟决策单元的超效率 DEA 模型，对不同投标人的优劣水平进行比较，从而选出最优的投标人。

7.3.3 实证分析结果

考虑到通过资格预审的投标人只有 5 个，为了保证 DEA 模型计算的有效性，本书将引入虚拟决策单元的超效率 DEA 模型，综合评价不同投标人的预期效率值，并对其排序，为老旧小区改造统筹商业设施项目招标采购的评标提供科学依据。

（1）本书引入虚拟最优决策单元 C_0，为了保证 DEA 模型投入产出指标之间的同向变化，那么虚拟决策单元 C_0 的 13 个指标得分值都为 5，其产出指标“总体满意度”的得分也为 5。

（2）将虚拟决策单元与 5 个老旧小区改造统筹商业设施项目招标采购的投标人指标数据带入超效率 DEA 模型中，采用 Matlab 编程计算。在计算的过程中，如果效率值检验无法通过，则须继续引入新的虚拟决策单元，实证分析结果见表 7-8。

表 7-8 5 个投标人的预期效率值及排序

老旧小区改造统筹商业设施项目招标采购的投标人	预期效率值	效率值排序
C_0（虚拟决策单元）	1	1
投标人 A	0.923	2
投标人 B	0.724	6
投标人 C	0.818	4
投标人 D	0.764	5
投标人 E	0.879	3

由表 7-8 可得出如下结论。

（1）该老旧小区改造统筹商业设施项目招标采购中，本书提出的创新方法得到了 5 个投标人的排序结果：A>E>C>D>B，其中最后的中标人 A 相对于“政府期望”的相对效率值为 0.923，最接近虚拟决策单元的政府期望，可以据此选择投标人 A 为此老旧小区改造统筹商业设施项目招标采购的中标人。

（2）对 5 位候选人的情况进行进一步的分析可以发现：A 公司优于其他 4 家供应商的原因在于其资质水平（X1）、业绩实力（X2）、项目建设方案（X3）、投标人的技术实力（X6）这 4 个指标远远优于其他 4 家老旧小区改造项目供应商。A 公司成立于 1992 年，注册资本 3 亿美元，是一家以路桥建设、技术设计、运营维护、关键设备生产以及成套业务等为主业的路桥专业化集团企业。截至目前，已完成数百个国内外路桥投资项目，获得多项荣誉称号。与其他 4 个老旧小区改造项目供应商相比，公司 A 的报价合理性（X11）、特许经营期内项目的财务分析和预测（X10）等指标的得分并不高，低于供应商 B 和供应商 E。但是，按照 DEA 模型“高投入高产出”的原则，A 公司成为最终的中标者，其 DEA 模型的效率值要超过其他 4 个供应商。

（3）本书结合老旧小区改造统筹商业设施项目招标采购的特点，提出引入虚拟决策单元（虚拟决策单元代表的是政府部门的期望），改进传统 DEA 模型。在传统 DEA 模型中，需要先由不同的决策单元共同确定生产前沿边界，再由生产前沿边界确定最优效率，最后各个决策单元与生产前沿边界比较，确定各自的相对效率。本书则由虚拟决策单元确定最优效率作为标杆，而后各个决策单元与政府的期望效率进行比较，最终根据比较结果，确定不同老旧小区改造统筹商业设施项目招标采购供应商的相对效率。需要注意的是，随着政府期望的不断变化，不同决策单元的相对效率之间可能产生变化，这就需要对模型的稳定性进行分析，以确定是否随着政府期望的变化，导致不同老旧小区改造统筹商业设施项目供应商排名的变更。基于此，下文将对老旧小区改造统筹商业设施项目招标采购供应商选择模型的灵敏度进行分析与验证。

7.3.4 灵敏度检验

对老旧小区改造统筹商业设施项目招标采购的评标模型灵敏度进行分析与检验的目的有两个：一是检验随着表 4-2 中各个输入指标的变化引起不同老旧小区改造统筹商业设施项目招标采购供应商的变化，以找到最敏感的输入指标；二是检验随着虚拟决策单元的变化，引起老旧小区改造统筹商业设施项目招标采购供应商排序结果的变化。

第一，依次改变表 7-2 中 13 个输入指标的变化，观察 5 个老旧小区改造统筹商业设施项目招标采购供应商排序结果的变化情况。将表 7-3 中原始模型（Model 0）的值固定不变，而后在其基础上，逐步改变其中的 13 个指标，从而得到了 13 个不同的 DEA 模型，即 Model l~Model 13，计算所有模型中 5 个老旧小区改造统筹商业设施项目招标采购供应商相对于政府预期效率值及其效率值的排序结果，灵敏度分析结果见表 7-9。

表 7-9 13 个投入指标变化引起不同决策单元效率值及其排序的变化情况

	省略指标	C_0	C_1	C_2	C_3	C_4	C_5
Model 0	—	1	0.929	0.746	0.809	0.756	0.860
Model 1	X1	1	0.769	0.741	0.752	0.718	0.765
Model 2	X2	1	0.929	0.746	0.809	0.756	0.860
Model 3	X3	1	0.929	0.746	0.809	0.756	0.860
Model 4	X4	1	0.929	0.746	0.809	0.756	0.860
Model 5	X5	1	0.929	0.746	0.809	0.756	0.860
Model 6	X6	1	0.929	0.746	0.809	0.756	0.860
Model 7	X7	1	0.929	0.746	0.809	0.756	0.860
Model 8	X8	1	0.929	0.746	0.809	0.756	0.860
Model 9	X9	1	0.929	0.746	0.809	0.756	0.860
Model 10	X10	1	0.929	0.746	0.809	0.756	0.860
Model 11	X11	1	0.929	0.746	0.809	0.756	0.860
Model 12	X12	1	0.929	0.746	0.809	0.756	0.860
Model 13	X13	1	0.929	0.746	0.809	0.756	0.860

数据来源:作者计算并整理。

根据表 7-9 中 5 个招标采购供应商的排序结果随着不同输入指标变化的变化情况,绘制图 7-3。

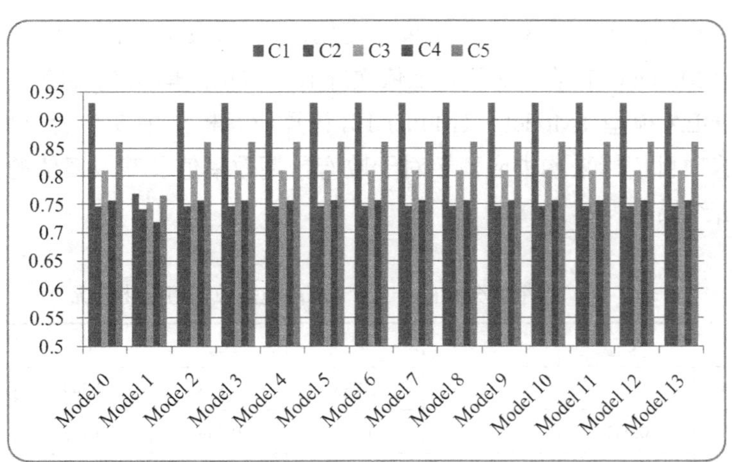

图 7-3 老旧小区改造统筹商业设施项目招标采购供应商排序伴随着不同输入指标的变化情况

根据表 7-9 和图 7-3 的灵敏度检验结果可以发现如下问题。

（1）如表 7-9 中所显示的结果，在检验新的评标方法的 13 组派生 DEA 模型中，只有一组模型（Model 1）的老旧小区改造统筹商业设施项目招标采购投标人的预期效率值发生了变化，而且 Model1 中，老旧小区改造统筹商业设施项目招标采购的投标人效率值排序也发生了变化，而其他 12 个派生 DEA 模型的计算结果没有发生显著的变化。运用 SPSS 软件的检验结果显示，最后得到的检验 Spearman 等级相关系数为 0.925 4。当置信度为 1% 时，P 值为 0，表明此时在 1% 的显著水平下是显著的。由此可以看出，旧小区改造统筹商业设施项目招标采购评标指标体系和模型计算结果比较稳定，不会随着输入指标数值的变化而变化。

（2）灵敏度检验结果显示，5 个老旧小区改造统筹商业设施项目招标采购供应商对资质水平（X1）指标的变化最敏感，只有当资质水平（X1）变化时，才能够引起 5 位供应商排序顺序的变化。因此，在老旧小区改造统筹商业设施项目招标采购的评标过程中，评标委员会和供应商投标人都要特别关注投标人的资质水平情况。

（3）13 个数据指标灵敏度分析的结果表明，超效率 DEA 模型的稳定性比较好。在老旧小区改造统筹商业设施项目招标采购评标时，模型的计算结果不会因输入指标数据变化以及个别数值的不准确，而影响到不同老旧小区改造统筹商业设施项目招标采购供应商的排序结果。这从一定程度上可以破解传统老旧小区改造统筹商业设施项目招标采购评标中人为因素较多、个别指标难以准确量化的问题。

第二，依次改变表 7-9，检验随着虚拟决策单元的变化，引起老旧小区改造统筹商业设施项目招标采购供应商排序结果的变化。观察 5 个老旧小区改造统筹商业设施项目招标采购供应商排序结果的变化情况，将表 7-9 中的计算模型结果设为原始模型 Model 0，在表 7-9 基础上依次降低虚拟决策单元 C_0 的效率值，派生出 18 个新的 DEA 模型 TModel l~TModel 18，计算所有模型中 5 个老旧小区改造统筹商业设施项目招标采购供应商相对于政府预期效率值及其效率值的排序结果，灵敏度分析结果见表 7-10。

表 7-10　灵敏度分析的十八个 DEA 模型效率值变化情况

决策单元	C_0	C_1	C_2	C_3	C_4	C_5
TModel 0	1	0.921	0.735	0.818	0.747	0.852
TModel 1	0.941	0.924	0.712	0.748	0.713	0.811
TModel 2	0.9	0.865	0.694	0.746	0.705	0.812
TModel 3	0.85	0.824	0.675	0.714	0.687	0.803
TModel 4	0.8	0.758	0.632	0.682	0.645	0.708

续表

决策单元	C_0	C_1	C_2	C_3	C_4	C_5
TModel 5	0.75	0.723	0.613	0.654	0.625	0.685
TModel 6	0.7	0.657	0.531	0.605	0.542	0.617
TModel 7	0.65	0.619	0.502	0.552	0.514	0.589
TModel 8	0.6	0.536	0.442	0.489	0.465	0.504
TModel 9	0.55	0.527	0.408	0.446	0.418	0.487
TModel 10	0.5	0.463	0.391	0.432	0.406	0.452
TModel 11	0.45	0.421	0.345	0.405	0.389	0.413
TModel 12	0.4	0.375	0.291	0.318	0.305	0.346
TModel 13	0.35	0.314	0.276	0.294	0.284	0.302
TModel 14	0.3	0.287	0.224	0.257	0.243	0.271
TModel 15	0.25	0.232	0.152	0.185	0.165	0.205
TModel 16	0.2	0.163	0.117	0.133	0.147	0.149
TModel 17	0.142	0.141	0.185	0.122	0.118	0.134
TModel 18	0.1	0.092	0.046	0.069	0.054	0.085

数据来源：作者计算并整理。

根据表7-10中5个老旧小区改造统筹商业设施项目招标采购供应商的排序结果伴随着虚拟决策单元效率值的变化情况，绘制图7-4。

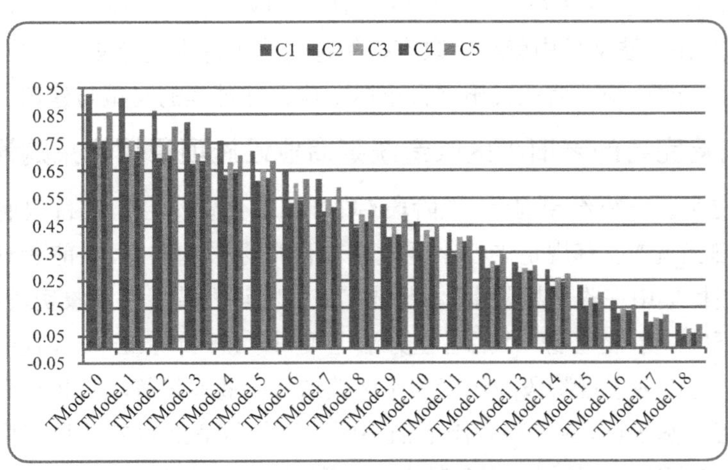

图7-4 老旧小区改造统筹商业设施项目招标采购供应商排序伴随着虚拟决策单元效率值的变化情况

根据表 7-10 和图 7-4 的灵敏度检验结果可以得出如下结论。

（1）如表 7-10 中所显示的结果，在检验新的评标方法的 18 组派生 DEA 模型中，所有组的老旧小区改造统筹商业设施项目招标采购投标人的预期效率值都发生了变化，但是不同老旧小区改造统筹商业设施项目招标采购人的排序结果与原始模型是相同的，均为 A>E>C>D>B。同样，经过 P 值检验可以发现，在 1% 的显著性水平下是显著的。由此可以看出，本书提出了的老旧小区改造统筹商业设施项目招标采购评标模型的计算结果，不会因为政府部门的变化、政府期望值的波动而发生变化，模型计算的稳定性比较高。

（2）灵敏度检验结果显示，5 个老旧小区改造统筹商业设施项目招标采购供应商对 18 组模型中不同虚拟决策效率值变化不敏感，其排序结果不会伴随虚拟决策单元效率值的变化而变化，这为减少政府部门直接插手老旧小区改造统筹商业设施项目招标采购的评标结果提供了工具，有利于营造公平、公正的老旧小区改造统筹商业设施项目招标采购评标环境。

7.4 完善老旧小区统筹商业设施更新项目招标采购的对策与建议

根据上文实证分析的结论，本章将从构建完善的老旧小区改造统筹商业设施项目招标采购评标制度、推进可视化老旧小区改造统筹商业设施项目招标采购评标信息系统的研发、以特别法形式出台老旧小区改造统筹商业设施项目招标采购的相关规定、在立法文件中就相关政府担保行为作出特别规定 4 个方面，提出完善我国老旧小区改造统筹商业设施项目招标采购评标过程的对策与建议。

7.4.1 构建完善的老旧小区改造统筹商业设施项目招标采购评标制度

上文的实证分析结果显示，现阶段《政府和社会资本合作项目政府采购管理办法》《实施意见》没有规定老旧小区改造项目招标采购的方法，前者对特许经营者的选择指标集中在收费期限上，由此选出来的特许经营者往往收费较高，从而会给社会留下“暴利”的印象；而后者在方法上不科学，评价标准单一，且个人主观意识比较多。这造成了现阶段我国老旧小区改造统筹商业设施项目招标采购评标过程的不完善。基于此，应完善我国老旧小区改造统筹商业设施项目招标采购的评标制度，具体的对策与建议主要包括以下内容。

（1）针对《政府和社会资本合作项目政府采购管理办法》在指标体系选择方面不足的问题，以实证分析检验过的指标体系为理论依据，在《PPP 采购管理办法》

的磋商性条款基础上，从老旧小区改造统筹商业设施项目招标采购的投标人资信的资信实力、技术能力、商务能力以及联合体投标情况等指标，多角度、多方位地考核投标者的特许经营能力，实现老旧小区改造统筹商业设施项目招标采购的科学性评标。

（2）在《实施意见》基础上创新我国老旧小区改造统筹商业设施项目招标采购的评价方法。以往的评价方法比较单一：采用画勾（√）的方法，如果投标人满足了某一个条件，则画勾，最后计算每一位投标人满足的条件数，满足条件数最高的投标人即为特许经营者。传统方法比较简单，操作方便，但是不便于选出最优的特许经营者。结合实证分析结果，可引入虚拟决策单元的DEA模型择优选择潜在特许经营者。针对个别指标无法定量的问题，必要时可加大前期对潜在特许经营者的调研力度，从而提高特许经营者选择的准确性。

（3）应改进现行的评标办法，优化老旧小区改造统筹商业设施项目招标采购的评标机制，增加评价方法和评价指标的客观性与科学性。要为PPP项目特许权招标采购营造一个比较公平、公正的环境，一是要在评审委员的选择中严格把关，建立评审委员的诚信档案，从源头上对评审委员的公平公正性进行严格把关；二是建立科学合理的、具有可持续性的老旧小区改造统筹商业设施项目招标采购评标的评审专家库。在该专家库中，各个评审专家的选择和抽取，应按照随机的原则进行，防止出现人为操纵的情况；三是各个评审委员应该坚持避嫌的原则，坚决维护公平公正的老旧小区改造项目评标环境。

7.4.2 推进可视化老旧小区改造统筹商业设施项目招标采购评标信息系统的研发

老旧小区改造统筹商业设施项目招标采购的评标方法虽然在理论上具有一定的科学性和先进性，但是该方法需要使用超效率DEA模型，导致评估方法的计算比较麻烦，而且虚拟决策单元的引入个数的确定也比较麻烦，计算过程复杂，这会给老旧小区改造统筹商业设施项目招标采购中的评标工作带来一定难度。基于此，笔者以为，创新老旧小区改造统筹商业设施项目招标采购的评标方法，可以推进老旧小区改造统筹商业设施项目采购评标的可视化软件的研发。例如，2018年北京市朝阳区劲松街道与华为公司联合开发了基于SQL语言设计的可视化老旧小区改造统筹商业设施项目招标采购评标信息系统，只需要将评价指标的数据输入信息系统，即可得到各潜在特许经营者的得分和从高到低排序情况，从而可简化老旧小区改造统筹商业设施项目采购评标中的工作量，也有助于推进老旧小区改造统筹商业设施项目招标采购的评标方法创新。

7.4.3 健全老旧小区改造项目招投标的法律法规体系

PPP 作为一种新的融资模式，目前还缺少国家层面的立法，导致监管效率低下。老旧小区改造统筹商业设施项目采购评标属于市场经济行为，市场经济的规范化运作必然依赖于完善的法律法规体系。如果没有完善的法规保障，任何完善的制度设计和技术创新都无法落地。可以说，法律法规完善是市场化经济顺利运行的有效保障。近些年来，随着我国基础设施领域的市场化发展，我国老旧小区改造统筹商业设施项目采购评标程度逐步加大，具体的对策与建议如下。

1）以特别法形式出台 PPP 特许经营者选择的相关规定

目前，我国老旧小区改造统筹商业设施项目采购评标的指标系还不完善，在《政府和社会资本合作项目政府采购管理办法》规定的老旧小区改造统筹商业设施项目采购评标的原则性条文前提下，我国立法机关可委托国务院各部委、各地方政府就老旧小区改造统筹商业设施项目招标采购的评标选择，制定与行政条文、行政指令相配套的单行法规配套。考虑到我国老旧小区改造统筹商业设施项目招标采购选择的指标体系属于操作性较强的措施，所以建议相关立法主体以特别法的形式，通过具有指导性或者规范性的操作性条文予以立法。需要指出的是，特别法形式立法的行政程序比较少，更容易推行使用。

2）在立法文件中就相关政府担保行为作出特别规定

根据上文的研究结论，各个潜在特许经营者的选择应是在自身的经营能力范围以内进行比较与竞争。而目前在我国老旧小区改造统筹商业设施项目招标采购评标过程中，项目所在地政府为了给予潜在特许经营者以投资信心，往往会通过各类保证或安慰函为潜在特许经营者提供担保，虽然这会增加项目对于潜在特许经营者的吸引力，增强其投资信心，但是会扰乱潜在特许经营者的能力评价指标。基于此，有必要对目前《担保法》中有关地方政府关于老旧小区改造统筹商业设施项目招标采购的担保范围和担保形式作出特别规定，在鼓励潜在特许经营者参与投标的同时，限制地方政府的担保形式和范围。

7.5 小结

老旧小区改造配套商业设施项目的建设主体，需要政府通过发放招标采购公告，采用一定的招标采购方法，从多个潜在投标者中选出最优的投标者。传统的招标采购方法包括最短运作期限中标法、综合评价法以及多目标决策法，这些方法在老旧小区改造配套商业设施项目的评标中都有一些缺陷，需要对这些方法进行改进。DEA 模型属于非线性规划的一种方法，其可以应用于老旧小区改造配套商业设施项目的招标采购。本章从资信、技术、商务以及联合体情况几个方面，构建老旧小区改造配套商业设施项目招标采购的评价指标体系，构建引入虚拟决策单元的 DEA 模型，作为老旧小区改造项目招标采购模型，并以江西省抚州市黎川县 9 个老旧小区改造项目的招标采购为例进行实证分析，并以实证分析结论为基础，提出了完善老旧小区改造配套商业设施项目招标采购方法的对策建议。

第 8 章　研究结论与展望

社区延伸，可以为城市高质量发展提供新动能，也可以为城市居民生活水平的改善提供新的实施方式。

8.1　研究结论

城市老旧小区的更新涉及多个方面，而社区商业设施的配套和更新，则是最有效的方式，这是因为：一方面，社区商业设施可为居民生活提供最直接的衣食住行等需求，满足社区居民最关心的生活需求，延伸社区居民的生活需求，延伸社区的功能；另一方面，社区商业设施的更新，可以带动社区经济的发展，激发社区更新的内在动力，延伸社区的内在增长能力，促进传统社区向社区生活综合体延伸，提高社区的柔性。

本书以社区延伸为题，在走访调研我国大量老旧小区改造统筹商业设施更新案例的基础上，以社会治理现代化理论、城市形态学、社区商业理论以及个性化消费理论为理论基础，研究老旧小区改造统筹商业设施更新的配套方法、运营模式以及实施方案，并提出了老旧小区改造项目招标采购方法的优化模型与对策建议。具体来说，本书研究得到的研究结论如下。

（1）老旧小区改造项目统筹社区商业设施运营的第一步是选择合适的配套方法，为老旧小区改造项目配套适宜的商业设施类型，同时突破老旧小区改造中人力、建设用地、投资资金的限制。现阶段我国老旧小区改造统筹商业设施更新的配套方法有 3 种，分别为打包操作法、多元渠道融资法以及 PPP 融资法。3 种配套方法的共性在于：打破了老旧小区改造中的建设用地、人力以及资金限制，盘活了社区资源，促进了老旧小区改造的完成。三者的差异性表现在：打包操作法，主要是打破建设用地的限制，有效利用建设用地的杠杆效应，引入市场主体；多渠道融资法则是突破资金限制，以政府资金为主体，多渠道引入社会资本；PPP 融资法虽然也是打破资金使用的限制，但是其以项目本身为“杠杆”，撬动社会资本的参与，由街道与社会资本合作运营社区商业设施。

（2）老旧小区改造统筹商业设施更新的运营模式可分为：基础性改造模式、适老性改造模式、健康社区构建模式、邻里交往需求模式、社区微改造模式、居民生活圈构建模式等。太原市小店社区、黎氏阁社区商业、天津老旧小区、山东省烟台市芝罘区老旧小区的典型案例证明了这些运营模式的现实可行性，并且可从强化组织领导、科学统筹谋划、多渠道融通资金等方面，进一步创新老旧小区统筹商业设施运营模式。

（3）实施方案是老旧小区改造中配套商业设施的工作计划书。老旧小区改造统筹商业设施更新的实施方案，应该合理制定社区商业配套的目标、具体的配套内容、如何配套的方法以及具体的工作步骤等。老旧小区改造配套商业设施更新的实施方案，包含"两步法"实施方案与"三步法"实施方案，典型案例验证了这两类实施方案的可行性，并提出了老旧小区改造统筹商业设施更新的实施方案改进对策建议。

（4）老旧小区改造的招标采购方法选择，是老旧小区改造统筹商业设施更新的配套方法、运营模式以及实施方案的基础。本书构建了老旧小区改造项目招标采购的评价指标体系，设计了引入虚拟决策单元的超效率 DEA 模型，作为老旧小区改造项目招标采购模型。以江西省抚州市黎川县 9 个老旧小区改造项目为样本的实证分析结果表明，从方法应用上来看，引入虚拟决策单元的超效率 DEA 模型，在实践中可用于综合评价老旧小区改造统筹商业设施项目招标采购的不同投标人效率。模型灵敏度检验结果显示：DEA 模型的计算结果较稳定，投标人 A 最终可确定为中标人，相对于其他 4 个投标人，其综合评价的效率最高；创新模型得到的评标结果（不同投标人的排序）只对投标人的资质条件比较敏感，不会随着模型其他输入指标数值的变化而变化，也不会随着政府部门期望的波动而发生变化。

8.2 研究展望

社区延伸不仅包括老旧小区改造统筹商业设施更新，还包括老旧小区改造统筹建设用地规划、养老需求、基层社区组织建设等，其范围比较宽泛，以社区延伸为主题的研究可沿着以下几个方面进一步丰富。

（1）社区延伸的途径研究。社区延伸是"十四五"期间城市更新的重要内容，社区延伸既包括硬件设施的更新，也包括基层组织建设、社区文化营造。如何全面构建社区延伸的途径，是未来社区延伸的研究主题。

（2）社区延伸的动力机制研究。社区延伸是社区功能的纵深延展，也是社区内部活力的激发，如何从"社区居民—社交网络—政府组织—社会环境"的角度，构建社区延伸的动力机制，也是后续研究的重要主题。

（3）社区延伸的城市形态学研究。社区延伸离不开老旧小区的用地限制，这也是实践中社区延伸的重要阻力，如何有效利用城市形态学的理论，合理利用老旧小区的闲置土地，突破老旧小区用地限制，也是后续研究的主题。

参考文献

[1] 王贵美，王晓春 . 杭州市城镇老旧小区综合改造提升实践与探索 [M]. 北京：中国建筑工业出版社，2021.

[2] 张佳丽，刘杨，刘玉军 . 城镇老旧小区改造综合技术指南 [M]. 北京：中国建筑工业出版社，2022.

[3] 梅耀林，王承华，李琳琳，等 . 江苏老旧小区改造建设引导 [M]. 北京：中国建筑工业出版社，2021.

[4] 王健，孙光波 . 城镇老旧小区改造——扩大内需新动能 [M]. 北京：中国建筑出版社，中国城市出版社，2021.

[5] 王利阳 . 社区新零售 [M]. 北京：人民邮电出版社，2020.

[6] 朱凯等 . 城市社区商业体系建设研究与实践——绿城商业的实践探索 [M]. 北京：中国建筑工业出版社，2019.

[7] 陈立平 . 老龄化下我国城市社区商业转型研究 [M]. 北京：中国商业出版社，2020.

[8] 向勇，崔世平，徐秀菊，等 . 社区经济与创意营造 [M]. 北京：社会科学文献出版社，2018.

[9] 文余源 . 城乡一体化进程中的中国农村社区建设研究 [M]. 北京：中国人民大学出版社，2021.

[10] 徐印州，林梨奎，戴诗华，等 . 社区电商论——广州社区商业线上线下融合发展研究 [M]. 北京：经济管理出版社，2018.

[11] 尹文超，卢兴超，刘永旺 . 老旧建筑小区海绵化改造技术及实施案例 [M]. 北京：化学工业出版社，2020.

[12] 蒋廷令 . 未来社区建设指南理念与实践 [M]. 北京：中国经济出版社，2021.

[13] 张晋壹 . 迭代：社区产品设计和商业模式的七步战略 [M]. 北京：中国铁道出版社，2020.

[14] 严陆根 . 中国社区经济与管理 [M]. 北京：中国发展出版社，2014.

[15] 刘正江 . 南关：一个民族商业社区的变迁 [M]. 北京：中央民族大学出版社，2011.

[16] 项飚 . 跨越边界的社区——北京“浙江村”的生活史 [M]. 北京：生活•读书•新知三联书店，生活书店出版有限公司，2018.

[17] 住房和城乡建设部科技与产业化发展中心 . 老旧小区有机更新改造技术导则 [M]. 北京：中国建筑工业出版社，2017.

[18] 黄鹤，钱嘉宏，刘欣葵，等 . 北京老旧小区更新研究 [M]. 北京：中国建筑工业出版社，2021.

[19] 尹娜 . 大数据时代的社区小店 [M]. 北京：东方出版社，2014.

[20] 王本壮 . 社区营造：政策规划与理论实践 [M]. 北京：社会科学文献出版社，2017.

[21] 刘佳燕，王天夫 . 社区规划的社会实践——参与式城市更新及社区再造 [M]. 北京：中国建

筑工业出版社，2019.

[22] 鲍莉，张玫英．老得其所——城市既有社区适老化更新策略研究：以南京为例 [M]. 南京：东南大学出版社，2016.

[23] 邓克凡．社区商业设计常用规范一本通 [M]. 成都：电子科技大学出版社，2019.

[24] 维克多•多佛，约翰•马森加．街道设计：打造伟大城镇的秘诀 [M]. 北京：电子工业出版社，2015.

[25] 李勤，贺英莉，陈雅斌．老旧城区绿色再生保护规划设计案例教程 [M]. 北京：冶金工业出版社，2020.

[26] 李德智，谷甜甜，朱诗尧．老旧小区改造中居民参与治理的意愿及其影响因素研究：以南京市为例 [J]. 现代城市研究，2020（2）：19-25.

[27] 陈鑫．老旧小区改造中的利益冲突与化解研究 [D]. 重庆：中共重庆市委党校，2020：14-27.

[28] 陈铭，袁野，石新宇．共享视角下的老旧小区公共服务设施配置方法研究 [J]. 建筑与文化，2020（10）：163-164.

[29] 刘贵文，胡万萍，谢芳芸．城市老旧小区改造模式的探索与实践——基于成都、广州和上海的比较研究 [J]. 城乡建设，2020（5）：54-57.

[30] 林金丹，洪毅．老旧小区组团活动空间的适老化改造初探——以厦门市槟榔社区为例 [J]. 中外建筑，2017（12）：108-113.

[31] 吕飞，丁美煜，孙平军．基于居民满意度的城市老旧住宅小区综合整治优先级研究——以哈尔滨市小康住宅示范小区为例 [J]. 地域研究与开发，2019，38（4）：75-79；91。

[32] 林洪，董超，周甜．探索“共建共享”模式下老旧住宅小区改造 [J]. 住宅与房地产，2019（12）：233.

[33] 张志红，张喻．老旧住宅小区综合整治改造项目绩效评价研究——以山东省老旧小区改造为例 [J]. 财政科学，2019（1）：88-96；114.

[34] 李环宇，张一兵，顾贤光，等．关于城市老旧小区整治与改造的研究 [J]. 建筑与文化，2018（1）：176-177.

[35] 葛润霞．老旧小区整改的调查与思考——以山东省烟台市芝罘区老旧住宅小区改造为例 [J]. 城市管理与科技，2017，19（2）：68-70.

[36] 浩飞龙，王士君，冯章献，等．基于 POI 数据的长春市商业空间格局及行业分布 [J]. 地理研究，2018，37（2）：366-378.

[37] 王晓梦，王锦，朱青．基于签到数据的城市商业空间空心化识别研究：以北京市城六区为例 [J]. 城市发展研究，2018，25（2）：77-84.

[38] 常恩予，甄峰．智慧社区的实践反思及社会建构策略：以江苏省国家智慧城市试点为例 [J]. 现代城市研究，2017，（5）：2-8.

[39] 黄娱，田燕．社区居家养老模式下武汉老旧社区适老化评价与改造研究 [J]. 城市建筑，2019，16（34）：112-118.

[40] 孙道胜，柴彦威．城市社区生活圈体系及公共服务设施空间优化——以北京市清河街道为例 [J]. 城市发展研究，2017，24（9）：7-14.

[41] 魏伟，王兵，牛强，等．“城市人理论”视角下社区公共服务设施配套友好性策略探讨——以

武汉市典型社区为例 [J]. 城市建筑，2018，(12)：8-12.
[42] 丁盼 . 网络服务影响下的社区级商业服务设施空间布局特征研究 [D]. 合肥：合肥工业大学，2020.
[43] 李迅 . 以老旧小区改造推动社会治理和城市有机更新 [N]. 中国建设报，2020-05-14(006).
[44] 谢楠 . 台湾社区经济发展探析——以三个典型社区为例 [J]. 台湾研究，2018(1)：71-77.
[45] 李伟，黄正东 . 基于 POI 的厦门城市商业空间结构与业态演变分析 [J]. 现代城市研究，2018(4)：56-65.
[46] 陈志博 . 互联网影响下的社区商业更替研究 [D]. 合肥：合肥工业大学，2019.
[47] 陈铭，郭步华 ."红色物业"融入城市老旧社区治理发展研究——以武汉市水仙里社区红光小区为例 [J]. 城市建筑，2019(4).
[48] 郭安禧，李茂良，王松茂，等 . 旅游增权对社区经济发展的影响机制研究 [J]. 资源开发与市场，2022(1)：1-18.
[49] 沈冠辰，苏立影，段络天 . 我国城市社区经济发展定位、规划及政府角色研究 [J]. 科技智囊，2021(2)：32-39.
[50] 冯晓龙，刘明月，张崇尚，等 . 深度贫困地区经济发展与生态环境治理如何协调——来自社区生态服务型经济的实践证据 [J]. 农业经济问题，2019(12)：4-14.
[51] 顾志明 . 网络购物影响下的城区社区商业设施配置低碳模式研究 [D]. 北京：北京建筑大学，2017.
[52] 张子瑜 . 网购背景下的环首都地区社区商业设施配置研究 [D]. 北京：北京建筑大学，2019.
[53] 彭丹丹，龚家辉，张绿水 . 基于传染病防控视角的城市老旧小区改造设计策略 [J]. 黑龙江生态工程职业学院学报，2022，35(2)：29-33.
[54] 王买昌 . 老旧小区改造整治内容及设计工作思考——以西部 W 市小区改造提升为例 [J]. 绿色科技，2020(17)：68-69.
[55] 范金妹 . 共同体视角下欠发达地区老旧小区改造的困境与路径——以南平市为例 [J]. 新乡学院学报，2022，39(4)：55-59.
[56] 张碧韩 .BIM 技术在城镇老旧小区改造项目成本管理中的应用 [J]. 江西建材，2022(3)：209-213.
[57] 李洋，俞桂平 . 浅谈精细化开展老旧小区改造工作 [J]. 房地产世界，2022(6)：20-22.
[58] 于阔 . 基于 DEMATEL 方法的老旧小区改造关键影响因素研究 [J]. 中阿科技论坛(中英文)，2022(3)：44-47.
[59] 张羽，唐颖，焦柳丹，等 . 基于改进 Shapley 值法的老旧小区改造三方合作利益分配研究 [J]. 工程管理学报，2022，36(1)：65-70.
[60] 李祥，麦梓婷，吴纪莹 . 城市精细化更新背景下老旧小区改造实践困境与路径探索——以湛江市"三旧改造"为例 [J]. 中国集体经济，2022(3)：3-5.
[61] 周月仙 . 基于老旧小区翻新模式的加装电梯的设计研究与实践 [J]. 绿色建筑，2022，14(1)：78-81.
[62] 唐海 . 老旧小区加装电梯中的经济理论及费用收取与补偿分析 [J]. 中国市场，2021，(26)：62-63.

[63] 李东泉，王瑛．单位“隐形在场”对社区集体行动的影响研究——以广州市老旧小区加装电梯为例 [J]. 公共管理学报，2021，18（4）：93-172.

[64] 张哲清，顾锦锦．基于社区自治的老旧小区加装电梯意愿提升策略研究——以宁波市为例 [J]. 现代商贸工业，2021，42（20）：34-35.

[65] 李东泉，王瑛．集体行动困境的应对之道——以广州市老旧小区加装电梯工作为例 [J]. 北京行政学院学报，2021（1）：28-35.

[66] 陈运．基层社会治理创新与社区经济发展路径 [J]. 山西财经大学学报，2022，44（1）：11-13.

[67] 罗娅，陈筠婷，陈哲轩，等．突发公共事件影响下的社区经济韧性评价指标探讨 [J]. 广西城镇建设，2021，（11）：69-73.

[68] 邓桢柱，张靖然．贵州易地扶贫搬迁社区经济发展研究——基于社区集体发展的视角 [J]. 北京林业大学学报（社会科学版），2021，20（3）：73-81.

[69] 张和清，闫红红．乡村振兴背景下社区经济的乡村减贫实务模式研究——以西南少数民族村落反贫困社会工作项目为例 [J]. 社会工作，2020，（6）：14-108.

[70] 刘智勇，贾先文．重塑农村社区经济共同体——基于农村社区社会资本视角 [J]. 湖南社会科学，2018（6）：141-146.

附录

附表 1　与老旧小区改造配套商业设施相关的政策

序号	政策名称	发文单位	发文时间	发文号	级别
1	中共中央 国务院《关于进一步加强城市规划建设管理工作的若干意见》	中共中央办公厅、国务院办公厅	2016 年 2 月	无	规范性文件
2	国务院办公厅《关于全面推进城镇老旧小区改造工作的指导意见》	国务院办公厅	2020 年 7 月	国办发〔2020〕23 号	部门规章
3	中共中央办公厅 国务院办公厅印发《关于推进以县城为重要载体的城镇化建设的意见》	中共中央办公厅、国务院办公厅	2022 年 5 月	无	规范性文件
4	国务院办公厅《关于进一步盘活存量资产扩大有效投资的意见》	国务院办公厅	2022 年 5 月	国办发〔2022〕19 号	部门规章
5	国务院办公厅关于印发城市燃气管道等老化更新改造实施方案（2022—2025 年）的通知	国务院办公厅	2022 年 6 月	国办发〔2022〕22 号	部门规章

中共中央国务院《关于进一步加强城市规划建设管理工作的若干意见》
（2016 年 2 月 6 日）

城市是经济社会发展和人民生产生活的重要载体，是现代文明的标志。中华人民共和国成立特别是改革开放以来，我国城市规划建设管理工作成就显著，城市规划法律法规和实施机制基本形成，基础设施明显改善，公共服务和管理水平持续提升，在促进经济社会发展、优化城乡布局、完善城市功能、增进民生福祉等方面发挥了重要作用。同时务必清醒地看到，城市规划建设管理中还存在一些突出问题：城市规划前瞻性、严肃性、强制性和公开性不够，城市建筑贪大、媚洋、求怪等乱象丛生，特色缺失，文化传承堪忧；城市建设盲目追求规模扩张，节约集约程度不高；依法治理城市力度不够，违法建设、大拆大建问题突出，公共产品和服务供给不足，环境污染、交通拥堵等“城市病”蔓延加重。

积极适应和引领经济发展新常态，把城市规划好、建设好、管理好，对促进以人为核心的新型城镇化发展，建设美丽中国，实现“两个一百年”奋斗目标和中华民族伟大复兴的中国梦具有重要现实意义和深远历史意义。为进一步加强和改进城市规划建设管理工作，解决制约城市科学发展的突出矛盾和深层次问题，开创城市现代化建设新局面，现提出以下意见。

一、总体要求

（一）指导思想。全面贯彻党的十八大和十八届三中、四中、五中全会及中央城镇化工作会议、中央城市工作会议精神，深入贯彻习近平总书记系列重要讲话精神，按照“五位一体”总体布局和“四个全面”战略布局，牢固树立和贯彻落实创新、协调、绿色、开放、共享的发展理念，认识、尊重、顺应城市发展规律，更好发挥法治的引领和规范作用，依法规划、建设和管理城市，贯彻“适用、经济、绿色、美观”的建筑方针，着力转变城市发展方式，着力塑造城市特色风貌，着力提升城市环境质量，着力创新城市管理服务，走出一条中国特色城市发展道路。

（二）总体目标。实现城市有序建设、适度开发、高效运行，努力打造和谐宜居、富有活力、各具特色的现代化城市，让人民生活更美好。

（三）基本原则。坚持依法治理与文明共建相结合，坚持规划先行与建管并重相结合，坚持改革创新与传承保护相结合，坚持统筹布局与分类指导相结合，坚持完善功能与宜居宜业相结合，坚持集约高效与安全便利相结合。

二、强化城市规划工作

（四）依法制定城市规划。城市规划在城市发展中起着战略引领和刚性控制的重要作用。依法加强规划编制和审批管理，严格执行城乡规划法规定的原则和程序，认真落实城市总体规划由本级政府编制、社会公众参与、同级人大常委会审议、上级政府审批的有关规定。创新规划理念，改进规划方法，把以人为本、尊重自然、传承历史、绿色低碳等理念融入城市规划全过程，增强规划的前瞻性、严肃性和连续性，实现一张蓝图干到底。坚持协调发展理念，从区域、城乡整体协调的高度确定城市定位、谋划城市发展。加强空间开发管制，划定城市开发边界，根据资源禀赋和环境承载能力，引导调控城市规模，优化城市空间布局和形态功能，确定城市建设约束性指标。按照严控增量、盘活存量、优化结构的思路，逐步调整城市用地结构，把保护基本农田放在优先地位，保证生态用地，合理安排建设用地，推动城市集约发展。改革完善城市规划管理体制，加强城市总体规划和土地利用总体规划的衔接，推进两图合一。在有条件的城市探索城市规划管理和国土资源管理部门合一。

（五）严格依法执行规划。经依法批准的城市规划，是城市建设和管理的依据，必须严格执行。进一步强化规划的强制性，凡是违反规划的行为都要严肃追究责任。城市政府应当定期向同级人大常委会报告城市规划实施情况。城市总体规划的修改，必须经原审批机关同意，并报同级人大常委会审议通过，从制度上防止随意修改规划等现象。控制性详细规划是规划实施的基础，未编制控制性详细规划的区域，不得进行建设。控制性详细规划的编制、实施以及对违规建设的处理结果，都要向社会公开。全面推行城市规划委员会制度。健全国家城乡规划督察员制度，实现规划督察全覆盖。完善社会参与机制，充分发挥专家和公众的力量，加强规划实施的社会监督。建立利用卫星遥感监测等多种手段共同监督规划实施的工作机制。严控各类开发区和城市新区设立，凡不符合城镇体系规划、城市总体规划和土地利用总体规划进行建设的，一律按违法处理。用5年左右时间，全面清查并处理建成区违法建设，坚决遏制新增违法建设。

三、塑造城市特色风貌

（六）提高城市设计水平。城市设计是落实城市规划、指导建筑设计、塑造城市特色风貌的有效手段。鼓励开展城市设计工作，通过城市设计，从整体平面和立体空间上统筹城市建筑布局，协调城市景观风貌，体现城市地域特征、民族特色和时代风貌。单体建筑设计方案必须在形体、色彩、体量、高度等方面符合城市设计要求。抓紧制定城市设计管理法规，完善相关技术导则。支持高等学校开设城市设计相关专业，建立和培育城市设计队伍。

（七）加强建筑设计管理。按照“适用、经济、绿色、美观”的建筑方针，突出建筑使用功能以及节能、节水、节地、节材和环保，防止片面追求建筑外观形象。强化公共建筑和超限高层建筑设计管理，建立大型公共建筑工程后评估制度。坚持开放发展理念，完善建筑设计招投标决策机制，规范决策行为，提高决策透明度和科学性。进一步培育和规范建筑设计市场，依法严格实施市场准入和清出。为建筑设计院和建筑师事务所发展创造更加良好的条件，鼓励国内外建筑设计企业充分竞争，使优秀作品脱颖而出。培养既有国际视野又有民族自信的建筑师队伍，进一步明确建筑师的权利和责任，提高建筑师的地位。倡导开展建筑评论，促进建筑设计理念的交融和升华。

（八）保护历史文化风貌。有序实施城市修补和有机更新，解决老城区环境品质下降、空间秩序混乱、历史文化遗产损毁等问题，促进建筑物、街道立面、天际线、色彩和环境更加协调、优美。通过维护加固老建筑、改造利用旧厂房、完善基础设施等措施，恢复老城区功能和活力。加强文化遗产保护传承和合理利用，保护古遗址、古建筑、近现代历史建筑，更好地延续历史文脉，展现城市风貌。用5年左右时间，完成所有城市历史文化街区划定和历史建筑确定工作。

四、提升城市建筑水平

（九）落实工程质量责任。完善工程质量安全管理制度，落实建设单位、勘察单位、设计单位、施工单位和工程监理单位等五方主体质量安全责任。强化政府对工程建设全过程的质量监管，特别是强化对工程监理的监管，充分发挥质监站的作用。加强职业道德规范和技能培训，提高从业人员素质。深化建设项目组织实施方式改革，推广工程总承包制，加强建筑市场监管，严厉查处转包和违法分包等行为，推进建筑市场诚信体系建设。实行施工企业银行保函和工程质量责任保险制度。建立大型工程技术风险控制机制，鼓励大型公共建筑、地铁等按市场化原则向保险公司投保重大工程保险。

（十）加强建筑安全监管。实施工程全生命周期风险管理，重点抓好房屋建筑、城市桥梁、建筑幕墙、斜坡（高切坡）、隧道（地铁）、地下管线等工程运行使用的安全监管，做好质量安全鉴定和抗震加固管理，建立安全预警及应急控制机制。加强对既有建筑改扩建、装饰装修、工程加固的质量安全监管。全面排查城市老旧建筑安全隐患，采取有力措施限期整改，严防发生垮塌等重大事故，保障人民群众生命财产安全。

（十一）发展新型建造方式。大力推广装配式建筑，减少建筑垃圾和扬尘污染，缩短建造工期，提升工程质量。制定装配式建筑设计、施工和验收规范。完善部品部件标准，实现建筑部品部件工厂化生产。鼓励建筑企业装配式施工，现场装配。建设国家级装配式建筑生产基地。加大政策支持力度，力争用10年左右时间，使装配式建筑占新建建筑的比例达到30%。积极稳妥推广钢结构建筑。在具备条件的地方，倡导发展现代木结构建筑。

五、推进节能城市建设

（十二）推广建筑节能技术。提高建筑节能标准，推广绿色建筑和建材。支持和鼓励各地结合自然气候特点，推广应用地源热泵、水源热泵、太阳能发电等新能源技术，发展被动式房屋等绿色节能建筑。完善绿色节能建筑和建材评价体系，制定分布式能源建筑应用标准。分类制定建筑全生命周期能源消耗标准定额。

（十三）实施城市节能工程。在试点示范的基础上，加大工作力度，全面推进区域热电联产、政府机构节能、绿色照明等节能工程。明确供热采暖系统安全、节能、环保、卫生等技术要求，健全服务质量标准和评估监督办法。进一步加强对城市集中供热系统的技术改造和运行管理，提高热能利用效率。大力推行采暖地区住宅供热分户计量，新建住宅必须全部实现供热分户计量，既有住宅要逐步实施供热分户计量改造。

六、完善城市公共服务

（十四）大力推进棚改安居。深化城镇住房制度改革，以政府为主保障困难群体基本住房需求，以市场为主满足居民多层次住房需求。大力推进城镇棚户区改造，稳步实施城中村改造，有序推进老旧住宅小区综合整治、危房和非成套住房改造，加快配套基础设施建设，切实解决群众住房困难。打好棚户区改造三年攻坚战，到 2020 年，基本完成现有的城镇棚户区、城中村和危房改造。完善土地、财政和金融政策，落实税收政策。创新棚户区改造体制机制，推动政府购买棚改服务，推广政府与社会资本合作模式，构建多元化棚改实施主体，发挥开发性金融支持作用。积极推行棚户区改造货币化安置。因地制宜确定住房保障标准，健全准入退出机制。

（十五）建设地下综合管廊。认真总结推广试点城市经验，逐步推开城市地下综合管廊建设，统筹各类管线敷设，综合利用地下空间资源，提高城市综合承载能力。城市新区、各类园区、成片开发区域新建道路必须同步建设地下综合管廊，老城区要结合地铁建设、河道治理、道路整治、旧城更新、棚户区改造等，逐步推进地下综合管廊建设。加快制定地下综合管廊建设标准和技术导则。凡建有地下综合管廊的区域，各类管线必须全部入廊，管廊以外区域不得新建管线。管廊实行有偿使用，建立合理的收费机制。鼓励社会资本投资和运营地下综合管廊。各城市要综合考虑城市发展远景，按照先规划、后建设的原则，编制地下综合管廊建设专项规划，在年度建设计划中优先安排，并预留和控制地下空间。完善管理制度，确保管廊正常运行。

（十六）优化街区路网结构。加强街区的规划和建设，分梯级明确新建街区面积，推动发展开放便捷、尺度适宜、配套完善、邻里和谐的生活街区。新建住宅要推广街区制，原则上不再建设封闭住宅小区。已建成的住宅小区和单位大院要逐步打开，实现内部道路公共化，解决交通路网布局问题，促进土地节约利用。树立“窄马路、密路网”的城市道路布局理念，建设快速路、主次干路和支路级配合理的道路网系统。打通各类“断头路”，形成完整路网，提高道路通达性。科学、规范设置道路交通安全设施和交通管理设施，提高道路安全性。到 2020 年，城市建成区平均路网密度提高到 8 公里（千米）/ 平方公里（平方千米），道路面积率达到 15%。积极采用单行道路方式组织交通。加强自行车道和步行道系统建设，倡导绿色出行。合理配置停车设施，鼓励社会参与，放宽市场准入，逐步缓解停车难问题。

（十七）优先发展公共交通。以提高公共交通分担率为突破口，缓解城市交通压力。统筹公共汽车、轻轨、地铁等多种类型公共交通协调发展，到 2020 年，超大、特大城市公共交通分担率达到 40% 以上，大城市达到 30% 以上，中小城市达到

20% 以上。加强城市综合交通枢纽建设，促进不同运输方式和城市内外交通之间的顺畅衔接、便捷换乘。扩大公共交通专用道的覆盖范围。实现中心城区公交站点 500 米内全覆盖。引入市场竞争机制，改革公交公司管理体制，鼓励社会资本参与公共交通设施建设和运营，增强公共交通运力。

（十八）健全公共服务设施。坚持共享发展理念，使人民群众在共建共享中有更多获得感。合理确定公共服务设施建设标准，加强社区服务场所建设，形成以社区级设施为基础，市、区级设施衔接配套的公共服务设施网络体系。配套建设中小学、幼儿园、超市、菜市场，以及社区养老、医疗卫生、文化服务等设施，大力推进无障碍设施建设，打造方便快捷生活圈。继续推动公共图书馆、美术馆、文化馆（站）、博物馆、科技馆免费向全社会开放。推动社区内公共设施向居民开放。合理规划建设广场、公园、步行道等公共活动空间，方便居民文体活动，促进居民交流。强化绿地服务居民日常活动的功能，使市民在居家附近能够见到绿地、亲近绿地。城市公园原则上要免费向居民开放。限期清理腾退违规占用的公共空间。顺应新型城镇化的要求，稳步推进城镇基本公共服务常住人口全覆盖，稳定就业和生活的农业转移人口在住房、教育、文化、医疗卫生、计划生育和证照办理服务等方面，与城镇居民有同等权利和义务。

（十九）切实保障城市安全。加强市政基础设施建设，实施地下管网改造工程。提高城市排涝系统建设标准，加快实施改造。提高城市综合防灾和安全设施建设配置标准，加大建设投入力度，加强设施运行管理。建立城市备用饮用水水源地，确保饮水安全。健全城市抗震、防洪、排涝、消防、交通、应对地质灾害应急指挥体系，完善城市生命通道系统，加强城市防灾避难场所建设，增强抵御自然灾害、处置突发事件和危机管理能力。加强城市安全监管，建立专业化、职业化的应急救援队伍，提升社会治安综合治理水平，形成全天候、系统性、现代化的城市安全保障体系。

七、营造城市宜居环境

（二十）推进海绵城市建设。充分利用自然山体、河湖湿地、耕地、林地、草地等生态空间，建设海绵城市，提升水源涵养能力，缓解雨洪内涝压力，促进水资源循环利用。鼓励单位、社区和居民家庭安装雨水收集装置。大幅度减少城市硬覆盖地面，推广透水建材铺装，大力建设雨水花园、储水池塘、湿地公园、下沉式绿地等雨水滞留设施，让雨水自然积存、自然渗透、自然净化，不断提高城市雨水就地蓄积、渗透比例。

（二十一）恢复城市自然生态。制定并实施生态修复工作方案，有计划有步骤地修复被破坏的山体、河流、湿地、植被，积极推进采矿废弃地修复和再利用，治理污染土地，恢复城市自然生态。优化城市绿地布局，构建绿道系统，实现城市内外绿地连接贯通，将生态要素引入市区。建设森林城市。推行生态绿化方式，保护古树名木资源，广植当地树种，减少人工干预，让乔灌草合理搭配、自然生长。鼓励发展屋顶绿化、立体绿化。进一步提高城市人均公园绿地面积和城市建成区绿地率，改变城市建设中过分追求高强度开发、高密度建设、大面积硬化的状况，让城市更自然、更生态、更有特色。

（二十二）推进污水大气治理。强化城市污水治理，加快城市污水处理设施建设与改造，全面加强配套管网建设，提高城市污水收集处理能力。整治城市黑臭水体，强化城中村、老旧城区和城乡接合部污水截流、收集，抓紧治理城区污水横流、河湖水系污染严重的现象。到 2020 年，地级以上城市建成区力争实现污水全收集、全处理，缺水城市再生水利用率达到 20% 以上。以中水洁厕为突破口，不断提高污水利用率。新建住房和单体建筑面积超过一定规模的新建公共建筑应当安装中水设施，老旧住房也应当逐步实施中水利用改造。培育以经营中水业务为主的水务公司，合理形成中水回用价格，鼓励按市场化方式经营中水。城市工业生产、道路清扫、车辆冲洗、绿化浇灌、生态景观等生产和生态用水要优先使用中水。全面推进大气污染防治工作。加大城市工业源、面源、移动源污染综合治理力度，着力减少多污染物排放。加快调整城市能源结构，增加清洁能源供应。深化京津冀、长三角、珠三角等区域大气污染联防联控，健全重污染天气监测预警体系。提高环境监管能力，加大执法力度，严厉打击各类环境违法行为。倡导文明、节约、绿色的消费方式和生活习惯，动员全社会参与改善环境质量。

（二十三）加强垃圾综合治理。树立垃圾是重要资源和矿产的观念，建立政府、社区、企业和居民协调机制，通过分类投放收集、综合循环利用，促进垃圾减量化、资源化、无害化。到 2020 年，力争将垃圾回收利用率提高到 35% 以上。强化城市保洁工作，加强垃圾处理设施建设，统筹城乡垃圾处理处置，大力解决垃圾围城问题。推进垃圾收运处理企业化、市场化，促进垃圾清运体系与再生资源回收体系对接。通过限制过度包装，减少一次性制品使用，推行净菜入城等措施，从源头上减少垃圾产生。利用新技术、新设备，推广厨余垃圾家庭粉碎处理。完善激励机制和政策，力争用 5 年左右时间，基本建立餐厨废弃物和建筑垃圾回收和再生利用体系。

八、创新城市治理方式

（二十四）推进依法治理城市。适应城市规划建设管理新形势和新要求，加强重点领域法律法规的立改废释，形成覆盖城市规划建设管理全过程的法律法规制度。严格执行城市规划建设管理行政决策法定程序，坚决遏制领导干部随意干预城市规划设计和工程建设的现象。研究推动城乡规划法与刑法衔接，严厉惩处规划建设管理违法行为，强化法律责任追究，提高违法违规成本。

（二十五）改革城市管理体制。明确中央和省级政府城市管理主管部门，确定管理范围、权力清单和责任主体，理顺各部门职责分工。推进市县两级政府规划建设管理机构改革，推行跨部门综合执法。在设区的市推行市或区一级执法，推动执法重心下移和执法事项属地化管理。加强城市管理执法机构和队伍建设，提高管理、执法和服务水平。

（二十六）完善城市治理机制。落实市、区、街道、社区的管理服务责任，健全城市基层治理机制。进一步强化街道、社区党组织的领导核心作用，以社区服务型党组织建设带动社区居民自治组织、社区社会组织建设。增强社区服务功能，实现政府治理和社会调节、居民自治良性互动。加强信息公开，推进城市治理阳光运行，开展世界城市日、世界住房日等主题宣传活动。

（二十七）推进城市智慧管理。加强城市管理和服务体系智能化建设，促进大数据、物联网、云计算等现代信息技术与城市管理服务融合，提升城市治理和服务水平。加强市政设施运行管理、交通管理、环境管理、应急管理等城市管理数字化平台建设和功能整合，建设综合性城市管理数据库。推进城市宽带信息基础设施建设，强化网络安全保障。积极发展民生服务智慧应用。到2020年，建成一批特色鲜明的智慧城市。通过智慧城市建设和其他一系列城市规划建设管理措施，不断提高城市运行效率。

（二十八）提高市民文明素质。以加强和改进城市规划建设管理来满足人民群众日益增长的物质文化需要，以提升市民文明素质推动城市治理水平的不断提高。大力开展社会主义核心价值观学习教育实践，促进市民形成良好的道德素养和社会风尚，提高企业、社会组织和市民参与城市治理的意识和能力。从青少年抓起，完善学校、家庭、社会三结合的教育网络，将良好校风、优良家风和社会新风有机融合。建立完善市民行为规范，增强市民法治意识。

九、切实加强组织领导

（二十九）加强组织协调。中央和国家机关有关部门要加大对城市规划建设管理工作的指导、协调和支持力度，建立城市工作协调机制，定期研究相关工作。定期召开中央城市工作会议，研究解决城市发展中的重大问题。中央组织部、住房和城乡建设部要定期组织新任市委书记、市长培训，不断提高城市主要领导规划建设管理的能力和水平。

（三十）落实工作责任。省级党委和政府要围绕中央提出的总目标，确定本地区城市发展的目标和任务，集中力量突破重点难点问题。城市党委和政府要制定具体目标和工作方案，明确实施步骤和保障措施，加强对城市规划建设管理工作的领导，落实工作经费。实施城市规划建设管理工作监督考核制度，确定考核指标体系，定期通报考核结果，并作为城市党政领导班子和领导干部综合考核评价的重要参考。

各地区各部门要认真贯彻落实本意见精神，明确责任分工和时间要求，确保各项政策措施落到实处。各地区各部门贯彻落实情况要及时向党中央、国务院报告。中央将就贯彻落实情况适时组织开展监督检查。

国务院办公厅《关于全面推进城镇老旧小区改造工作的指导意见》国办发〔2020〕23号

各省、自治区、直辖市人民政府，国务院各部委、各直属机构：

城镇老旧小区改造是重大民生工程和发展工程，对满足人民群众美好生活需要、推动惠民生扩内需、推进城市更新和开发建设方式转型、促进经济高质量发展具有十分重要的意义。为全面推进城镇老旧小区改造工作，经国务院同意，现提出以下意见。

一、总体要求

（一）指导思想。以习近平新时代中国特色社会主义思想为指导，全面贯彻党的十九大和十九届二中、三中、四中全会精神，按照党中央、国务院决策部署，坚持以人民为中心的发展思想，坚持新发展理念，按照高质量发展要求，大力改造提升城镇老旧小区，改善居民居住条件，推动构建“纵向到底、横向到边、共建共治共享”的社区治理体系，让人民群众生活更方便、更舒心、更美好。

（二）基本原则。

——坚持以人为本，把握改造重点。从人民群众最关心最直接最现实的利益问题出发，征求居民意见并合理确定改造内容，重点改造完善小区配套和市政基础设施，提升社区养老、托育、医疗等公共服务水平，推动建设安全健康、设施完善、管理有序的完整居住社区。

——坚持因地制宜，做到精准施策。科学确定改造目标，既尽力而为又量力而行，不搞“一刀切”、不层层下指标；合理制定改造方案，体现小区特点，杜绝政绩工程、形象工程。

——坚持居民自愿，调动各方参与。广泛开展“美好环境与幸福生活共同缔造”活动，激发居民参与改造的主动性、积极性，充分调动小区关联单位和社会力量支持、参与改造，实现决策共谋、发展共建、建设共管、效果共评、成果共享。

——坚持保护优先，注重历史传承。兼顾完善功能和传承历史，落实历史建筑保护修缮要求，保护历史文化街区，在改善居住条件、提高环境品质的同时，展现城市特色，延续历史文脉。

——坚持建管并重，加强长效管理。以加强基层党建为引领，将社区治理能力建设融入改造过程，促进小区治理模式创新，推动社会治理和服务重心向基层下移，完善小区长效管理机制。

（三）工作目标。2020 年新开工改造城镇老旧小区 3.9 万个，涉及居民近 700 万户；到 2022 年，基本形成城镇老旧小区改造制度框架、政策体系和工作机制；到“十四五”期末，结合各地实际，力争基本完成 2000 年底前建成的需改造城镇老旧小区改造任务。

二、明确改造任务

（一）明确改造对象范围。城镇老旧小区是指城市或县城（城关镇）建成年代较早、失养失修失管、市政配套设施不完善、社区服务设施不健全、居民改造意愿强烈的住宅小区（含单栋住宅楼）。各地要结合实际，合理界定本地区改造对象范围，重点改造 2000 年底前建成的老旧小区。

（二）合理确定改造内容。城镇老旧小区改造内容可分为基础类、完善类、提升类 3 类。

（1）基础类。为满足居民安全需要和基本生活需求的内容，主要是市政配套基础设施改造提升以及小区内建筑物屋面、外墙、楼梯等公共部位维修等。其中，改造提升市政配套基础设施包括改造提升小区内部及与小区联系的供水、排水、供电、弱电、道路、供气、供热、消防、安防、生活垃圾分类、移动通信等基础设施，以及光纤入户、架空线规整（入地）等。

（2）完善类。为满足居民生活便利需要和改善型生活需求的内容，主要是环境及配套设施改造建设、小区内建筑节能改造、有条件的楼栋加装电梯等。其中，改造建设环境及配套设施包括拆除违法建设，整治小区及周边绿化、照明等环境，改造或建设小区及周边适老设施、无障碍设施、停车库（场）、电动自行车及汽车充电设施、智能快件箱、智能信包箱、文化休闲设施、体育健身设施、物业用房等配套设施。

（3）提升类。为丰富社区服务供给、提升居民生活品质、立足小区及周边实际条件积极推进的内容，主要是公共服务设施配套建设及其智慧化改造，包括改造或建设小区及周边的社区综合服务设施、卫生服务站等公共卫生设施、幼儿园等教育设施、周界防护等智能感知设施，以及养老、托育、助餐、家政保洁、便民市场、便利店、邮政快递末端综合服务站等社区专项服务设施。

各地可因地制宜确定改造内容清单、标准和支持政策。

（三）编制专项改造规划和计划。各地要进一步摸清既有城镇老旧小区底数，建立项目储备库。区分轻重缓急，切实评估财政承受能力，科学编制城镇老旧小区改造规划和年度改造计划，不得盲目举债铺摊子。建立激励机制，优先对居民改造意愿强、参与积极性高的小区（包括移交政府安置的军队离退休干部住宅小区）实施改造。养老、文化、教育、卫生、托育、体育、邮政快递、社会治安等有关方面涉及城镇老旧小区的各类设施增设或改造计划，以及电力、通信、供水、排水、供气、供热等专业经营单位的相关管线改造计划，应主动与城镇老旧小区改造规划和计划有效对接，同步推进实施。国有企事业单位、军队所属城镇老旧小区按属地原则纳入地方改造规划和计划统一组织实施。

三、建立健全组织实施机制

（一）建立统筹协调机制。各地要建立健全政府统筹、条块协作、各部门齐抓共管的专门工作机制，明确各有关部门、单位和街道（镇）、社区职责分工，制定工作规则、责任清单和议事规程，形成工作合力，共同破解难题，统筹推进城镇老旧小区改造工作。

（二）健全动员居民参与机制。城镇老旧小区改造要与加强基层党组织建设、居民自治机制建设、社区服务体系建设有机结合。建立和完善党建引领城市基层治理机制，充分发挥社区党组织的领导作用，统筹协调社区居民委员会、业主委员会、产权单位、物业服务企业等共同推进改造。搭建沟通议事平台，利用“互联网+共建共治共享”等线上线下手段，开展小区党组织引领的多种形式基层协商，主动了解居民诉求，促进居民形成共识，发动居民积极参与改造方案制定、配合施工、参与监督和后续管理、评价和反馈小区改造效果等。组织引导社区内机关、企事业单位积极参与改造。

（三）建立改造项目推进机制。区县人民政府要明确项目实施主体，健全项目管理机制，推进项目有序实施。积极推动设计师、工程师进社区，辅导居民有效参与改造。为专业经营单位的工程实施提供支持便利，禁止收取不合理费用。鼓励选用经济适用、绿色环保的技术、工艺、材料、产品。改造项目涉及历史文化街区、历史建筑的，应严格落实相关保护修缮要求。落实施工安全和工程质量责任，组织做好工程验收移交，杜绝安全隐患。充分发挥社会监督作用，畅通投诉举报渠道。结合城镇老旧小区改造，同步开展绿色社区创建。

（四）完善小区长效管理机制。结合改造工作同步建立健全基层党组织领导，社区居民委员会配合，业主委员会、物业服务企业等参与的联席会议机制，引导居民协商确定改造后小区的管理模式、管理规约及业主议事规则，共同维护改造成果。建立健全城镇老旧小区住宅专项维修资金归集、使用、续筹机制，促进小区改造后维护更新进入良性轨道。

四、建立改造资金政府与居民、社会力量合理共担机制

（一）合理落实居民出资责任。按照谁受益、谁出资原则，积极推动居民出资参与改造，可通过直接出资、使用（补建、续筹）住宅专项维修资金、让渡小区公共收益等方式落实。研究住宅专项维修资金用于城镇老旧小区改造的办法。支持小区居民提取住房公积金，用于加装电梯等自住住房改造。鼓励居民通过捐资捐物、投工投劳等支持改造。鼓励有需要的居民结合小区改造进行户内改造或装饰装修、家电更新。

（二）加大政府支持力度。将城镇老旧小区改造纳入保障性安居工程，中央给予资金补助，按照“保基本”的原则，重点支持基础类改造内容。中央财政资金重点支持改造2000年年底前建成的老旧小区，可以适当支持2000年后建成的老旧小区，但需要限定年限和比例。省级人民政府要相应做好资金支持。市县人民政府对城镇老旧小区改造给予资金支持，可以纳入国有住房出售收入存量资金使用范围；要统筹涉及住宅小区的各类资金用于城镇老旧小区改造，提高资金使用效率。支持各地通过发行地方政府专项债券筹措改造资金。

（三）持续提升金融服务力度和质效。支持城镇老旧小区改造规模化实施运营主体采取市场化方式，运用公司信用类债券、项目收益票据等进行债券融资，但不得承担政府融资职能，杜绝新增地方政府隐性债务。国家开发银行、农业发展银行结合各自职能定位和业务范围，按照市场化、法治化原则，依法合规加大对城镇老旧小区改造的信贷支持力度。商业银行加大产品和服务创新力度，在风险可控、商业可持续前提下，依法合规对实施城镇老旧小区改造的企业和项目提供信贷支持。

（四）推动社会力量参与。鼓励原产权单位对已移交地方的原职工住宅小区改造给予资金等支持。公房产权单位应出资参与改造。引导专业经营单位履行社会责任，出资参与小区改造中相关管线设施设备的改造提升；改造后专营设施设备的产权可依照法定程序移交给专业经营单位，由其负责后续维护管理。通过政府采购、新增设施有偿使用、落实资产权益等方式，吸引各类专业机构等社会力量投资参与各类需改造设施的设计、改造、运营。支持规范各类企业以政府和社会资本合作模式参与改造。支持以“平台＋创业单元”方式发展养老、托育、家政等社区服务新业态。

（五）落实税费减免政策。专业经营单位参与政府统一组织的城镇老旧小区改造，对其取得所有权的设施设备等配套资产改造所发生的费用，可以作为该设施设备的计税基础，按规定计提折旧并在企业所得税前扣除；所发生的维护管理费用，可按规定计入企业当期费用税前扣除。在城镇老旧小区改造中，为社区提供养老、托育、家政等服务的机构，提供养老、托育、家政服务取得的收入免征增值税，并减按 90% 计入所得税应纳税所得额；用于提供社区养老、托育、家政服务的房产、土地，可按现行规定免征契税、房产税、城镇土地使用税和城市基础设施配套费、不动产登记费等。

五、完善配套政策

（一）加快改造项目审批。各地要结合审批制度改革，精简城镇老旧小区改造工程审批事项和环节，构建快速审批流程，积极推行网上审批，提高项目审批效率。可由市县人民政府组织有关部门联合审查改造方案，认可后由相关部门直接办理立项、用地、规划审批。不涉及土地权属变化的项目，可用已有用地手续等材料作为土地证明文件，无需再办理用地手续。探索将工程建设许可和施工许可合并为一个阶段，简化相关审批手续。不涉及建筑主体结构变动的低风险项目，实行项目建设单位告知承诺制的，可不进行施工图审查。鼓励相关各方进行联合验收。

（二）完善适应改造需要的标准体系。各地要抓紧制定本地区城镇老旧小区改造技术规范，明确智能安防建设要求，鼓励综合运用物防、技防、人防等措施满足安全需要。及时推广应用新技术、新产品、新方法。因改造利用公共空间新建、改建各类设施涉及影响日照间距、占用绿化空间的，可在广泛征求居民意见基础上一事一议予以解决。

（三）建立存量资源整合利用机制。各地要合理拓展改造实施单元，推进相邻小区及周边地区联动改造，加强服务设施、公共空间共建共享。加强既有用地集约混合利用，在不违反规划且征得居民等同意的前提下，允许利用小区及周边存量土地建设各类环境及配套设施和公共服务设施。其中，对利用小区内空地、荒地、绿地及拆除违法建设腾空土地等加装电梯和建设各类设施的，可不增收土地价款。整合社区服务投入和资源，通过统筹利用公有住房、社区居民委员会办公用房和社区综合服务设施、闲置锅炉房等存量房屋资源，增设各类服务设施，有条件的地方可通过租赁住宅楼底层商业用房等其他符合条件的房屋发展社区服务。

（四）明确土地支持政策。城镇老旧小区改造涉及利用闲置用房等存量房屋建设各类公共服务设施的，可在一定年期内暂不办理变更用地主体和土地使用性质的手续。增设服务设施需要办理不动产登记的，不动产登记机构应依法积极予以办理。

六、强化组织保障

（一）明确部门职责。住房和城乡建设部要切实担负城镇老旧小区改造工作的组织协调和督促指导责任。各有关部门要加强政策协调、工作衔接、调研督导，及时发现新情况新问题，完善相关政策措施。研究对城镇老旧小区改造工作成效显著的地区给予有关激励政策。

（二）落实地方责任。省级人民政府对本地区城镇老旧小区改造工作负总责，要加强统筹指导，明确市县人民政府责任，确保工作有序推进。市县人民政府要落实主体责任，主要负责同志亲自抓，把推进城镇老旧小区改造摆上重要议事日程，以人民群众满意度和受益程度、改造质量和财政资金使用效率为衡量标准，调动各方面资源抓好组织实施，健全工作机制，落实好各项配套支持政策。

（三）做好宣传引导。加大对优秀项目、典型案例的宣传力度，提高社会各界对城镇老旧小区改造的认识，着力引导群众转变观念，变“要我改”为“我要改”，形成社会各界支持、群众积极参与的浓厚氛围。要准确解读城镇老旧小区改造政策措施，及时回应社会关切。

国务院办公厅

2020 年 7 月 10 日

中共中央办公厅国务院办公厅印发《关于推进以县城为重要载体的城镇化建设的意见》

县城是我国城镇体系的重要组成部分，是城乡融合发展的关键支撑，对促进新型城镇化建设、构建新型工农城乡关系具有重要意义。为推进以县城为重要载体的城镇化建设，现提出如下意见。

一、总体要求

（一）指导思想。以习近平新时代中国特色社会主义思想为指导，坚持以人为核心推进新型城镇化，尊重县城发展规律，统筹县城生产、生活、生态、安全需要，因地制宜补齐县城短板弱项，促进县城产业配套设施提质增效、市政公用设施提档升级、公共服务设施提标扩面、环境基础设施提级扩能，增强县城综合承载能力，提升县城发展质量，更好满足农民到县城就业安家需求和县城居民生产生活需要，为实施扩大内需战略、协同推进新型城镇化和乡村振兴提供有力支撑。

（二）工作要求。顺应县城人口流动变化趋势，立足资源环境承载能力、区位条件、产业基础、功能定位，选择一批条件好的县城作为示范地区重点发展，防止人口流失县城盲目建设。充分发挥市场在资源配置中的决定性作用，引导支持各类市场主体参与县城建设；更好发挥政府作用，切实履行制定规划政策、提供公共服务、营造制度环境等方面职责。以县域为基本单元推进城乡融合发展，发挥县城连接城市、服务乡村作用，增强对乡村的辐射带动能力，促进县城基础设施和公共服务向乡村延伸覆盖，强化县城与邻近城市发展的衔接配合。统筹发展和安全，严格落实耕地和永久基本农田、生态保护红线、城镇开发边界，守住历史文化根脉，防止大拆大建、贪大求洋，严格控制撤县建市设区，防控灾害事故风险，防范地方政府债务风险。

（三）发展目标。到2025年，以县城为重要载体的城镇化建设取得重要进展，县城短板弱项进一步补齐补强，一批具有良好区位优势和产业基础、资源环境承载能力较强、集聚人口经济条件较好的县城建设取得明显成效，公共资源配置与常住人口规模基本匹配，特色优势产业发展壮大，市政设施基本完备，公共服务全面提升，人居环境有效改善，综合承载能力明显增强，农民到县城就业安家规模不断扩大，县城居民生活品质明显改善。再经过一个时期的努力，在全国范围内基本建成各具特色、富有活力、宜居宜业的现代化县城，与邻近大中城市的发展差距显著缩小，促进城镇体系完善、支撑城乡融合发展作用进一步彰显。

二、科学把握功能定位，分类引导县城发展方向

（四）加快发展大城市周边县城。支持位于城市群和都市圈范围内的县城融入邻近大城市建设发展，主动承接人口、产业、功能特别是一般性制造业、区域性物流基地、专业市场、过度集中的公共服务资源疏解转移，强化快速交通连接，发展成为与邻近大城市通勤便捷、功能互补、产业配套的卫星县城。

（五）积极培育专业功能县城。支持具有资源、交通等优势的县城发挥专业特长，培育发展特色经济和支柱产业，强化产业平台支撑，提高就业吸纳能力，发展成为先进制造、商贸流通、文化旅游等专业功能县城。支持边境县城完善基础设施，强化公共服务和边境贸易等功能，提升人口集聚能力和守边固边能力。

（六）合理发展农产品主产区县城。推动位于农产品主产区内的县城集聚发展农村二三产业，延长农业产业链条，做优做强农产品加工业和农业生产性服务业，更多吸纳县域内农业转移人口，为有效服务“三农”、保障粮食安全提供支撑。

（七）有序发展重点生态功能区县城。推动位于重点生态功能区内的县城逐步有序承接生态地区超载人口转移，完善财政转移支付制度，增强公共服务供给能力，发展适宜产业和清洁能源，为保护修复生态环境、筑牢生态安全屏障提供支撑。

（八）引导人口流失县城转型发展。结合城镇发展变化态势，推动人口流失县城严控城镇建设用地增量、盘活存量，促进人口和公共服务资源适度集中，加强民生保障和救助扶助，有序引导人口向邻近的经济发展优势区域转移，支持有条件的资源枯竭县城培育接续替代产业。

三、培育发展特色优势产业，稳定扩大县城就业岗位

（九）增强县城产业支撑能力。重点发展比较优势明显、带动农业农村能力强、就业容量大的产业，统筹培育本地产业和承接外部产业转移，促进产业转型升级。突出特色、错位发展，因地制宜发展一般性制造业。以“粮头食尾”“农头工尾”为抓手，培育农产品加工业集群，发展农资供应、技术集成、仓储物流、农产品营销等农业生产性服务业。根据文化旅游资源禀赋，培育文化体验、休闲度假、特色民宿、养生养老等产业。

（十）提升产业平台功能。依托各类开发区、产业集聚区、农民工返乡创业园等平台，引导县域产业集中集聚发展。支持符合条件的县城建设产业转型升级示范园区。根据需要配置公共配套设施，健全标准厂房、通用基础制造装备、共性技术研发仪器设备、质量基础设施、仓储集散回收设施。鼓励农民工集中的产业园区及企业建设集体宿舍。

（十一）健全商贸流通网络。发展物流中心和专业市场，打造工业品和农产品分拨中转地。根据需要建设铁路专用线，依托交通场站建设物流设施。建设具备运输仓储、集散分拨等功能的物流配送中心，发展物流共同配送，鼓励社会力量布设智能快件箱。改善农贸市场交易棚厅等经营条件，完善冷链物流设施，建设面向城市消费的生鲜食品低温加工处理中心。

（十二）完善消费基础设施。围绕产业转型升级和居民消费升级需求，改善县城消费环境。改造提升百货商场、大型卖场、特色商业街，发展新型消费集聚区。完善消费服务中心、公共交通站点、智能引导系统、安全保障设施，配置电子商务硬件设施及软件系统，建设展示交易公用空间。完善游客服务中心、旅游道路、旅游厕所等配套设施。

（十三）强化职业技能培训。大规模开展面向农民工特别是困难农民工的职业技能培训，提高其技能素质和稳定就业能力。统筹发挥企业、职业学校、技工学校作用，聚焦新职业新工种和紧缺岗位加强职业技能培训，提高与市场需求契合度。推动公共实训基地共建共享，建设职业技能培训线上平台。落实好培训补贴政策，畅通培训补贴直达企业和培训者渠道。

四、完善市政设施体系，夯实县城运行基础支撑

（十四）完善市政交通设施。完善机动车道、非机动车道、人行道，健全配套交通管理设施和交通安全设施。建设以配建停车场为主、路外公共停车场为辅、路内停车为补充的停车系统。优化公共充换电设施建设布局，加快建设充电桩。完善公路客运站服务功能，加强公路客运站土地综合开发利用。建设公共交通场站，优化公交站点布设。

（十五）畅通对外连接通道。提高县城与周边大中城市互联互通水平，扩大干线铁路、高速公路、国省干线公路等覆盖面。推进县城市政道路与干线公路高效衔接，有序开展干线公路过境段、进出城瓶颈路段升级改造。支持有需要的县城开通与周边城市的城际公交，开展客运班线公交化改造。引导有条件的大城市轨道交通适当向周边县城延伸。

（十六）健全防洪排涝设施。坚持防御外洪与治理内涝并重，逐步消除严重易涝积水区段。实施排水管网和泵站建设改造，修复破损和功能失效设施。建设排涝通道，整治河道、湖塘、排洪沟、道路边沟，确保与管网排水能力相匹配。推进雨水源头减排，增强地面渗水能力。完善堤线布置和河流护岸工程，合理建设截洪沟等设施，降低外洪入城风险。

（十七）增强防灾减灾能力。健全灾害监测体系，提高预警预报水平。采取搬迁避让和工程治理等手段，防治泥石流、崩塌、滑坡、地面塌陷等地质灾害。提高建筑抗灾能力，开展重要建筑抗震鉴定及加固改造。推进公共建筑消防设施达标建设，规划布局消防栓、蓄水池、微型消防站等配套设施。合理布局应急避难场所，强化体育场馆等公共建筑应急避难功能。完善供水、供电、通信等城市生命线备用设施，加强应急救灾和抢险救援能力建设。

（十八）加强老化管网改造。全面推进老化燃气管道更新改造，重点改造不符合标准规范、存在安全隐患的燃气管道、燃气场站、居民户内设施及监测设施。改造水质不能稳定达标水厂及老旧破损供水管网。推进老化供热管道更新改造，提高北方地区县城集中供暖比例。开展电网升级改造，推动必要的路面电网及通信网架空线入地。

（十九）推动老旧小区改造。加快改造建成年代较早、失养失修失管、配套设施不完善、居民改造意愿强烈的住宅小区，改善居民基本居住条件。完善老旧小区及周边水电路气热信等配套设施，加强无障碍设施建设改造。科学布局社区综合服务设施，推进养老托育等基本公共服务便捷供给。结合老旧小区改造，统筹推动老旧厂区、老旧街区、城中村改造。

（二十）推进数字化改造。建设新型基础设施，发展智慧县城。推动第五代移动通信网络规模化部署，建设高速光纤宽带网络。推行县城运行一网统管，促进市政公用设施及建筑等物联网应用、智能化改造，部署智能电表和智能水表等感知终端。推行政务服务一网通办，提供工商、税务、证照证明、行政许可等办事便利。推行公共服务一网通享，促进学校、医院、图书馆等资源数字化。

五、强化公共服务供给，增进县城民生福祉

（二十一）完善医疗卫生体系。推进县级医院（含中医院）提标改造，提高传染病检测诊治和重症监护救治能力，依托县级医院建设县级急救中心。支持县域人口达到一定规模的县完善县级医院，推动达到三级医院设施条件和服务能力。推进县级疾控中心建设，配齐疾病监测预警、实验室检测、现场处置等设备。完善县级妇幼保健机构设施设备。建立省（自治区、直辖市）和地级及以上城市三甲医院对薄弱县级医院的帮扶机制。

（二十二）扩大教育资源供给。推进义务教育学校扩容增位，按照办学标准改善教学和生活设施。鼓励高中阶段学校多样化发展，全面改善县域普通高中办学条件，基本消除普通高中“大班额”现象。鼓励发展职业学校，深入推进产教融合。完善幼儿园布局，大力发展公办幼儿园，引导扶持民办幼儿园提供普惠性服务。落实农民工随迁子女入学和转学政策，保障学龄前儿童和义务教育阶段学生入学。

（二十三）发展养老托育服务。提升公办养老机构服务能力，完善公建民营管理机制，提供基本养老和长期照护服务。扩大普惠养老床位供给，扶持护理型民办养老机构发展，鼓励社会力量建设完善社区居家养老服务网络，提供失能护理、日间照料及助餐助浴助洁助医助行等服务。推进公共设施适老化改造。发展普惠性托育服务，支持社会力量发展综合托育服务机构和社区托育服务设施，支持有条件的用人单位为职工提供托育服务，支持有条件的幼儿园开设托班招收 2 至 3 岁幼儿。

（二十四）优化文化体育设施。根据需要完善公共图书馆、文化馆、博物馆等场馆功能，发展智慧广电平台和融媒体中心，完善应急广播体系。建设全民健身中心、公共体育场、健身步道、社会足球场地、户外运动公共服务设施，加快推进学校场馆开放共享。有序建设体育公园，打造绿色便捷的居民健身新载体。

（二十五）完善社会福利设施。建设专业化残疾人康复、托养、综合服务设施。完善儿童福利机构及残疾儿童康复救助定点机构，建设未成年人救助保护机构和保护工作站。依托现有社会福利设施建设流浪乞讨人员救助管理设施。建设公益性殡葬设施，改造老旧殡仪馆。

六、加强历史文化和生态保护，提升县城人居环境质量

（二十六）加强历史文化保护传承。传承延续历史文脉，厚植传统文化底蕴。保护历史文化名城名镇和历史文化街区，保留历史肌理、空间尺度、景观环境。加强革命文物、红色遗址、文化遗产保护，活化利用历史建筑和工业遗产。推动非物质文化遗产融入县城建设。鼓励建筑设计传承创新。禁止拆真建假、以假乱真，严禁随意拆除老建筑、大规模迁移砍伐老树，严禁侵占风景名胜区内土地。

（二十七）打造蓝绿生态空间。完善生态绿地系统，依托山水林田湖草等自然基底建设生态绿色廊道，利用周边荒山坡地和污染土地开展国土绿化，建设街心绿地、绿色游憩空间、郊野公园。加强河道、湖泊、滨海地带等湿地生态和水环境修复，合理保持水网密度和水体自然连通。加强黑臭水体治理，对河湖岸线进行生态化改造，恢复和增强水体自净能力。

（二十八）推进生产生活低碳化。推动能源清洁低碳安全高效利用，引导非化石能源消费和分布式能源发展，在有条件的地区推进屋顶分布式光伏发电。坚决遏制“两高”项目盲目发展，深入推进产业园区循环化改造。大力发展绿色建筑，推广装配式建筑、节能门窗、绿色建材、绿色照明，全面推行绿色施工。推动公共交通工具和物流配送、市政环卫等车辆电动化。推广节能低碳节水用品和环保再生产品，减少一次性消费品和包装用材消耗。

（二十九）完善垃圾收集处理体系。因地制宜建设生活垃圾分类处理系统，配备满足分类清运需求、密封性好、压缩式的收运车辆，改造垃圾房和转运站，建设与清运量相适应的垃圾焚烧设施，做好全流程恶臭防治。合理布局危险废弃物收集和集中利用处置设施。健全县域医疗废弃物收集转运处置体系。推进大宗固体废弃物综合利用。

（三十）增强污水收集处理能力。完善老城区及城中村等重点区域污水收集管网，更新修复混错接、漏接、老旧破损管网，推进雨污分流改造。开展污水处理差别化精准提标，对现有污水处理厂进行扩容改造及恶臭治理。在缺水地区和水环境敏感地区推进污水资源化利用。推进污泥无害化资源化处置，逐步压减污泥填埋规模。

七、提高县城辐射带动乡村能力，促进县乡村功能衔接互补

（三十一）推进县城基础设施向乡村延伸。推动市政供水供气供热管网向城郊乡村及规模较大镇延伸，在有条件的地区推进城乡供水一体化。推进县乡村（户）道路连通、城乡客运一体化。以需求为导向逐步推进第五代移动通信网络和千兆光网向乡村延伸。建设以城带乡的污水垃圾收集处理系统。建设联结城乡的冷链物流、电商平台、农贸市场网络，带动农产品进城和工业品入乡。建立城乡统一的基础设施管护运行机制，落实管护责任。

（三十二）推进县城公共服务向乡村覆盖。鼓励县级医院与乡镇卫生院建立紧密型县域医疗卫生共同体，推行派驻、巡诊、轮岗等方式，鼓励发展远程医疗，提升非县级政府驻地特大镇卫生院医疗服务能力。发展城乡教育联合体，深化义务教育教师“县管校聘”管理改革，推进县域内校长教师交流轮岗。健全县乡村衔接的三级养老服务网络，发展乡村普惠型养老服务和互助性养老。

（三十三）推进巩固拓展脱贫攻坚成果同乡村振兴有效衔接。以国家乡村振兴重点帮扶县和易地扶贫搬迁大中型集中安置区为重点，强化政策支持，守住不发生规模性返贫底线。推动国家乡村振兴重点帮扶县增强巩固脱贫成果及内生发展能力。推进大中型集中安置区新型城镇化建设，加强就业和产业扶持，完善产业配套设施、基础设施、公共服务设施，提升社区治理能力。

八、深化体制机制创新，为县城建设提供政策保障

（三十四）健全农业转移人口市民化机制。全面落实取消县城落户限制政策，确保稳定就业生活的外来人口与本地农业转移人口落户一视同仁。确保新落户人口与县城居民享有同等公共服务，保障农民工等非户籍常住人口均等享有教育、医疗、住房保障等基本公共服务。以新生代农民工为重点推动社会保险参保扩面，全面落实企业为农民工缴纳职工养老、医疗、工伤、失业、生育等社会保险费的责任，合理引导灵活就业农民工按规定参加职工基本医疗保险和城镇职工基本养老保险。依法保障进城落户农民的农村土地承包权、宅基地使用权、集体收益分配权，支持其依法自愿有偿转让上述权益。建立健全省以下财政转移支付与农业转移人口市民化挂钩机制，重点支持吸纳农业转移人口落户多的县城。建立健全省以下城镇建设用地增加规模与吸纳农业转移人口落户数量挂钩机制，专项安排与进城落户人口数量相适应的新增建设用地计划指标。

（三十五）建立多元可持续的投融资机制。根据项目属性和收益，合理谋划投融资方案。对公益性项目，加强地方财政资金投入，其中符合条件项目可通过中央预算内投资和地方政府专项债券予以支持。对准公益性项目和经营性项目，提升县域综合金融服务水平，鼓励银行业金融机构特别是开发性政策性金融机构增加中长期贷款投放，支持符合条件的企业发行县城新型城镇化建设专项企业债券。有效防范化解地方政府债务风险，促进县区财政平稳运行。引导社会资金参与县城建设，盘活国有存量优质资产，规范推广政府和社会资本合作模式，稳妥推进基础设施领域不动产投资信托基金试点，鼓励中央企业等参与县城建设，引导有条件的地区整合利用好既有平台公司。完善公用事业定价机制，合理确定价格水平，鼓励结合管网改造降低漏损率和运行成本。

（三十六）建立集约高效的建设用地利用机制。加强存量低效建设用地再开发，合理安排新增建设用地计划指标，保障县城建设正常用地需求。推广节地型、紧凑式高效开发模式，规范建设用地二级市场。鼓励采用长期租赁、先租后让、弹性年期供应等方式供应工业用地，提升现有工业用地容积率和单位用地面积产出率。稳妥开发低丘缓坡地，合理确定开发用途、规模、布局和项目用地准入门槛。按照国家统一部署，稳妥有序推进农村集体经营性建设用地入市。

九、组织实施

（三十七）加强组织领导。坚持和加强党的全面领导，发挥各级党组织作用，建立中央指导、省负总责、市县抓落实的工作机制，为推进以县城为重要载体的城镇化建设提供根本保证。发挥城镇化工作暨城乡融合发展工作部际联席会议制度作用，国家发展改革委要会同各成员单位，强化统筹协调和政策保障，扎实推进示范等工作。各省（自治区、直辖市）要明确具体任务举措，做好组织协调和指导督促。各市县要强化主体责任，切实推动目标任务落地见效。

（三十八）强化规划引领。坚持“一县一策”，以县城为主，兼顾县级市城区和非县级政府驻地特大镇，科学编制和完善建设方案，按照“缺什么补什么”原则，明确建设重点、保障措施、组织实施方式，精准补齐短板弱项，防止盲目重复建设。坚持项目跟着规划走，科学谋划储备建设项目，切实做好项目前期工作。

（三十九）推动试点先行。合理把握县城建设的时序、节奏、步骤。率先在示范地区推动县城补短板强弱项，细化实化建设任务，创新政策支撑机制和项目投资运营模式，增强县城综合承载能力，及早取得实质性进展。在示范工作基础上，及时总结推广典型经验和有效做法，稳步有序推动其他县城建设，形成以县城为重要载体的城镇化建设有效路径。

国务院办公厅《关于进一步盘活存量资产扩大有效投资的意见》国办发〔2022〕19号

各省、自治区、直辖市人民政府，国务院各部委、各直属机构：

经过多年投资建设，我国在基础设施等领域形成了一大批存量资产，为推动经济社会发展提供了重要支撑。有效盘活存量资产，形成存量资产和新增投资的良性循环，对于提升基础设施运营管理水平、拓宽社会投资渠道、合理扩大有效投资以及降低政府债务风险、降低企业负债水平等具有重要意义。为深入贯彻习近平新时代中国特色社会主义思想，完整、准确、全面贯彻新发展理念，加快构建新发展格局，推动高质量发展，经国务院同意，现就进一步盘活存量资产、扩大有效投资提出以下意见。

一、聚焦盘活存量资产重点方向

（一）重点领域。一是重点盘活存量规模较大、当前收益较好或增长潜力较大的基础设施项目资产，包括交通、水利、清洁能源、保障性租赁住房、水电气热等市政设施、生态环保、产业园区、仓储物流、旅游、新型基础设施等。二是统筹盘活存量和改扩建有机结合的项目资产，包括综合交通枢纽改造、工业企业退城进园等。三是有序盘活长期闲置但具有较大开发利用价值的项目资产，包括老旧厂房、文化体育场馆和闲置土地等，以及国有企业开办的酒店、餐饮、疗养院等非主业资产。

（二）重点区域。一是推动建设任务重、投资需求强、存量规模大、资产质量好的地区，积极盘活存量资产，筹集建设资金，支持新项目建设，牢牢守住风险底线。

二是推动地方政府债务率较高、财政收支平衡压力较大的地区，加快盘活存量资产，稳妥化解地方政府债务风险，提升财政可持续能力，合理支持新项目建设。三是围绕落实京津冀协同发展、长江经济带发展、粤港澳大湾区建设、长三角一体化发展、黄河流域生态保护和高质量发展等区域重大战略以及推动海南自由贸易港建设等，鼓励相关地区率先加大存量资产盘活力度，充分发挥示范带动作用。

（三）重点企业。盘活存量资产对参与的各类市场主体一视同仁。引导支持基础设施存量资产多、建设任务重、负债率较高的国有企业，把盘活存量资产作为国有资产保值增值以及防范债务风险、筹集建设资金、优化资产结构的重要手段，选择适合的存量资产，采取多种方式予以盘活。鼓励民营企业根据实际情况，参与盘活国有存量资产，积极盘活自身存量资产，将回收资金用于再投资，降低企业经营风险，促进持续健康发展。

二、优化完善存量资产盘活方式

（四）推动基础设施领域不动产投资信托基金（REITs）健康发展。进一步提高推荐、审核效率，鼓励更多符合条件的基础设施 REITs 项目发行上市。对于在维护产业链供应链稳定、强化民生保障等方面具有重要作用的项目，在满足发行要求、符合市场预期、确保风险可控等前提下，可进一步灵活合理确定运营年限、收益集中度等要求。建立健全扩募机制，探索建立多层次基础设施 REITs 市场。国有企业发行基础设施 REITs 涉及国有产权非公开协议转让的，按规定报同级国有资产监督管理机构批准。研究推进 REITs 相关立法工作。

（五）规范有序推进政府和社会资本合作（PPP）。鼓励具备长期稳定经营性收益的存量项目采用 PPP 模式盘活存量资产，提升运营效率和服务水平。社会资本方通过创新运营模式、引入先进技术、提升运营效率等方式，有效盘活存量资产并减少政府补助额度的，地方人民政府可采取适当方式通过现有资金渠道予以奖励。

（六）积极推进产权规范交易。充分发挥产权交易所的价值发现和投资者发现功能，创新交易产品和交易方式，加强全流程精细化服务，协助开展咨询顾问、尽职调查、方案优化、信息披露、技术支撑、融资服务等，为存量资产的合理流动和优化配置开辟绿色通道，推动存量资产盘活交易更加规范、高效、便捷。采取多种方式加大宣传引导力度，吸引更多买方参与交易竞价。

（七）发挥国有资本投资、运营公司功能作用。鼓励国有企业依托国有资本投资、运营公司，按规定通过进场交易、协议转让、无偿划转、资产置换、联合整合等方式，盘活长期闲置的存量资产，整合非主业资产。通过发行债券等方式，为符合条件的国有资本投资、运营公司盘活存量资产提供中长期资金支持。

（八）探索促进盘活存量和改扩建有机结合。吸引社会资本参与盘活城市老旧资产资源特别是老旧小区改造等，通过精准定位、提升品质、完善用途等进一步丰富存量资产功能、提升资产效益。因地制宜积极探索污水处理厂下沉、地铁上盖物业、交通枢纽地上地下空间综合开发、保障性租赁住房小区经营性公共服务空间开发等模式，有效盘活既有铁路场站及周边可开发土地等资产，提升项目收益水平。在各级国土空间规划、相关专项规划中充分考虑老港区搬迁或功能改造提升，支持优化港口客运场站规划用途，实施综合开发利用。

（九）挖掘闲置低效资产价值。推动闲置低效资产改造与转型，依法依规合理调整规划用途和开发强度，开发用于创新研发、卫生健康、养老托育、体育健身、休闲旅游、社区服务或作为保障性租赁住房等新功能。支持金融资产管理公司、金融资产投资公司以及国有资本投资、运营公司通过不良资产收购处置、实质性重组、市场化债转股等方式盘活闲置低效资产。

（十）支持兼并重组等其他盘活方式。积极探索通过资产证券化等市场化方式盘活存量资产。在符合反垄断等法律法规前提下，鼓励行业龙头企业通过兼并重组、产权转让等方式加强存量资产优化整合，提升资产质量和规模效益。通过混合所有制改革、引入战略投资方和专业运营管理机构等，提升存量资产项目的运营管理能力。

三、加大盘活存量资产政策支持

（十一）积极落实项目盘活条件。针对存量资产项目具体情况，分类落实各项盘活条件。对产权不明晰的项目，依法依规理顺产权关系，完成产权界定，加快办理相关产权登记。对项目前期工作手续不齐全的项目，按照有关规定补办相关手续，加快履行竣工验收、收费标准核定等程序。对项目盘活过程中遇到的难点问题，探索制定合理解决方案并积极推动落实。

（十二）有效提高项目收益水平。完善公共服务和公共产品价格动态调整机制，依法依规按程序合理调整污水处理收费标准，推动县级以上地方人民政府建立完善生活垃圾处理收费制度。建立健全与投融资体制相适应的水利工程水价形成机制，促进水资源节约利用和水利工程良性运行。对整体收益水平较低的存量资产项目，完善市场化运营机制，提高项目收益水平，支持开展资产重组，为盘活存量资产创造条件。研究通过资产合理组合等方式，将准公益性、经营性项目打包，提升资产吸引力。

（十三）完善规划和用地用海政策。依法依规指导拟盘活的存量项目完善规划、用地用海、产权登记、土地分宗等手续，积极协助妥善解决土地和海域使用相关问题，涉及手续办理或开具证明的积极予以支持。坚持先规划后建设，对盘活存量资产过程中确需调整相关规划或土地、海域用途的，应充分开展规划实施评估，依法依规履行相关程序，确保土地、海域使用符合相关法律法规和国土空间用途管制要求。

（十四）落实财税金融政策。落实落细支持基础设施 REITs 有关税收政策。对符合存量资产盘活条件、纳税金额较大的重点项目，各级税务机关做好服务和宣传工作，指导企业依法依规纳税，在现行税收政策框架下助力盘活存量资产。支持银行、信托、保险、金融资产管理、股权投资基金等机构，充分发挥各自优势，按照市场化原则积极参与盘活存量资产。鼓励符合条件的金融资产管理公司、金融资产投资公司通过发行债券融资，解决负债久期与资产久期错配等问题。加强投融资合作对接，积极向有关金融机构推介盘活存量资产项目。

四、用好回收资金增加有效投资

（十五）引导做好回收资金使用。加强对盘活存量资产回收资金的管理，除按规定用于本项目职工安置、税费缴纳、债务偿还等支出外，应确保主要用于项目建设，形成优质资产。鼓励以资本金注入方式将回收资金用于具有收益的项目建设，充分发挥回收资金对扩大投资的撬动作用。对地方政府债务率较高、财政收支平衡压力较大的地区，盘活存量公共资产回收的资金可适当用于“三保”支出及债务还本付息。回收资金使用应符合预算管理、国有资产监督管理等有关政策要求。

（十六）精准有效支持新项目建设。盘活存量资产回收资金拟投入新项目建设的，优先支持综合交通和物流枢纽、大型清洁能源基地、环境基础设施、“一老一小”等重点领域项目，重点支持“十四五”规划 102 项重大工程，优先投入在建项目或符合相关规划和生态环保要求、前期工作成熟的项目。有关部门应加快相关项目审批核准备案、规划选址、用地用海、环境影响评价、施工许可等前期工作手续办理，促进项目尽快落地实施、形成实物工作量。

（十七）加强配套资金支持。在安排中央预算内投资等资金时，对盘活存量资产回收资金投入的新项目，可在同等条件下给予优先支持；发挥中央预算内投资相关专项示范引导作用，鼓励社会资本通过多种方式参与盘活国有存量资产。对回收资金投入的新项目，地方政府专项债券可按规定予以支持。鼓励银行等金融机构按照市场化原则提供配套融资支持。

五、严格落实各类风险防控举措

（十八）依法依规稳妥有序推进存量资产盘活。严格落实防范化解地方政府隐性债务风险的要求，严禁在盘活存量资产过程中新增地方政府隐性债务。坚持市场化法治化原则，严格落实国有资产监督管理规定，做好财务审计、资产评估、决策审批等工作，除相关政策规定的情形外，应主要通过公共资源交易平台、证券交易所、产权交易所等公开透明渠道合理确定交易价格，严防国有资产流失。充分保障债权人的合法权益，避免在存量资产转让过程中出现债权悬空。多措并举做好职工安置，为盘活存量资产创造良好条件和氛围。所有拟发行基础设施 REITs 的项目均应符合国家重大战略、发展规划、产业政策、投资管理法规等相关要求，保障项目质量，防范市场风险。

（十九）提升专业机构合规履职能力。严格落实相关中介机构自律规则、执业标准和业务规范，推动中介机构等履职尽责，依法依规为盘活存量资产提供尽职调查、项目评估、财务和法律咨询等专业服务。积极培育为盘活存量资产服务的专业机构，提高专业化服务水平。对违反相关法律法规的中介机构依法追责。

（二十）保障基础设施稳健运营。对公共属性较强的基础设施项目，在盘活存量资产时应处理好项目公益性与经营性的关系，确保投资方在接手后引入或组建具备较强能力和丰富经验的基础设施运营管理机构，保持基础设施稳健运营，切实保障公共利益，防范化解潜在风险。推动基础设施 REITs 基金管理人与运营管理机构健全运营机制，更好发挥原始权益人在项目运营管理中的专业作用，保障基金存续期间项目持续稳定运营。

六、建立工作台账强化组织保障

（二十一）实行台账式管理。全面梳理各地区基础设施等领域存量资产情况，筛选出具备一定盘活条件的项目，建立盘活存量资产台账，实行动态管理。针对纳入台账项目的类型和基本情况，逐一明确盘活方案，落实责任单位和责任人。地方各级人民政府要加强指导协调，定期开展项目调度，梳理掌握项目进展情况、及时解决存在问题，调动民间投资参与积极性。

（二十二）建立健全协调机制。由国家发展改革委牵头，会同财政部、自然资源部、住房城乡建设部、人民银行、国务院国资委、税务总局、银保监会、证监会等部门，加强盘活存量资产工作信息沟通和政策衔接，建立完善工作机制，明确任务分工，做好指导督促，协调解决共性问题，形成工作合力，重大事项及时向党中央、国务院报告。各地区建立相关协调机制，切实抓好盘活存量资产、回收资金用于新项目建设等工作。

（二十三）加强督促激励引导。对盘活存量资产、扩大有效投资工作成效突出的地区或单位，以适当方式积极给予激励；对资产长期闲置、盘活工作不力的，采取约谈、问责等方式，加大督促力度。适时将盘活存量资产、扩大有效投资有关工作开展情况作为国务院大督查的重点督查内容。研究将鼓励盘活存量资产纳入国有企业考核评价体系。对地方政府债务率较高的地区，重点督促其通过盘活存量资产降低债务率、提高再投资能力。当年盘活国有存量资产相关情况，纳入地方各级政府年度国有资产报告。

（二十四）积极开展试点探索。根据实际工作需要，在全国范围内选择不少于30个有吸引力、代表性强的重点项目，并确定一批可以为盘活存量资产、扩大有效投资提供有力支撑的相关机构，开展试点示范，形成可复制、可推广的经验做法。引导各地区积极学习借鉴先进经验，因地制宜研究制定盘活存量资产的有力有效措施，防止"一哄而上"。

国务院办公厅

2022年5月19日

国务院办公厅关于印发城市燃气管道等老化更新改造实施方案（2022—2025年）的通知

国办发〔2022〕22号

各省、自治区、直辖市人民政府，国务院各部委、各直属机构：

《城市燃气管道等老化更新改造实施方案（2022—2025年）》已经国务院同意，现印发给你们，请结合实际认真贯彻落实。

国务院办公厅

2022年5月10日

（此件公开发布）

城市燃气管道等老化更新改造实施方案（2022—2025年）

城市（含县城，下同）燃气管道等老化更新改造是重要民生工程和发展工程，有利于维护人民群众生命财产安全，有利于维护城市安全运行，有利于促进有效投资、扩大国内需求，对推动城市更新、满足人民群众美好生活需要具有十分重要的意义。为加快城市燃气管道等老化更新改造，制定本方案。

一、总体要求

（一）指导思想。以习近平新时代中国特色社会主义思想为指导，全面贯彻党的十九大和十九届历次全会精神，按照党中央、国务院决策部署，坚持以人民为中心的发展思想，完整、准确、全面贯彻新发展理念，统筹发展和安全，坚持适度超前进行基础设施建设和老化更新改造，加快推进城市燃气管道等老化更新改造，加强市政基础设施体系化建设，保障安全运行，提升城市安全韧性，促进城市高质量发展，让人民群众生活更安全、更舒心、更美好。

（二）工作原则。

——聚焦重点、安全第一。以人为本，从保障人民群众生命财产安全出发，加快更新改造城市燃气等老化管道和设施；聚焦重点，排查治理城市管道安全隐患，立即改造存在安全隐患的城市燃气管道等，促进市政基础设施安全可持续发展。

——摸清底数、系统治理。全面普查、科学评估，抓紧编制各地方城市燃气管道等老化更新改造方案；坚持目标导向、问题导向，积极运用新设备、新技术、新工艺，系统开展城市燃气管道等老化更新改造。

——因地制宜、统筹施策。从各地实际出发，科学确定更新改造范围和标准，明确目标和任务，不搞“一刀切”，不层层下指标，避免“运动式”更新改造；将城市作为有机生命体，统筹推进城市燃气管道等老化更新改造与市政建设，避免“马路拉链”。

——建管并重、长效管理。严格落实各方责任，加强普查评估和更新改造全过程管理，确保质量和安全；坚持标本兼治，完善管理制度规范，加强城市燃气管道等运维养护，健全安全管理长效机制。

（三）工作目标。在全面摸清城市燃气、供水、排水、供热等管道老化更新改造底数的基础上，马上规划部署，抓紧健全适应更新改造需要的政策体系和工作机制，加快开展城市燃气管道等老化更新改造工作，彻底消除安全隐患。2022 年抓紧启动实施一批老化更新改造项目。2025 年底前，基本完成城市燃气管道等老化更新改造任务。

二、明确任务

（一）明确更新改造对象范围。城市燃气管道等老化更新改造对象，应为材质落后、使用年限较长、运行环境存在安全隐患、不符合相关标准规范的城市燃气、供水、排水、供热等老化管道和设施。具体包括以下内容。

（1）燃气管道和设施。①市政管道与庭院管道。全部灰口铸铁管道；不满足安全运行要求的球墨铸铁管道；运行年限满 20 年，经评估存在安全隐患的钢质管道、聚乙烯（PE）管道；运行年限不足 20 年，存在安全隐患，经评估无法通过落实管控措施保障安全的钢质管道、聚乙烯（PE）管道；存在被建构筑物占压等风险的管道。②立管（含引入管、水平干管）。运行年限满 20 年，经评估存在安全隐患的立管；运行年限不足 20 年，存在安全隐患，经评估无法通过落实管控措施保障安全的立管。③厂站和设施。存在超设计运行年限、安全间距不足、临近人员密集区域、地质灾害风险隐患大等问题，经评估不满足安全运行要求的厂站和设施。④用户设施。居民用户的橡胶软管、需加装的安全装置等；工商业等用户存在安全隐患的管道和设施。

（2）其他管道和设施。①供水管道和设施。水泥管道、石棉管道、无防腐内衬的灰口铸铁管道；运行年限满 30 年，存在安全隐患的其他管道；存在安全隐患的二次供水设施。②排水管道。平口混凝土、无钢筋的素混凝土管道，存在混错接等问题的管道，运行年限满 50 年的其他管道。③供热管道。运行年限满 20 年的管道，存在泄漏隐患、热损失大等问题的其他管道。

各地可结合实际进一步细化更新改造对象范围。基础条件较好的地区可适当提高更新改造要求。

（二）合理确定更新改造标准。各地要根据本地实际，立足全面解决安全隐患、防范化解风险，坚持保障安全、满足需求，科学确定更新改造标准。城市燃气老化管道和设施更新改造所选用材料、规格、技术等应符合相关规范标准要求，注重立足当前兼顾长远。结合更新改造同步在燃气管道重要节点安装智能化感知设备，完善智能监控系统，实现智慧运行，完善消防设施设备，增强防范火灾等事故能力。城市供水、排水、供热等其他管道和设施老化更新改造标准，参照以上原则确定。

（三）组织开展城市燃气等管道和设施普查。城市政府统筹开展城市燃气管道普查，并组织符合规定要求的第三方检测评估机构和专业经营单位进行评估。充分利用城市信息模型（CIM）平台、地下管线普查及城市级实景三维建设成果等既有资料，运用调查、探测等多种手段，全面摸清城市燃气管道和设施种类、权属、构成、规模，摸清位置关系、运行安全状况等信息，掌握周边水文、地质等外部环境，明确老旧管道和设施底数，建立更新改造台账。同步推进城市供水、排水、供热等其他管道和设施普查，建立和完善城市市政基础设施综合管理信息平台，充实城市燃气管道等基础信息数据，完善平台信息动态更新机制，实时更新信息底图。

（四）编制地方城市燃气管道等老化更新改造方案。结合全国城镇燃气安全排查整治工作，省级政府要督促省级和城市（县）行业主管部门分别牵头组织编制本省份和本城市燃气管道老化更新改造方案。各城市（县）应区分轻重缓急，优先对安全隐患突出的管道和设施实施改造，明确项目清单和分年度改造计划并作为更新改造方案的附件。城市燃气管道等老化更新改造纳入国家“十四五”重大工程，各地要同步纳入本地区“十四五”重大工程，并纳入国家重大建设项目库。

省级政府要督促省级和城市（县）行业主管部门同步组织编制本省份和本城市供水、排水、供热等其他管道老化更新改造方案，明确项目清单和分年度改造计划并作为更新改造方案的附件，主动与城市燃气管道老化更新改造方案有效对接、同步推进实施，促进城市地下设施之间竖向分层布局、横向紧密衔接。

三、加快组织实施

（一）加强统筹协调。压实城市（县）政府责任，建立健全政府统筹、专业经营单位实施、有关各方齐抓共管的城市燃气管道等老化更新改造工作机制，明确各有关部门、街道（城关镇）、社区和专业经营单位责任分工，形成工作合力，及时破解难题。充分发挥街道和社区党组织的领导作用，统筹协调社区居民委员会、业主委员会、产权单位、物业服务企业、用户等，搭建沟通议事平台，共同推进城市燃气管道等老化更新改造工作。

（二）加快推进项目实施。专业经营单位切实承担主体责任，抓紧实施城市燃气管道等老化更新改造项目，有序安排施工区域、时序、工期，减少交通阻断。城市（县）政府切实履行属地责任，加强管理和监督，明确不同权属类型老化管道和设施更新改造实施主体，做好与城镇老旧小区改造、汛期防洪排涝等工作的衔接，推进相关消防设施设备补短板，推动城市燃气管道等分片区统筹改造、同步施工并做好废弃管道处置和资源化利用，避免改造工程碎片化、重复开挖、“马路拉链”、多次扰民等。严格落实工程质量和施工安全责任，杜绝质量安全隐患，按规定做好改造后通气、通水等关键环节安全监控，做好工程验收移交。依法实施燃气压力管道施工告知和监督检验。

（三）同步推进数字化、网络化、智能化建设。结合更新改造工作，完善燃气监管系统，将城市燃气管道老化更新改造信息及时纳入，实现城市燃气管道和设施动态监管、互联互通、数据共享。有条件的地方可将燃气监管系统与城市市政基础设施综合管理信息平台、城市信息模型（CIM）平台等深度融合，与国土空间基础信息平台、城市安全风险监测预警平台充分衔接，提高城市管道和设施的运行效率及安全性能，促进对管网漏损、运行安全及周边重要密闭空间等的在线监测、及时预警和应急处置。

（四）加强管道和设施运维养护。严格落实专业经营单位运维养护主体责任和城市（县）政府监管责任。专业经营单位要加强运维养护能力建设，完善资金投入机制，定期开展检查、巡查、检测、维护，依法组织燃气压力管道定期检验，及时发现和消除安全隐患，防止管道和设施带病运行；健全应急抢险机制，提升迅速高效处置突发事件能力。鼓励专业经营单位承接非居民用户所拥有燃气等管道和设施的运维管理。对于业主共有燃气等管道和设施，更新改造后可依法移交给专业经营单位，由其负责后续运营维护和更新改造。

四、加大政策支持力度

（一）落实专业经营单位出资责任，建立资金合理共担机制。专业经营单位要依法履行对其服务范围内城市燃气管道等老化更新改造的出资责任。建立城市燃气管道等老化更新改造资金由专业经营单位、政府、用户合理共担机制。中央预算内投资和地方财政资金可给予适当补助。工商业等用户承担业主专有部分城市燃气管道等老化更新改造的出资责任。

（二）加大财政资金支持力度。省、市、县各级财政要按照尽力而为、量力而行的原则，落实出资责任，加大城市燃气管道等老化更新改造投入。将符合条件的城市燃气管道等老化更新改造项目纳入地方政府专项债券支持范围，不得违规举债融资用于城市燃气管道等老化更新改造，坚决遏制新增地方政府隐性债务。中央预算内投资视情对城市燃气管道等老化更新改造给予适当投资补助。

（三）加大融资保障力度。鼓励商业银行在风险可控、商业可持续前提下，依法合规加大对城市燃气管道等老化更新改造项目的信贷支持；引导开发性、政策性金融机构根据各自职能定位和业务范围，按照市场化、法治化原则，依法合规加大对城市燃气管道等老化更新改造项目的信贷支持力度。支持专业经营单位采取市场化方式，运用公司信用类债券、项目收益票据进行债券融资。优先支持符合条件、已完成更新改造任务的城市燃气管道等项目申报基础设施领域不动产投资信托基金（REITs）试点项目。

（四）落实税费减免政策。对城市燃气管道等老化更新改造涉及的道路开挖修复、园林绿地补偿等收费事项，各地应按照“成本补偿”原则做好统筹。更新改造后交由专业经营单位负责运营维护的业主共有燃气等管道和设施，移交之后所发生的维护管理费用，专业经营单位可按照规定进行税前扣除。

五、完善配套措施

（一）加快项目审批。各地要精简城市燃气管道等老化更新改造涉及的审批事项和环节，建立健全快速审批机制。可由城市（县）政府组织有关部门联合审查更新改造方案，认可后由相关部门依法直接办理相关审批手续。鼓励相关各方进行一次性联合验收。鼓励并加快核准规模较大、监管体系健全的燃气企业对燃气管道和设施进行检验检测。

（二）切实做好价格管理工作。城市燃气、供水、供热管道老化更新改造投资、维修以及安全生产费用等，根据政府制定价格成本监审办法有关规定核定，相关成本费用计入定价成本。在成本监审基础上，综合考虑当地经济发展水平和用户承受能力等因素，按照相关规定适时适当调整供气、供水、供热价格；对应调未调产生的收入差额，可分摊到未来监管周期进行补偿。

（三）加强技术标准支撑。推广应用新设备、新技术、新工艺，从源头提升管道和设施本质安全以及信息化、智能化建设运行水平。加快修订城镇燃气设施运行、维护和抢修安全技术规程等相关标准，完善城市管道安全保障与灾害应急管理等重点领域标准规范。各地城市燃气管道等老化更新改造要严格执行现行相关标准。

（四）强化市场治理和监管。完善燃气经营许可管理办法等规定，各地立足本地实际健全实施细则，完善准入条件，设立退出机制，严格燃气经营许可证管理，切实加强对燃气企业的监管。加强城市燃气管道等老化更新改造相关产品、器具、设备质量监管。支持燃气等行业兼并重组，确保完成老化更新改造任务，促进燃气市场规模化、专业化发展。

（五）推动法治化和规范化管理。研究推动地下管线管理立法工作，进一步规范行业秩序，加强城市燃气管道等建设、运营、维护和管理。推动有关地方加快燃气等管道相关立法工作，建立健全法规体系，因地制宜细化管理要求，切实加强违建拆除执法，积极解决第三方施工破坏、违规占压、安全间距不足、地下信息难以共享等城市管道保护突出问题。

（六）强化组织保障。省级政府要结合贯彻落实《国务院办公厅关于加强城市地下管线建设管理的指导意见》（国办发〔2014〕27 号）和《国务院办公厅关于推进城市地下综合管廊建设的指导意见》（国办发〔2015〕61 号）等文件要求，加强对本地区城市燃气管道等老化更新改造的统筹指导，明确城市（县）政府责任，加快推动相关工作。城市（县）政府要切实落实城市各类地下管道建设改造等的总体责任，主要负责同志亲自抓，把推进城市燃气管道等老化更新改造摆上重要议事日程，健全工作机制，落实各项政策，抓好组织实施。住房和城乡建设部要进一步加强对城市地下管道建设改造等的统筹管理，会同国务院有关部门抓好相关工作的督促落实。各有关方面要加强城市燃气管道等老化更新改造工作和相关政策措施的宣传解读，及时回应社会关切。